أسس البحث التربوي

تأليف

الدكتور عبدالحافظ الشايب

جامعة آل البيت

دار وائل للنشر

الطبعة الأولى

2009

رقم الايداع لدى دائرة المكتبة الوطنية : (2008/10/3803)

الشايب ، عبد الحافظ قاسم

أسس البحث التربوي / عبد الحافظ الشايب.

- عمان ، دار وائل 2008

(316) ص

ر.إ. : (2008/10/3803)

الواصفات: الأبحاث التربوية / التربية

* تم إعداد بيانات الفهرسة والتصنيف الأولية من قبل دائرة المكتبة الوطنية

****

رقم التصنيف العشري / ديوي : 370.7

(ردمك)   ISBN 978-9957-11-783-2

* أسس البحث التربوي
* الدكتور عبد الحافظ الشايب
* الطبعــة الأولى 2009
* جميع الحقوق محفوظة للناشر

دار وائـــل للنشر والتوزيع

* الأردن – عمان – شارع الجمعية العلمية الملكية – مبنى الجامعة الاردنية الاستثماري رقم (2) الطابق الثاني

هـاتف: 00962-6-5338410 – فاكس : 00962-6-5331661 – ص. ب (1615 – الجبيهة)

* الأردن – عمـان – وسـط البـلد – مجمع الفحيص التجـاري- هـاتف: 00962-6-4627627

www.darwael.com

E-Mail: Wael@Darwael.Com

تقديـــم

يُعدّ البحث العلمي دالة حضارية للمجتمعات. لهذا، تولي كافة المجتمعات أهمية خاصة للبحث العلمي إدراكاً منها بأهميته. وتسعى الدول - وبخاصة دول العالم الأول- بشكل دؤوب إلى التسابق نحو امتلاك ناصية العلم من خلال تعزيز مسيرة البحث العلمي، وتوفير كافة أشكال الدعم المادي والمعنوي للباحثين، وتخصيص مبالغ طائلة ضمن ميزانياتها للبحث العلمي.

وفي الميدان التربوي، يواجه المربون وصنّاع القرار وأولياء الأمور مشكلات غير مسبوقة نتيجةً لما يشهده العالم من تغيّر متسارع تتحكم فيه وسائل التكنولوجيا والاتصالات والمعلومات، وتتعقد فيه المشكلات في مختلف جوانب الحياة. هذا ما يفرض على المشتغلين في الميدان التربوي التصدي لهذه المشكلات وإخضاعها للبحث واقتراح آليات للتغلّب عليها. ومن هنا تبرز الحاجة إلى تنمية حس البحث العلمـــي عنـــد طلبـــة كليـــات العلـــوم التربويـــة في مختلـــف بـــرامجهم الأكاديمية ومختلف مستوياتهم الدراسية، وتزويدهم بالكفايات والمهارات البحثية اللازمة لإجراء البحوث، بالإضافة إلى تزويدهم بمهارة القراءة الناقدة للبحوث المنشورة.

ويأتي هذا الكتاب ليوفّر للطلبة الباحثين في العلوم الإنسانية مادة علمية تُكامل بين الأسس النظرية للبحث وتطبيقاته العملية. وقد اعتمدنا السلاسة والتسلسل المنطقي في أسلوب عرض المادة العلمية في هذا الكتاب، معزّزين ذلك بأمثلة عملية واقعية تساعد المتعلّم على استيعاب المفاهيم النظرية بيسر وسهولة. كما ابتعدنا عن الاختصار المخّل والإطالة المملّة، والقوالب الجاهزة التي شاعت

في الآونة الأخيرة في كتب مناهج البحث في العلوم الإنسانية. وقد حاولنا ما أمكن التركيز على الفهم ومخاطبة العقل والابتعاد عن الحفظ الآلي للقوانين الإحصائية والوصفات الجاهزة.

يقع الكتاب في ثماني وحدات؛ تناولت الوحدة الأولى منه العلم والبحث العلمي، حيث أبرزنا فيها الطريقة العلمية وماهية وأهداف العلم بشكل عام، ثم انتقلنا إلى الحديث بشكل خاص عن البحث التربوي، والتصنيفات المختلفة للبحوث التربوية. وتناولنا في الوحدة الثانية مشكلة البحث وفرضياته، وناقشنا مصادر الحصول على مشكلة البحث، وقواعد صياغة مشكلة البحث وفرضياته، بالإضافة إلى تزويد الباحث بآلية مراجعة الأدب المتّصل بمشكلة البحث. وفي الوحدة الثالثة، تناولنا مجتمع الدراسة وعيّنتها بالإضافة إلى أساليب المعاينة وحجم العيّنة. وتناولت الوحدة الرابعة أدوات جمع البيانات، حيث تطرقنا إلى الاستبيان والمقابلة والملاحظة والاختبارات، وخطوات إعداد الاختبار، والخصائص السيكومترية لأداة الدراسة. بعد ذلك انتقلنا في الوحدة الخامسة إلى عرض أهم مفاهيم الإحصاء الوصفي والأساليب المستخدمة في تحليل البيانات والتي شملت مقاييس النزعة المركزية والتشتت والموقع النسبي ومقاييس العلاقة بين المتغيّرات. وفي الوحدة السادسة، لامسنا بعض الجوانب الهامة في الإحصاء الاستدلالي حيث قدّمنا المفاهيم الأساسية في موضوع اختبار الفرضيات، ثم انتقلنا إلى شرح أهم اختبارات الدلالة كاختبار "t" الذي يُستخدم للكشف عن دلالة الفرق بين متوسطين اثنين، واختبار "F" الذي يُستخدم للكشف عن دلالة الفروق بين ثلاثة أوساط أو أكثر، كما استعرضنا اختبار مربع كاي كأسلوب إحصائي لامعلمي يُستخدم لأغراض الكشف عن دلالة الفرق بين التكرارات أو النسب عندما تكون المتغيّرات من النوع التصنيفي. وفي الوحدة السابعة، تناولنا أسلوب إعداد تقرير البحث، حيث أولينا اهتماماً خاصاً بأسلوب رابطة علم النفس الأمريكية (APA) في التوثيق سواء كان ذلك في متن

البحث أو في قائمة المراجع. أما الوحدة الثامنة في هذا الكتاب فقد خصّصناها لوصف بعض التطبيقات الحاسوبية في الإحصاء باستخدام البرمجية الإحصائية للعلوم الإنسانية Statistical Package for Social Sciences (SPSS).

المؤلف
عمّـان

قائمة المحتويات

الموضوع	الصفحة

الصفحة	الموضوع

الوحدة الأولى
العلم والبحث العلمي
Science and Scientific Research

مما لا شك فيه أن البحث العلمي هو دالة حضارية للمجتمعات حيـث تـولي الـدول المتقدّمـة أهمية كبيرة للبحث العلمي، وتخصّص له ميزانيات ضخمة. ويمكن القول أن تقدّم المجتمعـات، وبخاصـة الدول النامية منها، مرهون بشكل أساسي بحركة البحث العلمي وتقدّم المعرفة سواء كـان عـلى المسـتوى الفردي أو على المستوى الجماعي. ولدى تقصي التغيّرات التي طرأت على حياة الإنسان، نلاحظ أنها مـرّت في ثلاث مراحل بدأت بمرحلة ما قبل التاريخ واستخدام السجلات، ثـم المرحلة التـي مـارس فيهـا الإنسـان الزراعة والتبادل التجاري، وصولاً إلى مرحلة الثورة الصناعية وما رافقها من تقدّم صـناعي نقطف ثماره في هذه الأيام. كما نلاحظ أيضاً أن هذه التغيّرات حدثت في فترة زمنيـة وجيـزة نسـبياً تعـود إلى فترة الثـورة الصناعية.

ومع أننا نقرّ بـأن الانتقـال مـن مرحلـة إلى أخـرى هـو نتـاج لتطـور أسـلوب تنـاول المشـكلات، والاعتماد على الأسلوب العلمي أو الطريقة العلمية في دراسة الظواهر، إلا أننا نختلـف مـع مـن يـرى بـأن محاولات الإنسان في الحصول على المعرفة بدأت في مرحلة متأخرة من تطور العقل البشري، والـذي تعـود بداياته إلى أواخر القرن السادس عشر كما يُشير فرنسيس بيكون Francis Bacon. ولعل أهم ما يبرّر سبب الاختلاف بين وجهتي النظر هو الفرق بين العلم والمعرفة، إذ أن ما يميّز العلم عن المعرفة هـو الطريقـة أو المنهج المستخدم للكشف عن الحقائق؛ ففي حـين يرتكـز العلـم عـلى مـنهج محـدّد ويتبـع سلسـلة مـن الخطوات المنظّمة للكشف عن

الحقائق بصورة موضوعية، فإن المعرفة أشمل وأعم من العلم، وهي علم تلقائي تتضمن معارف علمية وأخرى غير علمية ليس بالضرورة أن ترتكز على منهج محدّد كما هو العلم. ولهذا، نرى أن محاولات الإنسان في الحصول على المعرفة قد بدأت منذ بدء الخليقة على الأرض عندما استخلف الله سبحانه وتعالى آدم في الأرض، وبعث الأنبياء والرسل، وأنزل الكتب السماوية، وحث الإنسان على التفكّر في مخلوقاته. أما طرق التوصّل إلى المعرفة، فلا شك أنها تطوّرت ومرّت في مراحل متباينة نتيجة لتباين منهج التفكير المستخدم للكشف عن أسباب الظواهر والعلاقات بينها.

مراحل التوصّل إلى المعرفة:

لقد مرّت محاولات الإنسان في التوصّل إلى المعرفة في مراحل مختلفة منذ أن بدأ الإنسان محاولاته للكشف عن أسرار الظواهر ومسبباتها. ونستعرض فيما يأتي أبرز مراحل التوصّل إلى المعرفة، والتي يمكن أن تعبّر عن حلقات ضمن سلسلة متّصلة:

1- **مرحلة الخبرة الذاتية:** وتقوم على ملاحظة الإنسان للظواهر من حوله، وتقديم بعض التفسيرات لها دون الإفصاح عنها بشكل مباشر، وبخاصة إذا ما خالفت تفسيرات أصحاب السلطة والموروث الثقافي السائد. فعلى سبيل المثال، قبل الناس لسنوات عدة ما أعلنه "أرسطو" عندما أمسك بذبابة وعدّ أرجلها أكثر من مرة وتوصّل إلى أن عدد أرجل الذبابة هو خمسة أرجل وليس ستة، وتبيّن فيما بعد أن الرجل السادسة للذبابة التي عدّ "أرسطو" أرجلها كانت مكسورة!! ومع أن الخبرة الذاتية تُعدّ وما زالت إحدى طرق التوصّل إلى المعرفة التي لا غنى للإنسان عنها إلا أنها تبقى ناقصة وذاتيّة، إذ لا يمكن للشخص أن يلّم بكل شيء، بالإضافة إلى أن الأشخاص يتباينون في خبراتهم.

2- **مرحلة المحاولة والخطأ:** وهـي المرحلـة التـي اسـتخدم فيهـا الإنسـان أسـلوب المحاولـة والخطـأ لتقديم تفسيرات للظواهر التي يلاحظها عن طريق حواسه المختلفة. وكـما هـو الحـال بالنسبة لمرحلة الخبرة الذاتية، لم تُسهم هـذه المرحلـة كثيراً في تقـدّم المعرفـة لأنهـا محـدّدة بالنجاح في تقديم تفسيرات مقبولة للظواهر، وفي حال الفشل في تقديم تفسير مقبول لظاهرة ما كان الإنسان يردّها إلى قوى غيبية.

3- **مرحلة التفكير الاستنباطي أو القياسي:** وهو أسـلوب تأملي قيـاسي ارتكـز عليـه الفكر الفلسفي الذي اشتهر به الفلاسفة اليونانيون، والذي يقوم على الانتقال مـن العـام إلى الخـاص مـن خـلال تأمل العلاقة المنطقية بين مقدمتين؛ تُسمى الأولى بالمقدمة الكبرى والثانيـة بالمقدمـة الصغرى، للتوصل إلى نتيجة ما تتضمنها المقدمتين. ومـع أن هـذا الأسـلوب فتح البـاب أمـام الفلاسفة والعلماء للعمل على دفع حركة التقدم العلمي إلى الأمام بسبب اعتماده على درجة مـن النضـج العقلي أبعد من مسألة الخبرة والمحاولة والخطأ إلا أنه لم يسهم مساهمة فاعلـة في التوصّل إلى حقائق ومعارف جديدة، لأنه يقوم على افتراض صحة المقدمتين. فعنـدما نقـول مثـلاً أن كـل المعادن تتمدّد بالتسخين (مقدمة كـبرى)، وأن الحديد معدن (مقدمة صغرى) ونستنتج مـن خلال المقدمتين أن الحديد يتمدّد بالتسخين (نتيجة)، فإننا نفترض أن المقدمتين صحيحتين، لكن المقدمات ليست بالضرورة دائماً صحيحة!!

4- **مرحلة التفكير الاستقرائي:** وهو أسـلوب احتمـالي استقرائي بعكس سابقـه، يقـوم عـلى التعمـيم أو الانتقال من الخاص إلى العام مـن خـلال ملاحظـة مشـاهدات أو أمثلـة محـدودة والـربط بـين المقدمة والنتيجة، كأن تكون المقدمة "كل السيارات التي تـم ملاحظتها في الأردن مكيّفة"، ونستنتج أن "كل

السيارات في الأردن مكيّفه". وبما أن هذا النوع من التفكير يقوم على مشاهدات محدودة، فإنه لا يمكن أن يكون يقينياً أو كاملاً إلا إذا لاحظنا جميع الأمثلة في السابق وفي الحاضر وفي المستقبل وهو أمر محال إلا إذا كانت الأمثلة معدودة. هذا ما دفع بالعلماء إلى تسمية هذا النوع من الاستقراء بالاستقراء الناقص.

5- **مرحلة التفكير العلمي (الطريقة العلمية):** وهي طريقة تقوم على الملاحظة المباشرة والمنظّمة للظواهر للكشف عن العلاقات التي تربط بينها والتوصل إلى فهم مسبباتها مما يمكّن من التنبؤ بنتائجها، ومن ثم ضبط القوى المحرّكة لها. وتستند الطريقة العلمية إلى الأدلة والبراهين والاستقراء التجريبي الذي يسير في خطوات متسلسلة تبدأ بملاحظة الظاهرة وتحديد المشكلة، ثم صياغة الفرضيات حولها، وجمع بيانات وشواهد وأدلة تجريبية عنها، ثم إخضاع الفرضيات للاختبار. وتستند الطريقة العلمية إلى جملة من المسلّمات لعل من أهمها ما يأتي:

1- الانتظام: ويعني أن الأحداث والظواهر تسير بشكل منتظم وتحكمها قوانين معيّنة.

2- الحتمية: وتعني أن الأحداث والظواهر ترتبط بعلاقات تحتّم وقوع نتائج معيّنة.

3- السببية: وتعني أن حدوث الظواهر مرتبط بأسباب يمكن الكشف عنها.

ماهية العلم:

يمكن تقسيم التعريفات التي ساقها العلماء لمفهوم "العلم" في إطارين اثنين هما المنهج والوظيفة؛ ففي إطار المنهج، يُعرّف العلم بأنه المنهج الذي يستخدمه العلماء للتوصل إلى الحقيقة، أو أنه منهج تفكير يرتكز على سلسلة متصلة من الركائز تبدأ بصياغة الفرضيات حول ظاهرة ما، وجمع البيانات حول تلك الظاهرة،

وإخضاع الفرضيات للاختبار من خلال تحليل البيانات للتوصل إلى قرار بشأن قبول الفرضيات أو دحضها، ثم صياغة النظريات حولها. أما في إطار الوظيفة أو الناحية الوظيفية، فيُنظر إلى العلم بأنه عبارة عن مجموعة من الحقائق التي تمكّن الإنسان من القدرة على فهم وتفسير الظواهر الكونية وربط الأسباب بالمسببات، أو هو مجموعة المعارف التي تساعد على بقاء الإنسان وتوفير الرفاهية له.

ويمكن الجمع بين الإطارين السابقين وصياغة تعريف شمولي للعلم يجمع بين النظرتين السابقتين بالقول بأن العلم هو "جهد منظّم يرتكز على منهج محدّد للكشف عن الحقيقة بصورة موضوعية بهدف تفسير الظواهر المختلفة والتوصل إلى حقائق جديدة وإثراء المعرفة السابقة، والربط بين هذه الحقائق وتنظيمها بهدف التنبؤ بالظواهر وضبطها".

وبالإضافة إلى شمولية التعريف السابق، فإنه يجمع بين النظرة السكونية Static للعلم والتي تشير إلى أن العلم هو مجموعة من المبادئ والفرضيات والحقائق والقوانين والنظريات التي تهدف إلى تفسير الظواهر الملاحظة، والنظرة الديناميكية Dynamic للعلم والتي تشير إلى أن العلم هو نشاط دينامي متّصل متحرّر من الجمود لا يقف عند حدّ تفسير الظواهر الملاحظة بل يتعداه إلى التنبؤ بالظواهر، وضبطها.

أهداف العلم:

يهدف أي جهد علمي بشكل عام إلى تفسير الظواهر المختلفة من خلال دراسة العلاقة بين القوى المحرّكة للظواهر المختلفة والتوصّل إلى تفسيرات لهذه الظواهر. ويمكن تلخيص أهداف العلم في ثلاثة أهداف هي:

1- الفهم Understanding: ويتعلق بالكشف عن العلاقات بين الظواهر المختلفة، وربط الأسباب بالمسبّبات ودرجة تأثيرها في الظاهرة قيد

الدراسة. ونلاحظ هنا أن الفهم لا يقتصر على وصف الظاهرة من خلال إبراز سماتها المختلفة، بل يتعداه إلى ربط الظاهرة بالعوامل المسبّبة لها.

2- التنبؤ Prediction: ويتعلق بالاستنتاجات المترتّبة على فهم الظاهرة والعوامل المرتبطة بها. ويُلاحظ هنا أن دقة التنبؤ تعتمد بشكل أساسي على درجة فهم الظاهرة؛ إذ كلما ازدادت درجة الفهم للظاهرة، تزداد القدرة على التنبؤ بها. كما تجدر الملاحظة أيضاً إلى أنه يمكن التحقق من صحة التنبؤات إما بالاستدلال العقلي أو بالتجريب. لهذا، يتوقع أن تختلف دقة التنبؤ في العلوم الطبيعية التي تقوم على التجريب مقارنة بالعلوم الإنسانية التي لا تقوم في أغلبها على التجريب.

3- الضبط Control: ويتعلق بالهدف النهائي لأي جهد علمي، ويعني اتخاذ الإجراءات والاستعدادات الكفيلة بديمومة التقدّم أو تجنّب الضرر. وبطبيعة الحال، يرتبط الضبط بعمليتي الفهم والتنبؤ، فلدى فهمنا لظاهرة ما، وتوصلنا إلى إمكانية التنبؤ بها، يمكننا ضبط الظروف المحيطة بالظاهرة. فعلى سبيل المثال، عندما نفهم ظاهرة انتشار مرض ما كالسرطان مثلاً ونربطها بالعوامل المسبّبة لها كالتدخين والتلوّث البيئي مثلاً، يمكن لنا التنبؤ بالإصابة بالسرطان إذ ما توفرت هذه العوامل، ويمكن لنا أيضاً ضبط الإصابة بالسرطان من خلال بذل الجهود لزيادة الوعي حول العوامل المسبّبة للسرطان وهي التدخين والتلوث البيئي في مثالنا الحاضر.

خصائص الباحث :

بما أن الباحث هو المخطّط والمنظّم والمنفّذ والموجّه لمختلف مراحل البحث، فيتعيّن عليه امتلاك خصائص معيّنة تشتمل على كفايات ومهارات عقلية، وأخرى فنيّة بالإضافة إلى بعض الخصائص الشخصية الأخرى التي لا غنى عنها. وفيما يأتي عرض موجز لأهم هذه الخصائص:

1- توفّر الرغبة الشخصية لدى الباحث: تُعدّ رغبة الباحث واهتمامه الشخصي بمشكلة البحث وقناعته بأهميتها عاملاً حاسماً في نجاح أي مسعى بحثي.

2- الثقة بالنفس والقدرة على الإقناع: مع أن توفّر الرغبة الشخصية لدى الباحث، وقناعته بأهمية مشكلة البحث تُعد عاملاً مهماً في نجاح البحث، إلا أنها ليست كافية إذ لا بدّ للباحث من امتلاك القدرة على إقناع الآخرين بأهمية تناول المشكلة البحثية.

3- الصبر والمثابرة: وتعني قدرة الباحث على الاستمرار والمتابعة وعدم التوقف عند مواجهته لمشكلة ما قد تعيق مسيرة البحث.

4- سعة الأفق والأصالة: وتعني قدرة الباحث على تأمل المواقف والحلول والنظر إليها من زوايا مختلفة، والسعي لاقتراح حلول مبتكرة تنمّ عن أصالة في التفكير.

5- الدقة في جمع الأدلة والشواهد عن الظاهرة قيد الدراسة، وعدم التسرّع في التوصّل إلى استنتاجات لا تستند إلى أدلة وحجج وشواهد وبراهين منطقية.

6- الموضوعية والنزاهة: وتعني تجرّد الباحث من الذاتية والتحيّز لموقف معيّن بسبب اتفاقه مع رغباته وآرائه ومعتقداته، وتجنّب الآراء الشخصية التي لا تستند إلى شواهد مقبولة ومقنعة.

7- الأمانة العلمية: وتعني التزام الباحث بعدم الغش والتضليل وتزييف الحقائق، وتوثيق الحقائق التي توصّل لها من سبقه من الباحثين الآخرين بشكل علمي.

البحث التربوي وخطواته :

بما أن البحث العلمي هو استخدام منظّم للمنهج العلمي في حل المشكلات، فيمكننا تعريف البحث التربوي بأنه "استخدام منظّم للمنهج العلمي في دراسة الظواهر التربوية". ويتبيّن هنا من خلال هذا التعريف أن البحث التربوي يشترك

مع البحث في ميادين العلوم الأخرى من حيث الأهداف التي تتلخص في تفسير الظواهر والتنبؤ بها وضبطها، إلا أن ما يميّز البحث التربوي بشكل خاص والبحث في العلوم السلوكية على نحو أعم هو طبيعة الظاهرة مدار البحث. ويُعدّ البحث التربوي الأكثر صعوبة مقارنة بالبحث في العلوم الأخرى لأن مادة البحث في العلوم التربوية هي الإنسان. بالإضافة لذلك، فإن الظواهر التربوية تنطوي على الكثير من المتغيّرات الملاحظة وغير الملاحظة، الأمر الذي يفسّر صعوبة تعميم النتائج من موقف بحثي لآخر أو إعادة إجراء الدراسة في ظروف مماثلة كما هو الحال في البحث في العلوم الطبيعية التي يتمكن فيها الباحث من ضبط المتغيّرات بشكل أكثر يُسراً وسهولة. من ناحية أخرى، يختلف البحث التربوي عن البحث في فروع العلوم الأخرى في دقة قياس السمات أو المتغيّرات التي تنطوي عليها الظاهرة قيد الدراسة مقارنة بقياس المتغيّرات في العلوم الطبيعية حيث أن قياس المتغيرات في العلوم الإنسانية بشكل عام هو قياس غير مباشر Indirect، بينما القياس في العلوم الطبيعية فهو في أغلبه قياس مباشر.

ويمرّ البحث التربوي في سلسلة من الخطوات التي لا تختلف عن خطوات البحث في العلوم الأخرى أو ما يُسمى بالطريقة العلمية في البحث. ويمكن تلخيص خطوات البحث التربوي في أربع خطوات هي:

1- تحديد مشكلة البحث: وهي عبارة عن تساؤل أو موقف غامض يدور في ذهن البحث ويحتاج إلى إجابة. ويُشترط في المشكلة هنا أن تكون قابلة للبحث أو أن تكون الفرضيات التي تنطوي عليها المشكلة قابلة للاختبار من خلال جمع البيانات عن المتغيرات التي تنطوي عليها الظاهرة وتحليلها.

2- تنفيذ إجراءات البحث: وتتضمن اختيار أفراد الدراسة، واختيار أدوات جمع البيانات أو تطويرها، واختيار تصميم بحث مناسب.

3- تحليل البيانات: ويتطلب اختيار أسلوباً إحصائياً مناسباً أو أكثر لتحليل البيانات بهدف اختبار الفرضيات والإجابة عن أسئلة البحث.
4- استخلاص النتائج: ويعتمد ذلك على نتائج التحليل في الخطوة السابقة؛ بمعنى أن صياغة الاستنتاجات التي يتوصل لها الباحث يجب أن تجيب عن أسئلة البحث، فإما أن تؤيد ما جاءت به الفرضيات أو تدحضها.

الاعتبارات الأخلاقية في البحث التربوي :

لقد سبقت الإشارة إلى أن ما يميّز البحث التربوي عن البحث في العلوم الأخرى هو مادة البحث، إذ أن البحث التربوي يتعامل مع العنصر البشري بينما يتعامل البحث في العلوم الأخرى مع عناصر البيئة الأخرى من جمادات وحيوانات ونباتات. وبما أن التعامل مع العنصر البشري له خصوصية معيّنة، وينطوي على محاذير واعتبارات أخلاقية معيّنة، فيتعيّن على الباحث في العلوم التربوية مراعاة جملة من المبادئ والمعايير والقواعد احتراماً لإنسانية الفرد وصوناً لكرامته ومراعاة مشاعره. وتتبنى المؤسسات والروابط البحثية المختلفة مثل رابطة علم النفس الأمريكية American Psychological Association (APA) لوائح تتضمن مجموعة من المبادئ والمعايير والقواعد (Code of Ethics) التي ينبغي على الباحثين في العلوم الإنسانية مراعاتها والالتزام بها نذكر منها ما يأتي:

1- عدم انتهاك الباحث للحقوق الشخصية للأفراد المشاركين في الدراسة، والتأكد من أن إجراءات البحث لا تعرّضهم لأي شكل من أشكال الأذى الجسدي أو النفسي أو الاجتماعي، وإطلاعهم على كافة الاحتمالات التي قد تعرّضهم لأي شكل من أشكال الأذى، وبذل الباحث لكل جهد ممكن لتجنّب إيقاع أي شكل من أشكال الأذى بحق المشاركين في الدراسة.

2- المحافظة على سرية البيانات المتعلقة بالمشاركين في الدراسة، وعدم تسريب البيانات الخاصة بالمشاركين لأي جهة أخرى، وضمان عدم الإفصاح عن هويتهم.

3- المحافظة على خصوصية المشاركين في الدراسة من خلال ضمان حقهم في الامتناع عن الادلاء بأي نوع من المعلومات لا يرغبوا بالإفصاح عنها كالمعتقدات الدينية والسياسية والدخل والمسائل الشخصية الأخرى.

4- ضمان حق المشاركين بالانسحاب من التجربة في أي وقت، وعدم اللجوء إلى أي شكل من أشكال الضغط على المشاركين للاستمرار في المشاركة، والحصول على موافقة أولياء الأمور في حال كان المشاركون من الأطفال.

تصنيف البحوث:

تُصنّف البحوث بعدة طرق؛ أهمها التصنيف بحسب الغرض، والتصنيف بحسب المنهج. وسنتناول فيما يأتي كل من هاتين الطريقتين في تصنيف البحوث:

أولاً- تصنيف البحوث بحسب الغرض:

يقوم هذا النوع من التصنيف على درجة قابلية النتائج للتطبيق المباشر وتعميمها من موقف بحثي لآخر. ويعتمد هذان المعياران على درجة الضبط المستخدمة في البحث. ويندرج تحت هذا التصنيف خمسة أنواع من البحوث هي:

1- البحوث الأساسية Basic Research: وتهدف إلى تطوير النظريات والتوصّل إلى مبادئ وقوانين علمية، وإضافة ما هو جديد للمعرفة العلمية دون الاهتمام بالجوانب التطبيقية. وغالباً ما تُجرى هذه البحوث في المختبرات في العلوم الطبيعية وفي بعض فروع العلوم الإنسانية كعلم النفس التجريبي.

2- **البحوث التطبيقية** Applied Research: وتهدف إلى اختبار النظريات والمبادئ في مواقف واقعية، أو محاكاة النظرية للواقع دون الاهتمام بالتوصّل إلى نظريات ومبادئ وقوانين معيّنة كالبحث في مدى فاعلية مبادئ التعزيز التي أشار لها علماء نفس السلوك في زيادة التحصيل الأكاديمي.

3- **بحوث التقييم** Evaluation Research: وتهدف إلى تقييم الواقع واتخاذ قرارات بشأن الأفضلية النسبية للبدائل الممكنة من خلال استخدام طريقة منظمة لجمع البيانات وتحليلها، كما هو الحال لدى تقييم برنامج التسريع الأكاديمي الذي تستخدمه وزارة التربية والتعليم في الأردن مقارنة بكلفته على سبيل المثال. وتجدر الإشارة هنا إلى أن هذا النوع من البحوث يتطلب جمع البيانات عن الظاهرة وتحليلها وتفسيرها مقارنة بمحك أو محكات معيّنة. ويمكن القول أن المشكلة الأساسية في هذا النوع من البحوث تكمن في موضوعية المحك أو المحكات المستخدمة للحكم على البدائل، إذ أن البعض يشير إلى أن المحكات المستخدمة للحكم على البدائل في بحوث التقييم هي في أغلبها أقرب إلى الذاتية منها إلى الموضوعية. فعلى سبيل المثال، إذا كان الباحث بصدد تقييم جدوى المنهاج الجديد لموضوع ما، فإن ذلك يعتمد على المحك المستخدم للحكم على المنهاج. فإذا كان المحكّ المستخدم للمفاضلة بين المنهاجين القديم والجديد هو تحصيل الطلبة، وتبيّن أن المنهاج الجديد يؤدي إلى ارتفاع التحصيل بمقدار نقطتين مقارنة بالتحصيل وفق المنهاج القديم، فقد نجد من يُقرّ بأفضلية المنهاج الجديد، كما قد نجد في المقابل من لا يقبل بذلك باعتبار أن هذا الفرق في التحصيل هو فرق ضئيل لا يرقى إلى تبرير الوقت والجهد والكلفة التي تترتب على تحديث المنهاج. ويتّضح مما سبق أن الغرض الأساسي من بحوث التقييم

ليس الحكم على الجودة بشكل مطلق، وإنما المفاضلة بين عدد من البدائل المختلفة واتخاذ القرارات بشأنها. كما أن الأمر لا يتوقف على المفاضلة بين زوج من البدائل كما هو الحال في موضوع دمج المعوقين مع العاديين أو عزلهم في ميدان التربية الخاصة، وإنما قد تشتمل المفاضلة على ثلاثة بدائل أو أكثر.

4- **بحوث التطوير** Research and Development (R & D): ويركّز هذا النوع من البحوث على تطوير نتاجات فاعلة يمكن استخدامها في الميدان التربوي لتلبية حاجات محدّدة وفق مواصفات دقيقة مثل تطوير مواد لتدريب المعلمين، ومواد للتعلّم، والأهداف السلوكية، والوسائط التعليمية، ونظم الإدارة ... الخ، ثم اختبار هذه النتاجات ميدانياً للتحقق من مدى فاعليتها. ومع أن هذا النوع من البحوث يتسم بارتفاع كلفته، إلا أن له مردود إيجابي على العملية التربوية يلمسه ذوي العلاقة بها.

5- **البحوث الإجرائية** Action Research: وتهدف إلى حل مشكلات محليّة خاصة باستخدام خطوات الطريقة العلمية. وهنا لا يهتم الباحث، وهو المعلم في أغلب الأحيان، بتعميم نتائج بحثه على المواقف البحثية الأخرى، كأن يقتصر اهتمام المعلم مثلاً على إجراء بحث لحل مشكلة خاصة بصف معيّن يقوم بتدريسه. كما أن الباحث في مثل هذا النوع من البحوث لا يمارس عنصر الضبط الذي يمارسه الباحث في الأنواع الأخرى من البحوث بنفس الدرجة. ومع أن فوائد البحوث الإجرائية لا تتعدى حدود الأشخاص الذين يقومون بها كالمعلمين في صفوفهم، إلا أنه يمثّل منهجاً علمياً لحل المشكلات التي تواجه المعلمين أثناء عملهم.

ثانياً- تصنيف البحوث بحسب المنهج:

يقوم هذا التصنيف على المنهج أو الطريقة المستخدمة في البحث. ومع أن جميع البحوث تشترك في خطوات المنهج العلمي كما أشرنا سابقاً، بدءاً بصياغة مشكلة البحث ومروراً بجمع البيانات وتحليلها ووصولاً إلى استخلاص النتائج، إلا أن هناك خطوات محدّدة تميّز منهجاً عن الآخر، كما أن كل منهج من هذه المناهج مصمّم للإجابة عن نوع محدّد من الأسئلة. وتُصنف البحوث بحسب المنهج المستخدم في خمس فئات هي:

1- **المنهج التاريخي Historical Research:** ويقوم على دراسة وفهم وتفسير الأحداث السابقة بغرض التوصل إلى استنتاجات حول أسبابها ونتائجها وأنماطها مما يساعد في تفسير الأحداث الحاليّة والتنبؤ بالأحداث مستقبلاً. ومن بين الأمثلة على هذا المنهج في البحث دراسة أنماط القراءة التي كانت سائدة منذ عام 1940 – 1990. ومع أن المنهج التاريخي غير شائع الاستخدام في البحث التربوي إلا أنه يمكن القول أن استخدام المنهج التاريخي في دراسة بعض الظواهر والمشكلات التربوية لا غنى عنه أحياناً لأنه يُعمّق فهمنا لتلك الظواهر، كما هو الحال لدى دراستنا لنُظم العلامات التي كانت سائدة في فترة زمنية معيّنة على سبيل المثال، أو دراسة أساليب الإشراف التربوي في فترة زمنيّة معيّنة. ومع أن خطوات البحث في المنهج التاريخي لا تختلف عن الخطوات التي نتبعها في مناهج البحث الأخرى، إلا أن ما يميّز المنهج التاريخي عن بقية المناهج الأخرى هو أن البحوث التاريخية لا تستلزم تطبيق أدوات البحث على أفراد الدراسة بغرض جمع البيانات، وإنما تقوم على جمع البيانات المتوفرة أصلاً. وتُصنّف مصادر البيانات في البحوث التاريخية إلى مصادر أوليّة كتقارير شهود العيان والوثائق الأصلية والمخطوطات؛ ومصادر ثانوية كالشهود الثانويين الذين سمعوا بالأحداث لكنهم لم يشهدوها فعلياً. من

هنا، تكمن المشكلة الأساسية في المنهج التاريخي وهي الإفراط في الاعتماد على المصادر الثانوية نتيجة لصعوبة الوصول إلى المصادر الأولية في كثير من الأحيان. ويستخدم الباحثون في المنهج التاريخي معياران للحكم على البيانات هما المعيار الخارجي الذي يقوم على تقييم مدى أصالة البيانات، والمعيار الداخلي الذي يقوم على تقييم مدى قيمة البيانات أو دقتها وثباتها. ولسوء الحظ، يخضع المعيار الداخلي للذاتية والأحكام الشخصية، كأن يقرّر الباحث ثبات أو دقة مقال كتبه "اينشتاين" مثلاً حول أنماط التدريس التي كانت سائدة في زمنه مع أنه غير مؤهل للكتابة في هذا الموضوع!! هنا يتعيّن على الباحث التحقق من أصالة المقال من خلال الإجابة عن التساؤل "هل كتب اينشتاين فعلاً هذا المقال؟"، ثم محاكمة ثبات أو دقة المعلومات بموضوعية للتحقق من دقة هذه المعلومات التي وردت في مقال كتبه شخص غير مؤهل للكتابة في هذا الموضوع!!

2- **المنهج الوصفي Descriptive Research**: يقوم المنهج الوصفي على جمع البيانات عن الظاهرة قيد الدراسة بغرض اختبار الفرضيات أو الإجابة عن أسئلة الدراسة المتعلقة بالوضع الراهن للأفراد، كدراسة أراء الأفراد حول مشاركة المرأة في الانتخابات الرئاسية في بلد ما. وقد جرت العادة أن يلجأ الباحث في هذا المنهج إلى استخدام الاستبيان أو المقابلة الشخصية أو الملاحظة كأساليب لجمع البيانات. ومع أن الدراسات الوصفيّة تبدو أسهل من غيرها من الدراسات للوهلة الأولى لأنها، كما يعتقد البعض، ليست أكثر من سؤال مجموعة من الأفراد حول قضية معيّنة وتوثيق إجاباتهم حولها، إلا أنها أكثر من هذا بكثير لأن الباحث يستخدم عادة أسئلة خاصة ومحدّدة لغرض معيّن مما يقتضي تطوير أداة خاصة لجمع البيانات، وهو أمر يحتاج بلا شك إلى جهد ووقت بالإضافة إلى ضرورة امتلاك الباحث لمهارات من نوع خاص. ولعل

المشكلة الأساسية في الدراسات الوصفية تكمن في انخفاض نسبة العائد، فإذا أراد باحث مثلاً تقصي آراء المعلمين في قضية معيّنة كموضوع دمج ذوي الاحتياجات الخاصة مع العاديين، وقام لهذا الغرض بسؤال (100) معلم السؤال التالي: "هل توافق على دمج ذوي الاحتياجات الخاصة مع العاديين؟" وأجاب (40) معلماً فقط عن السؤال، وكانت إجابتهم بالإيجاب، فلا يمكن للباحث الاستنتاج بأن المعلمين يوافقون على قضية الدمج لأن المعلمين الستون الذين لم يستجيبوا أصلاً للسؤال قد يكون لهم رأي مخالف!! بالإضافة لذلك، يتعيّن على الباحث هنا القيام بتدريب مساعدي البحث إذا اقتضت الحاجة إلى استخدام مساعدين في عملية جمع البيانات حتى يوفّر عنصري الموضوعية والثبات لهذه البيانات.

3- **المنهج الارتباطي Correlational Research**: يقوم المنهج الارتباطي على الكشف عن قوة واتجاه العلاقات بين المتغيّرات، والتنبؤ بمتغيّر من خلال متغيّر آخر أو أكثر. ومع أن الدراسات الارتباطية في أبسط صورها تقوم على دراسة العلاقة بين متغيّرين اثنين فقط، نجد أن معظم الباحثين الذين يستخدمون هذا المنهج يتعدوا ذلك من خلال دراسة العلاقة بين متغيّر واحد من جهة ومجموعة من المتغيّرات من جهة أخرى. وفي كل الأحوال، ينبغي عدم تفسير العلاقة الارتباطية على أنها علاقة سببية إلا في حالات خاصة عندما يمارس الباحث عنصر الضبط الذي يغيب عن المنهج الارتباطي. فإذا تبيّن مثلاً وجود علاقة من نوعٍ ما بين متغيّرين ولنقل مفهوم الذات والتحصيل، فإن هذا لا يعني على الإطلاق أن أحدهما سبب في الآخر، أي أنه لا يعني أن ارتفاع مفهوم الذات هو سبب في ارتفاع التحصيل أو أن انخفاضه هو سبب في انخفاض التحصيل، وإنما يعني أن التلاميذ الذين لديهم مفهوماً إيجابياً عن ذواتهم يميلون إلى أن يكونوا مرتفعي التحصيل أو العكس، فقد نجد بعض التلاميذ يتمتعون بمفهوم

ذات مرتفع لكنهم في الوقت نفسه منخفضي التحصيل أو العكس. وبصرف النظر عما إذا كانت العلاقة ارتباطية فقط أو سببية، فإن وجود علاقة قوية بين متغيّرين، أو بين متغيّر واحد من جهة ومجموعة من المتغيّرات من جهة أخرى يبرّر إمكانية التنبؤ. فإذا تبيّن مثلاً وجود علاقة بين معدّل الطالب في امتحان الثانوية العامة والمعدّل التراكمي للطالب في الجامعة، فيمكننا التنبؤ بما سيكون عليه المعدّل التراكمي للطالب في الجامعة إذا علمنا معدّله في امتحان الثانوية العامة. ومن البديهي أن تزداد دقة التنبؤ بزيادة قوة العلاقة بين المتغيرين والتي يعبّر عنها بما يُسمى بمعامل الارتباط الذي تتراوح قيمته بين الصفر والواحد الصحيح. لاحظ هنا أن قوة العلاقة تتحدّد بالقيمة الرقمية لمعامل الارتباط بصرف النظر عن إشارته، بينما يتحدّد اتجاه العلاقة (طردي، عكسي) بإشارة معامل الارتباط. وإذا بلغت العلاقة بين متغيّرين (+1) أو (-1)، فإننا نسمي العلاقة عندئذ علاقة تامة، وعندها يكون التنبؤ هو أيضاً تام أو بدون أخطاء، علماً بأنه من ناحية عملية لا يوجد علاقات تامة بين المتغيّرات التي تنطوي عليها الظواهر في العلوم السلوكية.

4- **المنهج العلّي-المقارن والمنهج التجريبي Causal-Comparative and Experimental Research**: مع أن المنهج العلّي-المقارن والمنهج التجريبي في البحث يمثلان منهجين مختلفين، إلا أن دراستهما معاً من خلال إبراز أوجه التشابه والاختلاف يمكّننا من فهمهما بشكل أفضل. ويشترك المنهجان في أن كل منهما يدرس علاقات من نوع سبب ونتيجة، وأن كليهما يقوم على المقارنة بين المجموعات. في المقابل، يكمن الفرق الجوهري بين المنهجين في أن المنهج التجريبي يقوم على معالجة Manipulation المتغيّر المستقل Independent Variable أو ما يُدعى بالسبب وملاحظة أثر هذه المعالجة في المتغيّر التابع Dependent Variable أو ما يُسمى بالنتيجة، بينما لا يكون هناك

معالجة للمتغيّر المستقل في المنهج العلّي-المقارن. وبشكل عام، يقوم الباحث في المنهج التجريبي بمعالجة متغيّر مستقل واحد على الأقل، وملاحظة أثر المعالجة في متغيّر تابع واحد أو أكثر. وتُسمى المجموعة التي تخضع للمعالجة بالمجموعة التجريبية، بينما تُسمى المجموعة التي لا تخضع للمعالجة بالمجموعة الضابطة. وبالإضافة إلى عنصر المعالجة، فإن المنهج التجريبي يتميّز عن المنهج العلّي-المقارن وبقية المناهج الأخرى في البحث بوجود عنصر الضبط Control الذي يُعد جوهر التجريب. ويعني الضبط قيام الباحث بالتأكد من تكافؤ المجموعتين التجريبية والضابطة من جميع النواحي باستثناء المعالجة بطبيعة الحال، مما يمكّنه من عزو الاختلاف بين المجموعتين إلى المعالجة أو المتغيّر المستقل فقط. أما في المنهج العلّي-المقارن، فلا يخضع المتغيّر المستقل للمعالجة إما لأنه لا يقبل المعالجة أصلاً مثل متغيّر الجنس مثلاً، أو أنه لا يجوز أن يخضع للمعالجة كمتغيّر التنشئة الأسرية، أو أنه ببساطة لم يخضع للمعالجة علماً بأنه قابل للمعالجة مثل طريقة التدريس. ونظراً لغياب عنصري المعالجة والضبط في المنهج العلّي-المقارن، فإن نتائج الدراسات التي تستخدم هذا المنهج ليست حاسمة. في المقابل، يتميز المنهج العلّي-المقارن على نظيره المنهج التجريبي بأنه أقل كلفة ولا يحتاج إلى وقت طويل. وتُعدّ دراسة "اختلاف النضج الاجتماعي لدى تلاميذ رياض الأطفال في نهاية الصف الأول الأساسي باختلاف الالتحاق برياض الأطفال" مثالاً على الدراسات العليّة-المقارنة، حيث يمثّل "الالتحاق برياض الأطفال" المتغيّر المستقل هنا وهو بطبيعة الحال غير قابل للمعالجة، بينما يمثّل "النضج الاجتماعي" المتغيّر التابع في هذه الدراسة. ونلاحظ هنا أن الباحث في هذه الدراسة معني بمقارنة النضج الاجتماعي لدى مجموعة من الأطفال في نهاية الصف الأول الأساسي والذين سبق لهم الالتحاق برياض الأطفال بما هو عليه

لدى مجموعة أخرى من الأطفال في الصف نفسه والذين لم يسبق لهم الالتحاق برياض الأطفال. كما تُعد دراسه "اختلاف التحصيل في ماده الرياضيات باختلاف الجنس" مثالاً أخر على الدراسات العليه-المقارنة، حيث يكون الجنس هنا هو المتغيّر المستقل والتحصيل في مادة الرياضيات هو المتغيّر التابع. وهنا يقارن الباحث تحصيل الطلبة الذكور بتحصيل الطالبات الإناث في الرياضيات.

الوحدة الثانية
مشكلة البحث وفرضياته
Statement of the Problem and Hypotheses

تُعدّ خطوة اختيار مشكلة البحث التي تبدأ عادة بالشعور بالمشكلة الخطوة الأولى من خطوات البحث العلمي. لكن ما المقصود بمشكلة البحث؟ هذا ما سنتناوله في هذه الوحدة محاولين التعريف بمشكلة البحث، ومصادر الحصول عليها، وخصائصها، ومعايير صياغتها، ومراجعة الأدب السابق المتّصل بها، وصياغة الفرضيات حولها، ومتغيّراتها.

كثيراً ما يواجه المرء في حياته اليومية ظواهر تسترعي انتباهه وتثير الفضول والتساؤلات وتحتاج إلى إجابات مبنيّة على أدلّة وحجج وبراهين. فعلى سبيل المثال، قد يلاحظ مدير مؤسسة ما أن زيادة الإنتاج ترتبط بشكل ما بنمط الإدارة؛ لهذا السبب قد يتساءل عن شكل العلاقة بين نمط الإدارة (ديمقراطي، تسلطي) وزيادة الإنتاج في مؤسسته. وربما يتساءل معلم عن أثر استخدام الحاسوب في التدريس في تحصيل طلبته في موضوع دراسي معّين. وقد يسترعي انتباه المرشد التربوي في مدرسة ما تباين مفهوم الذات عند التلاميذ نتيجة اختلاف أنماط التنشئة الأسرية، ويرغب بدراسة العلاقة بين نمط التنشئة الأسرية ومفهوم الذات عند التلاميذ. يتّضح من الأمثلة السابقة أن البحث يبدأ بتساؤل معيّن يدور في ذهن الباحث، وينشأ هذا التساؤل من شعور الباحث أو ملاحظته لظاهرة ما أو حدث معيّن يتكرر دون وجود تفسير لتلك الظاهرة أو ذلك الحدث.

ومع أن عملية اختيار مشكلة البحث تبدو أمراً يسيراً للوهلة الأولى، إلا أنها ليست بهذه السهولة التي نتوقعها. فبرغم وجود الكثير من الظواهر الغامضة التي

تحتاج إلى تفسير، والمشكلات التي تنطوي على أسئلة تحتاج إلى إجابات شافية ومقنعة وبراهين دامغة، إلا أن العثور على مشكلة بحث هو بحد ذاته مشكلة بالنسبة للباحث المبتدئ. ولعل اختيار مشكلة البحث هي الخطوة الأكثر صعوبة بين خطوات البحث المختلفة، والدليل على ذلك مستوى القلق والمعاناة التي يواجهها طلبة الدراسات العليا في هذه المرحلة من مراحل البحث نتيجة التخوّف من رفض المشرف الأكاديمي للمشكلة بسبب عدم كفاية أهميتها أو بسبب شعور المشرف بأن المشكلة قد أُشبعت بحثاً وأن لا جدوى من تكرار دراستها.

نخلص مما سبق إلى أن المشكلة ليست في قلة مشكلات البحث، وإنما تكمن المشكلة في نقص خبرة الباحث وحاجته للمهارات البحثية اللازمة لتبرير اختيار مشكلة بحث معيّنة من بين المشكلات المختلفة وإبراز دلالتها وأهميّة بحثها وصلتها بالواقع. ولا يقف الأمر عند حد اقتناع الباحث بأهميّة المشكلة التي يختارها وثقته بقدرته على إبراز هذه الأهميّة للآخرين، بل لا بدّ أيضاً من امتلاكه لمهارات بحثية من نوع خاص تمكّنه من صياغة المشكلة على نحو يجنّبه تكرار دراسة المشكلة بشكل غير ذي معنى، وبخاصة عندما يشعر الباحث أن جميع المشكلات قد تم بحثها ممن سبقه من الباحثين. لكن البحث العلمي، ولحسن الحظ، يتميز بصفة دورية؛ بمعنى أن البحث العلمي لا توجد له نهاية ولا يتوقف عند حدّ. كما أنه بالقدر الذي يولّد البحث مشكلات بحثية أخرى، بالقدر الذي يوصف البحث بالجودة. ويتّسم البحث العلمي بالتكرار والانتقال، أي أن التوصل إلى حل لمشكلة معيّنة قد يكون بداية لظهور مشكلات بحثية جديدة. كما أن توصل باحث معيّن لنتيجة ما لا يعني إغلاق الباب أمام الباحثين الراغبين في تناول المشكلة نفسها أو جانب منها، فقد يكون طول الفترة الزمنية التي تلت إجراء البحث مبرّراً كافياً لدى باحث جديد لإعادة البحث، أو قد يكون اختلاف عيّنة البحث أو أسلوب تناول المشكلة أو المنهج المتّبع في إجراء البحث مبرّراً مقنعاً لإعادته.

تبدأ عملية اختيار المشكلة بتحديد الإطار أو المحّور أو المجال العام للمشكلة، وهنا في هذه المرحلة تكون الأفكار المتصلة بالمشكلة ذات طبيعة عامة وتكون أسئلة الدراسة أو البحث في هذه المرحلة واسعة غير محدّدة وتحتمل العديد من الإجابات، لكنها في الوقت نفسه تكون قليلة العدد وربما لا يتعدى ذلك سؤالاً واحداً عاماً. ومع مرور الوقت، ومن خلال مراجعة الباحث للدراسات السابقة المتّصلة بموضوع البحث، تبدأ المشكلة بالتبلور شيئاً فشيئاً، ويصبح الباحث قادراً على تحديد وصياغة المشكلة بشكل دقيق. ويستحسن في هذه المرحلة أن يركّز الباحث مراجعته للدراسات ذات الصلة المباشرة بموضوع بحثه، تجنباً لتشعّب المشكلة واتساع إطارها وزيادة متغيراتها مما يعيقه من صياغة فرضيات البحث على نحو دقيق.

ولتوضيح عملية تحديد المشكلة أو الانتقال من الشكل العام إلى الشكل المحدّد نورد المثال التالي: نبدأ بتحديد مجال المشكلة بشكل عام وليكن "أثر استخدام الحاسوب في التدريس في التحصيل". نلاحظ هنا أن مجال هذه المشكلة واسع وعام؛ فما المقصود بالتحصيل هنا؟ بمعنى آخر، التحصيل في ماذا؟ أليس من الممكن أن يختلف أثر استخدام الحاسوب في التدريس في التحصيل في مادة الرياضيات عنه في مادة العلوم أو اللغة العربية مثلاً؟ كذلك الأمر، أليس من الممكن أن يختلف أثر استخدام الحاسوب في التدريس في التحصيل في مادة الرياضيات من موضوع لآخر في المادة نفسها كالمعادلات الآنية والهندسة المستوية مثلاً. من ناحية أخرى، أليس ممكناً أن يختلف أثر استخدام الحاسوب في التدريس باختلاف المستوى الدراسي، فعلى سبيل المثال قد يختلف أثر استخدام الحاسوب في التدريس لدى طلبة الصف الأول الأساسي عنه لدى طلبة الصف السابع الأساسي. لهذا، نقوم بحصر المشكلة بشكل أكثر تحديداً، فنقول مثلاً "أثر استخدام الحاسوب في التدريس في حل المعادلات الآنية من الدرجة الثانية لدى

طلبة الصف العاشر الأساسي"، أو " أثر استخدام الحاسوب في التدريس في تحصيل طلبة الصـف السادس الأساسي في مـاده النحو" ... الخ.

يستخلص مما سبق أن اختيار مشكلة بحث جيدة يستحق الوقت والجهـد المبـذول؛ إذ لا مـبرّر للباحث أن يختار مشكلة بحث ليست ذات معنى. فبالإضافة إلى رضا الباحث عـن ذاتـه لـدى اختيـاره لمشكلة بحث ذات معنى من خلال إحساسه بمساهمته في تقدّم المعرفة في مجال تخصصـه، تـزداد فرص احترام وتقدير الآخرين له ولعمله. وبشكل عام تتميّز مشكلة البحث الجيدة بجملة من الخصائص يمكن تلخيصها على النحو الآتي:

1- مدى قابلية المشكلة للبحث: ويقصد بذلك توفر إمكانية جمع بيانات عـن المشكلة قيـد الدراسـة. ومع أن بعض المشكلات قد تنطوي على جانب كبير من الأهمية بالنسبة للباحث وللآخرين، إلا أنهـا قد لا تكون قابلة للبحث بسبب تعذّر جمع بيانات عن متغيراتها. فإذا أراد باحث مثلاً أن يتعـرف معتقدات الناس حول قضية الثواب والعقاب في الآخرة، فإنه يصطدم بمشكلة انعدام وجود طريقـة - في الوقت الحاضر على الأقل - لجمع بيانات موضوعية حول هذه المشكلة. ليس هذا فحسب، وإنما قد لا تكون المشكلة قابلة للبحث لأن الإجابة عن التساؤلات التي يطرحها البحث قـد تكون معروفة سلفاً ولا تحتاج إلى إجراء بحث لمعرفتها. هـذا بالإضافة إلى أن بعض المشكلات تتحـدّد بمحدّدات أخلاقية تحول دون إمكانية بحثها.

2- مدى ملاءمة المشكلة لإمكانيات الباحث وتوجهاته: يتعيّن على الباحث بعد اختياره لمشكلة بحـث معيّنة أن يقرّر فيما إذا كانت هذه المشكلة ملائمة لإمكانياتـه الماديّـة والبحثيـة المتاحة وتوجهاتـه العلمية. فقد يقتنع باحث ما بضرورة دراسة أثر استخدام الحاسوب في التدريس مقارنـة بطريقـة التدريس الاعتيادية، إلا أنه قد يصطدم بعدم توفر الإمكانيات التي تمكّنه من استخدام

الحاسوب في التدريس، أو قد يجد أن مؤهلاته ومهاراته لا تساعده في إنجاز البحث، أو أن الأسلوب الحديث قد يقتضي تطوير برمجيات ذات كلفة ماديّة مرتفعة تفوق الميزانية المخصّصة لـذلك. مـن جانب آخر، قد يفرض المشرف الأكاديمي على أحد طلبته دراسة مشكلة معيّنة نابعة مـن الاهـتمام الشخصي للمشرف لكنها لا تتفق مع توجهـات الطالـب العلميـة وميولـه واهتماماتـه، الأمـر الـذي ينعكس سلباً على إجراءات البحث اللاحقة. وبشـكل عـام، يمكـن للباحـث أن يقـرّر مـدى ملاءمـة المشكلة لإمكانياته في ضوء كفاية مهاراته وخبرته البحثيـة، والتسـهيلات والمصـادر المتاحـة، وكفايـة الزمن المخصص لإنجاز البحث، بالإضافة إلى مدى توفر الأفراد وأدوات جمع البيانات.

3- دلالة المشكلة النظرية والعملية: يمكن القول أن الباحث نفسه هو الذي يقرّر دلالـة المشـكلة مـن خلال إجابته بشكل موضوعي عن التساؤل "ما أهمية المشكلة؟"، فإذا كانت الإجابة أنها مشـكلة لا تستحق العناء، وأن دراسة المشكلة لا تضيف شيئاً ذو أهميـة للمعرفـة في المجـال الـذي تقـع فيـه المشكلة، يُستحسن أن يتوقف الباحث عن الاسـتمرار في خطـوات البحـث اللاحقـة. وبمـا أن الأمـر ليس يسيراً على الباحث المبتدئ لتقرير مدى أهمية المشكلة وجودتها وقابليتها للبحث، فيُستحسن الاستعانة بذوي الخبرة من الباحثين الآخرين أو المشرف الأكاديمي لاتخاذ قرار حول أهمية المشـكلة وتقييم الجدوى العملية للبحث.

مصادر الحصول على مشكلة البحث:

تتعدّد المصادر التي يمكن للباحث أن يحصـل منهـا عـلى مشـكلة بحثيـة، إلا أنهـا تختلـف عـن بعضها في الأهمية؛ بمعنى أن جزء من أهمية مشكلة البحث ينبع من المصـدر المشـتقة منـه. ونسـتعرض فيما يأتي أهم مصادر الحصول على مشكلة البحث:

1- النظرية: يُعتقد بأن المشكلات البحثية المشتقة من النظرية هي الأكثر أهمية مقارنة بالمصادر الأخرى للحصول على مشكلة بحثية لأنها تسهم بشكل فاعل في تقدم المعرفة في مجال معيّن، وتسهّل صياغة فرضيات قائمة على منطق سليم؛ والتي بدورها أي الفرضيات تقود إلى تفسيرات ذات معنى. ونقصد بالنظرية هنا المفهوم الذي يتفق حوله كافة العلماء في مجال معيّن وهو "مجموعة المفاهيم أو التصورات الذهنية المترابطة فيما بينها التي يمكن من خلالها وصف وتفسير وضبط العلاقات بين المتغيرات التي تنطوي عليها ظاهرة معيّنة في وقت ما". بمعنى أن النظرية تشتمل على مجموعة من التعميمات والافتراضات غير المطلقة التي يجب أن تخضع دائماً للبحث والتصويب والتعديل والتغيير؛ وليست مجموعة من الحقائق الثابتة والمطلقة كما يتصورها البعض. وبرغم أهمية النظرية كمصدر هام من مصادر الحصول على مشكلة البحث، إلا أنها تُعد المصدر الأكثر صعوبة خاصة بالنسبة للباحث المبتدئ؛ إذ أن الحصول على مشكلة بحث نظرية يتطلب من الباحث قراءة ناقدة وفهم متعمق للجوانب المختلفة للنظرية يستطيع من خلاله تحديد جانب معيّن أو موقف غامض فيها يستدعي البحث والتقصي وتأكيد أو دحض هذا الجانب.

2- خبرة الباحث الذاتية في مجال معيّن: وهي مصدر آخر من مصادر الحصول على مشكلة البحث، إذ يصعب مثلاً أن نتصور معلماً ذو خبرة في مجال التدريس لم يواجه أثناء خدمته تساؤلاً يحتاج إلى إجابة أو موقف غامض يحتاج إلى تفسير.

3- الأدب السابق: ويُعدّ الأدب السابق مصدراً ثالثاً من مصادر الحصول على مشكلة البحث؛ إذ أن البحوث السابقة عادة ما تنتهي بمجموعة من التوصيات للباحثين الآخرين لإجراء المزيد من البحوث في جوانب أخرى إما لعدم تناول

تلك الدراسات لهذه الجوانب واقتصارها على تناول جانب محدّد، أو نتيجـةً لـبروز مشـكلة جديـدة بعد تحليل البيانات وتفسير النتائج التي تمخض عنها البحث الأصلي. فعلى سـبيل المثـال، قـد يـوصي باحث بإجراء المزيد من البحوث حول أثر استخدام الحاسوب في تدريس وحدات أخرى يشتمل عليها منهاج الرياضيات للصف السادس الأساسي بنـاءً عـلى النتـائج التـي توصـل لهـا عنـدما تنـاول وحـدة المساحة فقط. وقد يـوصي الباحـث نفسـه بـإجراء المزيـد مـن البحـوث حـول تقصي- أثـر اسـتخدام الحاسوب في تدريس مواد أخرى غير الرياضيات للصف نفسه، أو المادة نفسها لصفوف أخرى.

4- بالإضافة إلى المصادر الثلاثة السابقة، قد يقوم الباحث بإجراء بحث ما في مجـال معـيّن بتكليـف مـن دائرة أو مؤسسة حكومية أو خاصة كأن تكلّف وزارة العمل في بلدٍ ما باحثاً معيّناً بإجراء بحث حـول ظاهرة عمالة الأطفال، أو قد تكلّف وزارة التنمية الاجتماعية باحثـاً متخصصـاً بالقيـام بدراسـة حـول ظاهرة الطلاق علّها تصل إلى تشخيص علمي دقيق لأسبابها واقـتراح حلـول مناسـبة لهـا. مـن جانـب آخر، قد تقترح بعض الأقسام الأكاديميـة في الجامعـات مواضيع لبحـوث مقترحـة نتيجـة استشـعارها لحاجة المجتمع المحلي أو تلبيتها لرغبـة بعـض المؤسسـات والـدوائر ذات العلاقـة، كـأن تقـترح كليـة العلوم التربوية في جامعة ما على طلبة الدراسات العليا فيها تقصي أسباب رسوب الطلبـة في امتحـان الثانوية العامة في منطقة تعليمية معيّنة تلبية لرغبة مديرية التربية والتعليم في تلك المنطقة.

5- التطور التقني والتكنولوجي: ويُعدّ التطور التكنولوجي المتسارع مصدراً آخر من مصادر الحصول على مشكلة بحثية في كافة المجـالات. فعـلى سـبيل المثـال لا الحصر- يمكـن للباحـث التربـوي تنـاول أثـر استخدام الحاسوب في التدريس في تحصيل الطلبة بعد أن شاع استخدام الحاسوب في التـدريس، كـما يمكن أيضاً

مقارنة الاختبارات المحوسبة بالاختبارات التقليدية التي تعتمد على الورقة والقلم بعد أن شاع استخدام الاختبارات المحوسبة كبديل عن الاختبارات التقليديه. وتجدر الإشاره إلى أن المصادر السابقة لمشكلة البحث ليست مستقلة عن بعضها بعضاً؛ بمعنى أن هذه المصادر في أي مجال من مجالات العلوم المختلفة تكمّل بعضها بعضاً. فقد يحدث أن تكون المشكلة مستندة إلى نظرية معيّنة ونابعة من خبرة الباحث وسعة إطلاعه وقراءاته في موضوع ما ومتّفقة مع رغبة جهة معيّنة في آن واحد.

قواعد صياغة مشكلة البحث:

تُعد صياغة المشكلة العنصر الأول من عناصر إعداد مخطط البحث، كما أنها العنصر الأول في مقدمة التقرير النهائي للبحث أو الرسالة الجامعية. وهذا يعني أن صياغة المشكلة تُعتبر موجّهاً لبقية أجزاء مخطط البحث أو التقرير النهائي للبحث. لهذا، يتعيّن على الباحث أن يبدأ بصياغة المشكلة كأول خطوة على طريق البحث. كما يتعيّن عليه أيضاً أن يتمهل في تحديد العنوان الدقيق لبحثه، وإرجاء ذلك إلى ما بعد صياغة المشكلة على نحو دقيق وواضح مما يساعد في صياغة العنوان بشكل واضح ودقيق وشامل. وعادة ما تأتي الصياغة على شكل عبارة تقريرية رئيسية تعطي انطباعاً واضحاً على أنها تعكس موقفاً غامضاً كالقول مثلاً "تهدف هذه الدراسة إلى التعرف على اختلاف التحصيل الأكاديمي لدى تلاميذ الصف الأول الأساسي في مدينة عمّان باختلاف الالتحاق برياض الأطفال". وقد تأتي صياغة المشكلة على شكل سؤال جوهري يدور في ذهن الباحث ويحاول إيجاد حل أو إجابة مناسبة له كالقول مثلاً " تحاول الدراسة الحالية الإجابة عن التساؤل الآتي: هل يختلف التحصيل الأكاديمي لدى تلاميذ الصف الأول الأساسي في مدينة عمّان باختلاف الالتحاق برياض الأطفال؟" وقد يتبع العبارة أو السؤال

مجموعة من العبارات التقريرية الفرعية أو الأسئلة الفرعية المتعلقة بشكل مباشر بموضوع البحث فيما يُسمى بعناصر المشكلة أو أسئلة الدراسة.

وينبغي أن يصاحب صياغة المشكلة عرضاً للخلفية النظرية للبحث والتي تشتمل على معلومات تساعد على فهم مشكلة البحث من كافة جوانبها المختلفة، ومبرّرات إجراء البحث، وأهميته ومدى مساهمته في إثراء الأدب المتصل بالمشكلة سواء من ناحية نظرية أو من ناحية عملية. ففي المثال السابق، يتعيّن على الباحث بعد الانتهاء من صياغة المشكلة أن ينتقل إلى توضيح أثر العوامل المختلفة في التحصيل الأكاديمي كالعوامل الوراثية من ذكاء وقدرات معرفية، والعوامل البيئية كالمستوى الاقتصادي الاجتماعي وغيره مبرزاً عامل الالتحاق برياض الأطفال. وينبغي على الباحث هنا أن يشير إلى أهمية بحثه خاصة إذا كان الأول من نوعه الذي تناول أثر هذا العامل.

ومع أن صياغة المشكلة هي الخطوة الأولى والأهم بين خطوات البحث، إلا أن الباحث المبتدئ يواجه صعوبة في صياغة المشكلة بشكل واضح ومحدّد. وهو أمر متوقع بلا شك إذا ما تذكّرنا أن مشكلة البحث تبدأ بملاحظة الباحث لظاهرة ما تتصف بالعمومية في بادئ الأمر، ويكون عدد الأسئلة التي تدور في ذهن الباحث حول تلك الظاهرة قليلاً لكنها في الوقت نفسه واسعة وعامة، ثم يبدأ عدد الأسئلة بالتزايد شيئاً فشيئاً بشكل تدريجي أثناء مسيرة البحث لكن في الوقت نفسه تكون ضيقة محدّدة وتعود في نهاية البحث إلى النقصان والاتساع كما كانت في البداية. لكن ما مواصفات الصياغة الجيدة للمشكلة؟ قبل الإجابة عن هذا التساؤل، لا بدّ أن نتذكر أن مشكلات البحث تختلف عن بعضها؛ ولهذا لا يوجد وصفة جاهزة أو طريقة معيارية واحدة للصياغة الجيدة، إلا أن علماء مناهج البحث يتفقون حول قواعد عامة تحكم صياغة المشكلة بشكل جيد هي:

1- يجب أن تشير المشكلة بوضوح إلى المتغيرات التي تنطوي عليها مشكلة البحث (لاحظ متغيري الدراسة في المثال السابق وهما الالتحاق أو عدم الالتحاق برياض الأطفال؛ والتحصيل الأكاديمي في الصف الأول الأساسي). كما يجب أيضاً على الباحث أن يوضّح في صياغة المشكلة العلاقة بين هذه المتغيرات التي ينوي دراستها (لاحظ العلاقة هنا من نوع سبب ونتيجة). كما يجدر بالباحث أيضاً أن يحدّد بوضوح أفراد الدراسة كالقول في المثال السابق "طلبة الصف الأول الأساسي في مدينة عمّان".

2- بالإضافة لما سبق، يتعيّن على الباحث تحديد معاني بعض المصطلحات المستخدمة في الدراسة وتعريفها بصورة إجرائية أي بدلالة الإجراءات أو العمليات والبيانات والأدوات الخاصة بالدراسة. ففي مثالنا، يمكن تعريف رياض الأطفال بشكل مباشر بالقول مثلاً بأنها "سنوات الدراسة غير النظامية السابقة للالتحاق بالدراسة النظامية كما نص عليها نظام الالتحاق بالصف الأول الأساسي في الأردن". ويمكن أيضاً أن نعرّف التحصيل الأكاديمي تعريفاً إجرائياً على النحو "متوسط علامات الطالب في جميع المباحث الدراسية في نهاية العام الدراسي".

3- ينبغي أن تكون المتغيرات التي تنطوي عليها المشكلة قابلة للقياس، بمعنى أن المشكلة يجب أن تكون مصاغة بشكل يسمح باختبار فرضياتها من خلال قياس المتغيرات التي تنطوي عليها المشكلة. وفي الحقيقة، فإن المشكلة التي لا تسلم نفسها لاختبار العلاقة أو العلاقات بين متغيراتها لا تعتبر مشكلة بحثية. كما أن الكثير من المشكلات التي تبدو مهمة وتثير اهتمام الباحثين غير قابلة للبحث ليس لسبب إلا لأن متغيراتها غير قابلة للقياس. فمثلاً سؤال من نوع "كيف يفكر الطفل لدى مواجهته لسؤال ما؟" هو من النوع الذي لا نستطيع الإجابة عنه من خلال جمع البيانات واختبار الفرضيات حوله. ولعل

سبب صعوبة قياس بعض المتغيرات يعود إلى صعوبة افتراض وجود علاقة بين هذه المتغيرات، كما يعود السبب أيضاً إلى صعوبة تعريف المفاهيم أو المتغيرات التي تنطوي عليها الظاهرة موضوع الدراسة.

متغيّرات البحث :

يتبيّن مما سبق أن تحديد مشكلة البحث وصياغتها يرتبط ارتباطاً مباشراً بمتغيّرات البحث، إذ يتعيّن على الباحث بعد صياغته لمشكلة البحث أن يحدّد المتغيّرات ذات العلاقة بالمشكلة. ويُعرّف المتغيّر بأنه الخاصية أو الصفة التي تأخذ قيماً مختلفة عند الأفراد.وتُصنّف المتغيّرات بثلاث طرق؛ فإما أن تُصنّف في ضوء قابليتها للتعبير الكمّي، أو في ضوء موقعها في تصميم الدراسة، أو في ضوء قابلية وحدة قياس المتغيّر للتجزئة. وفيما يأتي شرح مفصّل لكل طريقة من هذه الطرق:

أولاً: تصنيف المتغيّرات في ضوء قابليتها للتعبير الكمّي: تُصنّف المتغيرات في ضوء قابليتها للتعبير الكمّي في فئتين هي:

1- **المتغيّرات النوعية:** وهي المتغيّرات التي لا يمكننا التعبير عنها بشكل كمّي بحيث يكون للأرقام عليها معنى، بمعنى أن الأرقام التي نُعطيها لفئات المتغيّر هنا ليس لها مدلول كمّي وتشير فقط إلى التصنيف كما هو الحال بالنسبة لمتغيّر الجنس أو الجنسية أو الديانة أو المهنة أو التخصص...الخ. وقد تكون هذه المتغيّرات ثنائية التصنيف كما هو الحال بالنسبة لمتغيّر الجنس (ذكور، إناث) أو متعدّدة التصنيف كما هو الحال بالنسبة لمتغيّر المهنة على سبيل المثال أو متغيّر التخصص...الخ. وتجدر الإشارة إلى أن الأرقام التي نعطيها لفئات المتغيّر التصنيفي لا تختلف عن بعضها بعضاً اختلافاً كمياً وإنما تشير فقط إلى اختلاف في النوع، ولا فرق لو أعطينا فئة الذكور (1) وفئة الإناث (2) على متغيّر الجنس عنه لو أعطينا الذكور (17) والإناث (100) مثلاً.

2- **المتغيّرات الكميّة:** وهي المتغيّرات التي يمكن التعبير عنها بشكل كمّي بحيث يكون للارقام عليها معنى كمّي، وتُقسم إلى:

أ- **متغيّرات كميّة رتبيّة:** وهي المتغيّرات التي تدل فيها الأرقام التي نعطيها لفئات المتغيّر على الترتيب فقط، كما هو الحال في ترتيبنا للأفراد بحسب المستوى الدراسي حيث تدل الأرقام (1، 2، 3، 4) على المستويات (سنة أولى، سنة ثانية، سنة ثالثة، سنة رابعة) على التوالي. لاحظ هنا أن الفروق الكميّة بين أي رتبتين متتاليتين لا تعكس فروقاً متساوية في السمة.

ب- **متغيّرات كميّة فترية:** وهي المتغيّرات التي تعكس فيها الفروق بين القيم المتتالية على المتغيّر فروقاً متساوية في السمة على أي موقع على المتغيّر، كما هو الحال بالنسبة لمتغيّر التحصيل حيث نفترض أن الفرق بين الدرجتين (75، 76) يكافئ الفرق بين الدرجتين (17، 18) مثلاً. لاحظ هنا أننا نفترض افتراضاً أن السمات السلوكية ومن ضمنها التحصيل هي متغيّرات فترية حتى نتمكن من إخضاع البيانات على هذه المتغيّرات لأساليب التحليل الإحصائي التي تفترض توفّر خاصية الجمع.

ج- **متغيّرات كميّة نسبية:** وهي المتغيّرات التي يكون للصفر عليها معنى مطلق، أو المتغيّرات التي تشتمل على نقطة إسناد تعبّر عن انعدام السمة كما هو الحال بالنسبة لمتغيّر الطول أو العمر أو المسافة أو الزمن...الخ، إذ يمكن التعبير عن انعدام سمة الطول أو المسافة من خلال الصفر المطلق. لاحظ هنا أنه في هذا المستوى فقط يمكننا أن ننسب الكميات إلى بعضها بعضاً كالقول مثلاً أن مسافة معينة ولتكن (60 كم) هي ضعف المسافة (30 كم).

ثانياً: تصنيف المتغيّرات في ضوء موقعها في تصميم الدراسة: تُصنف المتغيّرات في ضوء موقعها في تصميم الدراسة إلى أربعة أنواع نلخّصها على النحو الآتي:

1- **المتغيّر المستقل:** وهو المتغيّر السبب أو المؤثر أو هو المتغيّر الذي نبحث في أثره في متغيّر آخر أو أكثر، فإذا أراد باحث دراسة أثر طريقة التدريس في التحصيل في الرياضيات، تكون طريقة التدريس هنا هي المتغيّر المستقل والتي يمكن أن تترك أثراً في التحصيل.

2- **المتغير التابع:** وهو المتغيّر النتيجة أو المتأثر أو هو المتغيّر الذي يتأثر أو يتغيّر تبعاً للمتغيّر المستقل، ففي المثال السابق يكون متغيّر التحصيل في الرياضيات هو المتغيّر التابع.

3- **المتغيّر الدخيل:** وهو متغيّر مستقل لا يخضع لسيطرة الباحث، ففي المثال السابق هناك عدد كبير من المتغيّرات التي يمكن أن تؤثر في التحصيل غير طريقة التدريس لكنها لا تخضع لسيطرة الباحث ولا يتناولها الباحث في تصميم دراسته مثل القلق والدافعية والذكاء...الخ.

4- **المتغيّر المعدّل:** وهو متغيّر مستقل ليس أساسياً في تصميم الدراسة أو ثانوياً ويخضع لسيطرة الباحث ويرغب بدراسة أثره التفاضلي أو أثر تفاعله مع المتغيّر المستقل الرئيس في المتغيّر التابع دون الاهتمام بدراسة أثره الرئيس. فعلى سبيل المثال، قد يدرس الباحث أثر التفاعل بين متغيّري طريقة التدريس وجنس الطالب في التحصيل في الرياضيات باعتبار متغيّر طريقة التدريس هو المتغيّر المستقل الرئيس ومتغيّر جنس الطالب هو المتغيّر المستقل الثانوي، اعتقاداً من الباحث بأن جنس الطالب (المتغير المستقل الثانوي) قد يعدّل في الأثر الذي يتركه المتغيّر المستقل الرئيس وهو هنا طريقة التدريس في المتغيّر التابع وهو هنا التحصيل في الرياضيات، كأن يزداد تحصيل الذكور الذين تم تدريسهم بالطريقة المحوسبة مقارنة بالطريقة الاعتيادية، بينما يقل تحصيل الإناث الذين تم تدريسهن بالطريقة المحوسبة مقارنة بالطريقة الاعتيادية.

ثالثاً: تصنيف المتغيّرات في ضوء قابلية وحدة القياس للتجزئة: وهو تصنيف يتعلق بـالمتغيرات الكميّـة، إذ انه يمكن ان يكون لأجزاء وحدة القياس على متغيّر ما معنى في أحيان معينه، ولا يكون لهده الأجزاء معنى في أحيان أخرى. وهنا يمكننا تصنيف المتغيّرات بحسب معنى الأجزاء عليها إلى فئتين:

1- **المتغيّر المتصل أو المستمر أو السيّار Continuous Variable:** وهـو المتغـيّر الـذي يقبـل التجزئـة، أو الذي يكون لأجزاء وحدة القياس عليه معنى كما هو الحال بالنسبة لمتغيّر الطول مثلاً حيث يمكننـا أن نعبّر عن الطول بأجزاء وحدة القياس كتقسـيم المـتر إلى سـنتمتر والسـنتمتر إلى مليمـتر وهكـذا، وكذلك الحال بالنسبة لمتغيّر العمر لدى تقسيم السنة إلى أشهر وأسابيع وأيام وساعات...الخ.

2- **المتغيّر المتقطّع أو الوثاب Discrete Variable:** وهو المتغيّر الذي لا يقبل التجزئة، أو الذي لا يكـون لأجزاء وحدة القياس عليه معنى كما هو الحال بالنسبة لمتغيّر عدد الطلبة في الشعبة، إذ لا يمكننـا القول أن عدد الطلبة في الصف هو اثنان وثلاثون وربع!! هذا وتجدر الإشارة إلى أنه يمكننا تقطيـع المتغيّر المتصل ليصبح متغيّراً متقطعاً من خلال تحديد نقطة قطع معيّنة على متّصل السمة كما هو الحال لدى تقطيع متغيّر التحصيل المتّصل أصلاً إلى فئتين كالقول (ناجح، راسب)، في حـين لا يمكننـا أن نجعل من المتغيّر المتقطع أصلاً متغيراً متصلاً.

فرضيات البحث :

بعد انتهاء الباحث من صياغة مشكلة البحث وتحديد المتغيّرات التي تنطوي عليها، تأتي مرحلة صياغة الباحث للفرضيات التي يقوم عليها البحث قبل أن يمضي قُدماً في السير في تنفيذ إجراءاته. وتأتي أهمية الفرضيات في أن كل مرحلة من مراحل البحث اللاحقة مثل اختيار الأفراد، والأدوات، والتصميم، والإجراءات،

وتحليل البيانات، ومناقشة النتائج تتأثر بها. وبطبيعة الحال، عندما يتوصّل الباحث إلى صياغة مشكلة البحث على نحو محدّد ودقيق وصياغة عناصرها أو الأسئلة التي يسعى للإجابة عنها، يتبلور لديه تصور مبدئي للعلاقة بين المتغيّرات التي تنطوي عليها المشكلة، ويُصبح قادراً على صياغة هذه التصورات على هيئة فرضيات تُسمى الفرضيات البحثية. هنا علينا أن نتذكر أن المهمة اللاحقة للباحث تتلخص في اختبار الفرضيات من خلال جمع البيانات عن الظاهرة وإخضاعها للتحليل، إذ يمكن أن تؤيد البيانات هذه الفرضيات أو تدحضها. ويتعيّن على الباحث تحري الدقة لدى صياغته للفرضيات، إذ أن هناك جملة من القواعد التي تحكم صياغة الفرضية الجيدة وهي:

1- ينبغي أن تقوم الفرضية على أساس منطقي متسق مع القاعدة وليس الاستثناء، بمعنى أن الفرضية يجب أن تتسق مع الأدب السابق بشكل عام علماً بأن هذا لا ينفي أن تتعارض مع بعضه.

2- ينبغي أن توفّر الفرضية تفسيراً مقبولاً للظاهرة، فلو تبيّن لك أن هاتف منزلك معطّل، فإنه من غير المعقول أن تفترض بأن السبب هو وجود فراشة على أسلاك التلفون الخارجية!! لكنك في المقابل قد تفترض بأن السبب هو عدم تسديد الفاتورة أو بسبب أعمال الصيانة التي يقوم بها عمال المؤسسة في الخارج.

3- ينبغي أن تمكّن الفرضية الباحث من التنبؤ بالعلاقة بين المتغيّرات بشكل واضح ودقيق، إذ أنه كلما كانت المتغيّرات معرّفة بصورة إجرائية، وكانت قابلة للقياس كلما ازداد وضوح الفرضية وأمكن اختبارها الأمر الذي يُسهّل على المستفيد من البحث فهمها. لهذا السبب، يُستحسن أن يقوم الباحث بتعريف المصطلحات الغامضة أو تلك التي يُمكن أن تُفهم بصور مختلفة مباشرةً بعد صياغة المشكلة الأمر الذي يزيل اللبس في صياغة الفرضيات.

4- ينبغي أن تكون الفرضية قابلة للاختبار من خلال إخضاع البيانات للتحليل، فإما أن تؤيد البيانات ما جاءت به الفرضية أو تدحضها. فعلى سبيل المثال، لا يمكن للباحث أن يختبر فرضية مفادها أن سلوك الأطفال يتباين بسبب وجود ملاك خيّر على الكتف الأيمن لبعضهم وملاك شرير على الكتف الأيسر للبعض الآخر بسبب استحالة جمع بيانات حول هذه الفرضية وإخضاعها للتحليل.

5- الفرضية الجيدة هي الفرضية التي يُمكن اختبارها في حدود إطار زمني معقول؛ فالفرضية التي تُشير إلى وجود علاقة بين صحة الأسنان في عمر (60 سنة) واستخدام الطفل لفرشاة الأسنان يومياً في مرحلة الطفولة، ولنقل في عمر (6 سنوات)، تحتاج إلى وقت طويل جداً لاختبارها!!

6- الفرضية الجيدة هي الفرضية التي يتوفر في صياغتها ثلاثة عناصر هي: الأفراد، والمعالجة أو المتغيّر المستقل، والنتيجة أو المتغيّر التابع. فإذا قلنا مثلاً أن تحصيل الطلبة الذين درسوا بالطريقة (أ) أفضل منه مقارنة بالطلبة الذين درسوا بالطريقة (ب)، يكون الأفراد هنا هم الطلبة، والمتغيّر المستقل هو طريقة التدريس، والمتغيّر التابع هو التحصيل.

وتُصاغ الفرضية البحثية بصورة تقريرية بحيث تتنبأ بوجود علاقة أو فرق بين متغيّرين مثلاً. ويمكن صياغة الفرضيات إما بصورة غير متجهة Non-directional بحيث تُشير إلى وجود علاقة أو أثر لكن دون تحديد الاتجاه كالقول مثلاً يختلف الاستيعاب القرائي عند الأطفال باختلاف طريقة التدريس (التعلم التعاوني، الاعتيادية)؛ أو بصورة متجهة Directional بحيث تُشير إلى وجود علاقة أو أثر محدّد الاتجاه كالقول مثلاً أن الاستيعاب القرائي لدى الأطفال الذين يتم تدريسهم باستخدام طريقة التعلّم التعاوني أكبر مما هو عليه عند الأطفال الذين يتم تدريسهم باستخدام طريقة التدريس الاعتيادية. وبشكل عام، يُستحسن صياغة

الفرضية البحثية بصورة غير متّجهة حتى لو كان لدى الباحث ما يبرّر الاعتقاد بصحة اتجاه الفرضية.

وبعد صياغة الباحث للفرضية البحثية، فإنه يقوم بصياغتها ذهنياً بصورة إحصائية تقوم على فكرة الاحتمال تمهيداً لإخضاعها للاختبار من خلال جمع البيانات المتعلقة بمتغيّرات الدراسة وتحليلها. وتُصاغ الفرضية الإحصائية بصورة صفرية Null ويُرمز لها بالرمز (H_0) بحيث تنص على عدم وجود علاقة أو أثر كالقول مثلاً لا يختلف الاستيعاب القرائي عند الأطفال باختلاف طريقة التدريس، مستحضراً في ذهنه فرضية أخرى تُسمى بالفرضية البديلة التي يُرمز لها بالرمز (H_1)، فإذا لم توفّر البيانات أدلة كافية لدحض الفرضية الصفرية فإنه يسلّم بصحتها ولا يستطيع رفضها، وإذا وفّرت البيانات أدلة كافية تمكّن من رفض الفرضية الصفرية فإن الباحث لا يملك إلا أن يرفض الفرضية الصفرية ويقبل بالتالي بالفرضية البديلة المعاكسة تماماً للفرضية الصفرية. وتجدر الإشارة هنا إلى أن معظم الباحثين المبتدئين يعتقدون بأنه إذا لم تؤيد النتائج ما جاءت به الفرضية فإن الدراسة فاشلة، وإذا أيدت النتائج ما جاءت به الفرضية فإن الدراسة ناجحة. وفي واقع الأمر، إن هذا الاعتقاد لا أساس له من الصحة؛ إذ سواء أيدت البيانات ما جاءت به الفرضية أو عارضتها، فإن النتائج في كلتا الحالتين ذات قيمة علمية وتُسهم في تقدم المعرفة. ويقوم اختبار الفرضيات على جملة من الخطوات المتسلسلة سنقوم بمعالجتها في وحدة مستقلة لاحقاً لدى الحديث عن أساليب التحليل الإحصائي للبيانات.

مراجعة الأدب المتّصل بمشكلة البحث :

بعد عثور الباحث على مشكلة بحث تثير اهتمامه محاولاً إيجاد حل لها، وصياغتها وتحديد متغيّراتها وصياغة فرضياتها، تبدأ مرحلة أخرى من مراحل البحث وهي مرحلة مراجعة الأدب السابق المتصل بالمشكلة. ومع أن مراجعة

الأدب السابق هي عملية شاقة حتى على الباحث المتمرّس في البحث العلمي إلا أنه لا غنى لأي بحث علمي رصين عنها. وربما تأتي صعوبة مراجعة الأدب السابق من حقيقة مفادها عدم معرفة الباحث من أين يبدأ وأين يتوقف. من هنا ننصح الباحث للتغلب على القلق المرافق لهذه المرحلة أن يكون منظّماً لدى مراجعته للأدب السابق. ويمكن تلخيص خطوات عملية مراجعة الأدب السابق بما يأتي:

1- تحديد المراجع (الكتب، الدوريات، ملخصات الرسائل الجامعية، المراجعات، التقارير،...الخ) التي تشتمل على معلومات ذات صلة بمشكلة البحث وذلك من خلال استعراض العناوين ذات العلاقة في الفهارس المختلفة في المكتبة، أو اللجوء إلى البحث الآلي عن طريق الإنترنت من خلال أحد محركات البحث الآلي المتوفرة.

2- مراجعة منظّمة للمراجع التي تمّ تحديدها في الخطوة السابقة ضمن خطة معينة يضعها الباحث لنفسه كأن يبدأ الباحث بمراجعة الأدب المتعلق بجانب معين من جوانب بحثه ثم ينتقل إلى الأدب المتعلق بجانب آخر،... وهكذا. أو قد يلجأ الباحث إلى استراتيجية مغايرة كأن يبدأ بمراجعة الأدب من خلال المصادر الأولية المرتبطة ارتباطاً مباشراً بموضوع بحثه ثم ينتقل إلى المصادر الثانوية المرتبطة بشكل غير مباشر بالموضوع.

3- تحليل وتصنيف وتنظيم المادة اللازمة في تقرير بشكل يوضّح العلاقة بين الدراسات والبحوث والأدب المنشور حول موضوع البحث وبين طبيعة البحث الذي يقوم به الباحث، وإبراز موقع البحث الحالي وإسهامه في إثراء وتقدّم المعرفة في المجال الذي يقع في إطاره.

وقبل البدء بعملية مراجعة الأدب السابق، يجدر بالباحث أن يألف المكتبة، وأن يتذكّر أن الوقت الذي يمضيه بين جدران المكتبة في هذه الفترة سوف يوفّر عليه الكثير من الجهد والوقت مستقبلاً. ويتعيّن على الباحث هنا أن يحصر المراجع

المتصلة بموضوع بحثه والتعرف إلى أماكنها وإمكانية توفرها، والخدمات التي تقدمها المكتبة للباحثين في حال عدم توفر مراجع ضرورية فيها. هذا من جانب، ومن جانب آخر على الباحث أن يتذكر أيضاً أهمية زيارة قسم الدوريات في المكتبة والتعرّف إلى الدوريات المتوفرة فيها. كما يتعيّن على الباحث أن يتدرب على مهارات استخدام الحاسوب لأن معظم المكتبات في الوقت الحاضر محوسبة، وتوفر للباحثين خدمة البحث الآلي المباشر في قواعد البيانات المحوسبة.

ولمّا كانت جميع المصادر المكتبية مفهرسة أبجدياً بحسب الموضوع، فعلى الباحث تحضير قائمة بالكلمات المفتاحية (Key Words) التي تقود عملية مراجعة الأدب السابق، إذ ما على الباحث إلا أن ينظر في فهرس الموضوع تحت الكلمات المفتاحية التي قام بتحديدها إذا لجأ إلى استخدام الأسلوب اليدوي في البحث، أو أن يُدخل كلمة مفتاحية واحدة أو أكثر يربط بينهما أداة ربط معيّنة (و، أو) (AND, OR) إذا لجأ إلى استخدام البحث الآلي. ويوضّح الشكل التالي الفرق بين منطق استراتيجية البحث باستخدام أداة الربط (و) وأداة الربط (أو) حيث يشير الرمز (س) إلى المفهوم الأول أو الكلمة المفتاحية الأولى، ويشير الرمز (ص) إلى المفهوم الثاني أو الكلمة المفتاحية الثانية:

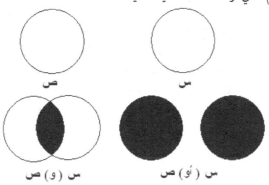

شكل (2-1)
استراتيجية البحث باستخدام أداتي الربط (أو)، (و)

وبما أن معظم المكتبات تعتمد أسلوب البحث الآلي في الوقت الحاضر، فيوضّح المثال التالي كيفية هذا البحث: لنفترض ان احد الباحثين يرغب بدراسة "اثر التعلم التعاوني في الاستيعاب القرائي لدى طلبة الصف السادس الأساسي". هنا في هذا المثال تكون الكلمات المفتاحية هي "التعلّم التعاوني"، "الاستيعاب القرائي". بعد ذلك نختار أحد محركات البحث الآلي المتوفرة على شبكة المعلومات الدولية (الإنترنت) والتي تختلف عن بعضها بعضاً من حيث قواعد البيانات التي تشملها والمواقع التي يمكن الوصول لها، ثم نقوم بإدخال الكلمة أو الكلمات المفتاحية التي نرغب في البحث عنها، ونحدّد استراتيجية البحث من خلال اختيار أداة الربط (و، أو) إذا كان لدينا أكثر من كلمة مفتاحية واحدة كما هو في المثال الحالي. أما إذا كان لدينا كلمة مفتاحية واحدة، فما علينا إلا أن نُدخل هذه الكلمة ونأمر الحاسوب بالبدء بعملية البحث. وفي مثالنا الحالي، نقوم بإدخال الكلمة أو المفهوم الأول (التعلم التعاوني)، ثم نختار أداة الربط المناسبة (و، أو)، ونُدخل الكلمة أو المفهوم الثاني (الاستيعاب القرائي)، ثم نأمر الحاسوب بالبدء بعملية البحث. هنا لا بدّ أن ندرك الفرق بين استراتيجية البحث باستخدام أداة الربط (و) واستراتيجية البحث الأخرى باستخدام أداة الربط (أو) والذي يتلخص في أن الأولى تضيّق عملية البحث بينما الثانية فتوسّعها. وهنا ننصح الباحث بأن يبدأ البحث باستخدام أداة الربط (و)، وإذا تبيّن أن هناك كم ضئيل من الأدب السابق حول موضوع البحث لا يفي بالغرض أو الحاجة، ينتقل إلى الأسلوب الآخر الذي يوسّع دائرة البحث باستخدام أداة الربط (أو). بالإضافة لما سبق، يمكن للباحث أن يوسّع أو يضيّق دائرة البحث من خلال التحكّم بالسنوات أو الفترة الزمنية الفاصلة بين وقت إجراء دراسته ووقت إجراء الدراسات السابقة. فعلى سبيل المثال، يمكن الباحث أن يأمر الحاسوب بمسح الأدب السابق للموضوع خلال السنوات العشر الماضية، وإذا وجد أن هناك كم هائل من المعلومات، فما عليه إلا أن يضيّق دائرة

البحث من خلال تغيير عدد السنوات ليصبح السنوات الخمس الماضية، والعكس أيضاً ممكن. من هنا نستخلص أن توسيع أو تضييق دائرة البحث يعتمد على ثلاثة عناصر هي: عدد الكلمات المفتاحية؛ أداة الربط المستخدمة (و، أو)؛ الفترة الزمنية الفاصلة بين وقت إجراء البحث والبحوث السابقة.

وعادة يقوم الباحث بتلخيص المادة العلمية التي يعثر عليها في الأدب السابق حول مشكلة البحث بدءاً بالمرجع الأحدث وانتهاءً بالأقدم لأن من المحتمل أن يكون المرجع الحديث قد استفاد من المرجع القديم، كما أن الدراسات الحديثة قد تشتمل على مراجع لدراسات سابقة لم يحدّدها الباحث أثناء تحديد مراجع بحثه. ويُنصح باتباع الخطوات التالية أثناء عملية تلخيص المادة العلمية الموجودة في الدراسات والأبحاث والمراجع السابقة:

- إذا توفرت الدراسة بشكل كامل، اقرأ ملخص الدراسة أولاً لتتأكد من علاقة الدراسة ببحثك.
- إذا اعتقدت بأهمية الدراسة، تصفّح الدراسة بكاملها، ولخّص أبرز النقاط في الدراسة على بطاقة خاصة. ويمكنك أيضاً الاستغناء عن البطاقات واستبدالها بطرق أكثر مرونة كالتصوير مثلاً أو المسح الضوئي إذا كان متوفّراً.
- دوّن كامل المعلومات البيبلوغرافية عن المرجع على الوجه الآخر للبطاقة والتي تشتمل على العنوان، والمؤلف، وسنة النشر، ودار النشر ومكانها، والطبعة إذا كان المرجع كتاباً، واسم الدورية والعدد والمجلد إذا كان المرجع دورية.
- دوّن أية أفكار تخطر ببالك تتعلق بالمرجع.
- حدّد الأجزاء التي ستقتبسها بشكل مباشر.

ولتنظيم الأدب السابق، يُستحسن البدء بقراءة المعلومات التي قام الباحث بتدوينها أثناء عملية المراجعة والتلخيص بهدف تنشيط الذاكرة وفرز المراجع التي يحتاجها وتلك التي يمكن الاستغناء عنها. بعد ذلك تأتي مرحلة تنظيم المراجع في

مجموعات متجانسة تحت عناوين فرعية، ثم تناول كل مجموعة وتحليل أوجه التشابه والاختلاف بين عناصرها. لاحظ هنا أن عملية المراجعة تبدأ بالمرجع الأقل أهمية من حيث ارتباطه ببحثك وتنتهي بالمرجع الأكثر أهمية. وتذكّر دائماً أن عملية المراجعة تبدأ عامة واسعة وتنتهي محدّدة ضيّقة كالمحقنة أو ما يشبه الحرف اللاتيني (V). وتذكّر أيضاً أن مراجعة الأدب السابق يجب أن تُختتم بخلاصة توضّح موقع بحثك بين البحوث السابقة.

الوحدة الثالثة
أفراد الدراسة
Subjects

يتوقف اختيار الباحث لأسلوب جمع البيانات عن أفراد الدراسة على عدة أمور كالإمكانيات الماديّة والبشرية المتاحة، والزمن المتاح، ومستوى الدقة المطلوب، وتجانس عناصر المجتمع. فإذا توفّرت الإمكانيات الماديّة والبشرية اللازمة، وتوفّر الزمن اللازم لجمع البيانات، وأردنا أن تكون القرارات دقيقة وخالية من الأخطاء، وكانت عناصر المجتمع غير متجانسة فإن الأسلوب المناسب لجمع البيانات هنا هو المسح الشامل لكل عناصر المجتمع. أما إذا انتفى واحد أو أكثر من الشروط السابقة، فإن الباحث يلجأ إلى أسلوب المعاينة.

ويقوم أسلوب المعاينة على اختيار عدد معيّن أو مجموعة جزئية تُسمى عيّنة Sample من عناصر المجتمع Population. وبالقدر الذي يُحسن فيه الباحث اختيار العيّنة بحيث تكون ممثّلة لمجتمع الدراسة بشكل جيد، فإن نتائج الدراسة يمكن تعميمها على المجتمع بدرجة مقبولة من الثقة. فلو أراد باحث مثلاً دراسة اتجاهات المعلمين نحو النظام التعليمي في منطقة تعليمية ما، وكان عدد المعلمين في تلك المنطقة هو (3000) معلماً ومعلمة، وقرّر استخدام أسلوب المقابلة كأسلوب مناسب لجمع البيانات لتحقيق أهداف الدراسة، فإنه يتعذّر عليه مقابلة جميع أفراد مجتمع المعلمين لأنه يحتاج إلى وقت طويل لمقابلة جميع المعلمين، مما يدفعه إلى اختيار مجموعة جزئية أو نسبة معيّنة من المعلمين ولنقل (10%) منهم. وإذا ما استخدم الباحث أسلوباً مناسباً للمعاينة، فإنه سيتمكن من تعميم نتائج دراسته على مجتمع المعلمين كما لو أنه قام بمقابلة جميع المعلمين. ونقصد بالأسلوب

المناسب في هذا السياق أن تكون خصائص العيّنة ممثلة لخصائص المجتمع تمثيلاً مناسباً، إذ بالقدر الذي تكون فيه خصائص العيّنة ممثّلة لخصائص المجتمع المسحوبة منه يكون الباحث قادرا على تعميم النتائج على ذلك المجتمع. فلا يجوز مثلاً أن يختار الباحث في المثال السابق (300) معلماً من الذكور فقط ويستثني المعلمات الإناث إذ أن اتجاهات المعلمات قد تختلف عن اتجاهات المعلمين. كما لا يجوز أيضاً أن يختار الباحث المعلمين من مرحلة دراسية معيّنة ويستثني معلمي المراحل الأخرى لأن اتجاهات المعلمين قد تختلف باختلاف المرحلة الدراسية. هنا في كلتا الحالتين السابقتين تكون العيّنة متحيّزة وغير ممثّلة لخصائص المجتمع.

وبصرف النظر عن أسلوب المعاينة المستخدم، فإن الخطوة الأولى في عملية المعاينة هي تعريف المجتمع المُستهدف Target Population وهو المجموعة الكلية مجال اهتمام الباحث والذي يرغب بتعميم نتائج دراسته عليه، كأن نقول طلبة الصف الثامن الأساسي في الأردن، أو جميع طلبة المرحلة الأساسية الموهوبين في محافظة البلقاء، أو جميع طلبة الصف الأول الأساسي الذين سبق لهم الالتحاق برياض الأطفال في محافظة العاصمة. ويلاحظ هنا لدى تعريفنا للمجتمع المُستهدف أنه قد يكون كبيراً ويغطي أي مساحة جغرافية. ولمّا كان من المتعذّر في كثير من الأحيان حصر جميع أفراد المجتمع المُستهدف أو الوصول لهم لاعتبارات عملية كما سبقت الإشارة، فيتعيّن على الباحث أن يعرّف أيضاً ما يُسمى بالمجتمع المتوفر Accessible Population وهو المجتمع الذي يمكن للباحث حصر جميع أفراده والوصول لهم واختيار عيّنة منه. فلو أراد باحث مثلاً الكشف عن أثر طريقة التعلّم التعاوني كإحدى طرائق التدريس في الاستيعاب القرائي عند طلبة المرحلة الأساسية في الأردن، فإن الباحث هنا معني بقياس الاستيعاب القرائي عند جميع طلبة المرحلة الأساسية في الأردن!! وهو أمر غير عملي بطبيعة الحال لأن الباحث يحتاج إلى فترة زمنية طويلة لذلك. لهذا، فإن الأسلوب المناسب للتغلّب على هذه

المشكلة هو معاينة مجموعة جزئية من المجتمع المستهدف. لكن قد يكون هذا الأمر غير عملي أيضاً إذ أن العيّنة قد تشمل أفراداً في كافة أنحاء المملكة على امتداد مساحتها الجغرافية، ويتطلب الوصول لهم توفر عدد من مساعدي البحث المدرّبين وميزانية ضخمة.

يتّضح مما سبق أن خطة جمع البيانات سواء لجأ الباحث إلى أسلوب الحصر الشامل أو أسلوب المعاينة يجب أن تكون واقعية وعملية ومتفقة مع إمكانيات الباحث الماديّة والبحثية. وفي جميع الأحوال، فإن خطة جمع البيانات تتطلب تحديد المجتمع المستهدف والمجتمع المتوفر. وفي حال لجأ الباحث إلى أسلوب المعاينة، فإن خطة جمع البيانات تتطلب أيضاً بالإضافة لما سبق تحديد طريقة أو أسلوب اختيار العيّنة. ويقتضي لجوء الباحث إلى أسلوب المعاينة ضرورة وصف مجتمع الدراسة بالتفصيل حتى يتمكن الباحثون الآخرون من التعرّف على مدى إمكانية تعميم نتائج الدراسة على مواقف بحثية أخرى.

أساليب المعاينة   Sampling Techniques:

تُعدّ خطوة اختيار العيّنة خطوة في غاية الأهمية لدى إجراء أية دراسة، ويجب على الباحث التفكير ملياً لدى اختياره لأفراد أو عيّنة الدراسة، لأن تعميم نتائج الدراسة يتوقف على حُسن اختيار أفرادها. ومما لا شك فيه أن عدم اهتمام الباحث في اختيار أفراد الدراسة والمضي- قدماً في الخطوات اللاحقة في تنفيذ الدراسة هو مضيعة للوقت والجهد والمال، لأن ذلك سيفضي إلى نتائج غير قابلة للتعميم حتى لو كانت جميع الإجراءات الأخرى سليمة. وبطبيعة الحال، لن يستفيد الباحثون الآخرون في ميدان معيّن من نتائج دراسات من سبقهم من الباحثين في الميدان نفسه إذا لم تكن نتائج هذه الدراسات قابلة للتكرار. وفي المقابل، لا نتوقع أن يتقدّم العلم في ميدان معيّن إذا قام كل باحث بالتأكد من نتائج الدراسات السابقة

على الأفراد أنفسهم، كأن يقوم كل باحث في ميدان الفيزياء مثلاً بالتأكد من صحة قوانين نيوتن للحركة!!

وبشكل عام، فإن العيّنة الجيدة هي العيّنة التي تكون خصائصها ممثّلة لخصائص المجتمع المسحوبة منه. وكما هو متوقع، فإن هناك أكثر من طريقة لاختيار العيّنات، تتفاوت في درجة ملاءمتها للمواقف البحثية المختلفة من حيث مدى تمثيل خصائص العيّنة لخصائص المجتمع المسحوبة منه. وكما هو الحال بالنسبة للمجتمع، فإن قرار اختيار الباحث لطريقة المعاينة هو في نهاية الأمر قرار واقعي وليس مثالياً؛ فلدى تحديدنا للمجتمع المستهدف والمجتمع المتوفر مثلاً فإننا نأخذ بالاعتبار قضية فساد عناصر المجتمع كواحد من الاعتبارات أو المحدّدات، إذ لا يمكننا في بعض الدراسات أن نخضع الإنسان للتجربة ونلجأ إلى استخدام فئران التجربة بدلاً من الإنسان بهدف التعميم على السلوك الإنساني.

وبصرف النظر عن أسلوب المعاينة المستخدم، فإن خطوات المعاينة بشكل عام لا تختلف من أسلوب لآخر؛ إذ تبدأ عملية المعاينة بتحديد المجتمع المستهدف ثم المجتمع المتوفر، ثم تحديد حجم العيّنة المطلوب، وصولاً إلى اختيار الأسلوب المناسب للمعاينة. أما بالنسبة لأساليب المعاينة أو أنواع العيّنات، فهناك نوعان هما:

أولاً- العيّنات الاحتمالية Probabilistic Samples:

وهي العيّنات التي تقوم على مبدأ الاحتمالات بحيث يكون لكل عنصر في المجتمع المتوفر نفس الفرصة وبشكل مستقل عن بقية العناصر في أن يكون ضمن العيّنة. ويندرج تحت العيّنات الاحتمالية الأنواع الآتية:

1- العيّنة العشوائية البسيطة Simple Random Sample: وهي أبسط طرق العيّنات الاحتمالية وأكثرها صدقاً من حيث تمثيلها للمجتمع المسحوبة منه إذا كان المجتمع غير مقسّم إلى فئات محدّدة ذات خصائص مشتركة في ضوء

متغيّر معيّن. وتقوم على استخدام الأسلوب العشوائي بحيث يكون لكل عنصر في المجتمع المتوفّر نفس الفرصة في أن يكون ضمن العيّنة بحيث لا يؤثر اختيار العنصر الواحد بأي شكل من الأشكال على اختيار عنصر آخر. ويتطلب هذا الأسلوب توفّر قائمة باسماء عناصر المجتمع أو أي مؤشر آخر على هوية كل عنصر من عناصر المجتمع. وهناك عدة طرق لاختيار العيّنة العشوائية البسيطة من بينها طريقة القرعة التي تقوم على كتابة أسماء أو أرقام عناصر المجتمع على بطاقات منفصلة ووضعها في صندوق، ثم سحب بطاقة تلو الأخرى مع الإرجاع لضمان تساوي احتمال سحب العنصر الواحد مع احتمال سحب أي عنصر آخر إلى أن نصل إلى العدد المطلوب من العناصر أو حجم العيّنة المطلوب. ومع أن هذه الطريقة تتميز ببساطتها، إلا أنها قد لا تكون عملية عندما يكون عدد عناصر المجتمع كبيراً نسبياً. لهذا فإن إحدى الطرق الأخرى هي طريقة جدول الأرقام العشوائية، وهو جدول يشتمل على أعمدة من الأرقام المكوّنة من ثلاث أو أربع أو خمس منازل تم تشكيلها عشوائياً باستخدام الحاسوب. وتقوم هذه الطريقة على تعريف المجتمع المستهدف وتحديد عناصره، ثم تحديد حجم العيّنة المطلوب، وإعطاء كل عنصر في المجتمع رقماً ابتداءً بالصفر وانتهاءً بالعدد الكلي لعناصر المجتمع ناقصاً واحد كأن نبدأ بـ (000) إلى أن نصل إلى (499) إذا كان عدد عناصر المجتمع هو (500)، ثم نختار رقماً من الجدول بطريقة عشوائية كرقم بداية ونقرأه مع مراعاة عدد المنازل التي نستخدمها؛ كأن نستخدم أول ثلاث منازل فقط من بين المنازل الخمس في مثالنا السابق. فإذا كان الرقم الذي اخترناه من بين أرقام عناصر المجتمع نعتبره عنصراً في العيّنة، وننتقل إلى رقم آخر في الجدول كأن نسير من مكان الرقم الأول إما يميناً أو يساراً أو إلى أعلى أو إلى أسفل ونقرأ الرقم، وهكذا نتابع القراءة حتى نحصل على العدد المطلوب من

العناصر. ولمزيد من التوضيح دعنا نفترض أن أحد الباحثين يريد اختيار (5) معلمين عشوائياً من بين (60) معلما في مدرسة للإشراف على انتخابات مجلس الطلبه في المدرسه ودلك باستخدام جدول الأرقام العشوائية، فأعطى المعلمين أرقاماً من (00) إلى (59)، واختار رقماً بصورة عشوائية من جدول الأرقام العشوائية (ملحق 1) وليكن الرقم الواقع في تقاطع الصف العاشر والعمود السادس مثلاً وهو (41757)، وقرأ أول منزلتين من الرقم وهما (41) فيكون المعلّم ذي الرقم (41) هو أول فرد من أفراد العيّنة، بعد ذلك تحرك إلى اليمين ليجد الرقم (78258) وقرأ أول منزلتين منه وهو (78) وبطبيعة الحال قفز عنه لأنه لا يوجد في المجتمع فرداً يحمل الرقم (78)، ثم تحرك إلى اليمين أيضاً فوجد الرقم (96488) وقرأ أول منزلتين منه وهو (96) وهو أيضاً ليس من أفراد العيّنة للسبب نفسه، ثم تابع السير إلى اليمين ليجد الرقم (88629) فقفز عنه كذلك، ثم تابع السير إلى اليمين ليجد الرقم (37231) فيكون المعلّم ذي الرقم (37) هو الفرد الثاني من أفراد العيّنة، وتابع السير للأسفل فوجد الرقم (27083) فيكون المعلّم ذي الرقم (27) هو الفرد الثالث من أفراد العيّنة، وانتقل إلى اليسار ليجد الرقم (53249) فيكون المعلّم ذي الرقم (53) هو الفرد الرابع من أفراد العيّنة، وانتقل إلى اليسار ليجد الرقم (23930) فيكون المعلّم ذي الرقم (23) هو الفرد الخامس والأخير من أفراد العيّنة.

2- **العيّنة العشوائية المنتظمة Systematic Random Sample**: وهو أسلوب المعاينة الذي يقوم على اختيار عناصر العيّنة من المجتمع وفق طريقة منتظمة، كأن نأخذ كل عنصر رابع مثلاً من بين عناصر المجتمع. ولمزيد من التوضيح دعنا نفترض أن أحد الباحثين لديه قائمة بأسماء (100) طالب في صف ما، ويريد اختيار (20) طالباً من بينهم باستخدام أسلوب المعاينة العشوائية المنتظمة للمشاركة في حفل مدرسي. في الخطوة الأولى، يقوم الباحث بحساب مقدار

الزيادة المنتظمة من خلال قسمة حجم المجتمع على حجم العينة المطلوب وهو هنا 100 /20 = 5. وفي الخطوة الثانية، يختار الباحث رقماً معيّناً بشكل عشوائي بحيث يقل عن أو يساوي مقدار الزيادة المنتظمة المحسوب في الخطوة السابقة ويعتبره رقم البداية، ولنقل أنه اختار الرقم (3). وفي الخطوة الثالثة فإن الباحث يحدّد أرقام الأشخاص الـذين سيشـملهم الاختيـار (عناصـر العيّنـة) مبتـدئاً بـرقم البداية ثم رقم البداية مضافاً له مقدار الزيادة المنتظمة وهكذا، وهـم هنا في مثالنـا: 3، 8، 13، 18، 23، 28، 33، 38، 43، 48، 53، 58، 63، 68، 73، 78، 83، 88، 93، 98. لاحـظ هنـا أن مقـدار الزيـادة المنتظمة يعتمد على حجم المجتمع وعلى حجم العيّنة؛ فإذا أراد الباحث مثلاً اختيار أربعة طلاب مـن بين الطلاب المئة في المثال السابق، فإن مقدار الزيادة المنتظمة هنا هو 100 / 4 = 25. وإذا كـان رقم البداية (19) مثلاً، فإن عناصر العيّنة الأربعة هم الطلبة ذوي الأرقام (19، 44، 69، 94). ولاحـظ أيضاً أن طريقة اختيار عناصر العيّنة لا تتم بصورة مستقلة؛ بمعنى أن اختيار عنـاصر العيّنـة يعتمـد علـى اختيار رقم البداية، أي أن أسلوب المعاينة العشوائية المنتظمة ليس عشوائياً إلا في اختيار رقم البداية. ويُعتبر هذا الأسلوب عشوائياً في حال كانت قائمة عناصر المجتمع عشوائية أو أنها ليست مرتّبة بشكل معيّن وهو أمر نادر الحدوث. ومع هذا فإن أسلوب المعاينة العشوائية المنتظمة يبقى أحـد أسـاليب العيّنات الاحتمالية وأسهلها، ويُستخدم في بعض المواقف البحثية التي يتعذّر فيها استخدام الأسـاليب الأخرى، وبخاصة إذا لم يتوفر لدى الباحث قائمة بأسماء عناصر المجتمع، كمـا هـو الحـال في اختيارنـا للكلمات المئة، مئتين، ثلاثمائة،.... ألف مـن القـاموس لاختيـار عيّنـة مكوّنـة مـن عشـر كلـمات مـن القاموس.

3- **العيّنة العشوائية الطبقية النسبية** Proportional Stratified Random Sample: وهي طريقة بديلة للطريقة العشوائية البسيطة عندما يكون المجتمع مقسماً إلى فئات (طبقات) ذات خصائص مشتركة في ضوء متغيّر معيّن أو أكثر. فإذا أراد باحث مثلاً دراسة اتجاهات المعلمين نحو النظام التعليمي في منطقة تعليمية ما، وكان المجتمع يتألف من (3000) معلماً في المرحلتين الأساسية والثانوية مقسّمين بحسب متغيّر المرحلة التعليمية إلى (2000) معلماً في المرحلة الأساسية و(1000) معلّماً في المرحلة الثانوية، فإن اللجوء إلى استخدام أسلوب المعاينة العشوائية البسيطة دون الأخذ بعين الاعتبار متغيّر المرحلة التعليمية لا يضمن تمثيل المجتمع بشكل مناسب لأن آراء معلمي المرحلة الأساسية قد تختلف عن آراء معلمي المرحلة الثانوية، مما يعني ضرورة اللجوء إلى أسلوب المعاينة العشوائية الطبقية النسبية من خلال اختيار عيّنة عشوائية بسيطة من كل فئة أو طبقة من طبقات المجتمع بحيث يتناسب حجمها مع حجم الطبقة في المجتمع. وفي مثالنا الحالي، إذ قرّر الباحث أن يكون حجم العيّنة هو (300) معلماً، فإنه يختار عيّنة عشوائية بسيطة مكوّنة من (200) معلماً من معلمي المرحلة الأساسية وعيّنة عشوائية بسيطة مكوّنة من (100) معلماً من معلمي المرحلة الثانوية. نلاحظ مما سبق أن أسلوب المعاينة العشوائية الطبقية النسبية يقوم على اختيار عيّنة عشوائية بسيطة من كل فئة أو طبقة من طبقات المجتمع إما بطريقة القرعة أو بطريقة جدول الأرقام العشوائية كما سبقت الإشارة بحيث تتناسب وحجم الطبقة في المجتمع. ولهذه الغاية، يمكن استخدام القاعدة التالية: **حجم العيّنة من الطبقة = (حجم الطبقة في المجتمع / حجم المجتمع) X حجم العيّنة المطلوب.**

4- **العيّنة العشوائية الطبقية المحدّدة Limited Stratified Random Sample**: وهـي لا تختلـف عـن سابقتها العيّنة العشوائية الطبقية النسبية إلا في حجم العيّنة المطلوب من كل فئة أو طبقة؛ فبينما يتناسب حجم العيّنة مـن كـل طبقـة مع حجم الطبقة في المجتمع في العيّنـة العشوائية الطبقيـة النسبية، فإن حجم العيّنة من كل طبقة هنا محدّداً. ففي المثال السابق، قـد يلجـأ الباحث مثلاً إلى اختيار (150) معلماً من معلمي المرحلة الأساسية، ومـثلهم مـن معلمـي المرحلة الثانويـة وبأسـلوب عشوائي بسيط إما باستخدام القرعة أو باستخدام جدول الأرقام العشوائية. وفيما تبدو هذه الطريقة أكثر سهولة من سابقتها، إلا أنها لا تمثّل المجتمع تمثيلاً مناسباً لأنها لا تراعـي مسألة اختلاف حجـم الطبقة في المجتمع.

5- **العيّنـة العشـوائية العنقوديـة Cluster Random Sample**: وهـي العيّنـة التـي تقـوم عـلى اختيـار مجموعات وليس عناصر أو أفراد من المجتمع المتوفر بصورة عشوائية. وهنا لا يكون العناصر أو الأفراد في المجموعة الواحدة ذوي خصائص مشتركة. فبـدلاً مـن اختيـار الطلبة مـن الصف السابع الأساسي في منطقة تعليمية معيّنة بشكل عشوائي مـثلاً، فإننا نقـوم باختيار مجموعـة مـدارس مـن المنطقة التعليمية بشكل عشوائي، ثم نختار من كل مدرسة شعبة أو أكثر بشكل عشوائي أيضاً، ويكون الطلبة في الشعب المختارة هم عناصر العيّنة. لاحـظ هنا أن وحدة الاختيـار ليست الطالب وإنما الشعبة داخل المدرسة. وهنا نسمي المدرسة والشعبة عناقيد حيث تمثّل المـدارس العنقود الأكبر وتمثّل الشعب العنقود الأصغر. وإذا ما تمت عملية المعاينة العشوائية العنقودية على مراحل كاختيار عناقيد أصغر من ضمن عناقيد أكبر كما هو الحال في المثال السابق عندما نختار عيّنة من المـدارس في المنطقة التعليمية بصورة عشوائية ثم نختار من المدارس المختارة شعباً بصورة عشوائية أيضاً، فإن هذا الأسلوب يُسمى بالعيّنة متعدّدة المراحل Multistage Sampling. وتتميّز طريقة المعاينة

العشوائية العنقودية بسهولتها وملاءمتها للكثير من المواقف البحثية وبخاصة إذا كان مجتمع الدراسة كبيرا أو ممتدا على مساحة جغرافية واسعة؛ ففي حالات كثيرة ولاعتبارات إداريه وتنظيميه معيّنة لا يتمكن الباحث من تحضير قائمة بأسماء طلبة الصف السابع الأساسي في منطقة تعليمية معيّنة مثلاً، واختيار عيّنة عشوائية بسيطة من الطلبة باعتبار أن الطالب هو وحدة الاختيار، ويلجأ بدلاً من ذلك إلى اختيار مجموعة من المدارس (العنقود الأكبر) في المنطقة التعليمية بالطريقة العشوائية البسيطة، ثم يختار مجموعة من الشعب (العنقود الأصغر) من كل مدرسة بالطريقة العشوائية البسيطة أيضاً. وكما هو الحال بالنسبة لأساليب المعاينة السابقة، فإن خطوات المعاينة العشوائية العنقودية تبدأ بتحديد المجتمع وتحديد حجم العيّنة المطلوب، ثم تعريف العنقود الأكبر بشكل منطقي وتحضير قائمة بعناصره، ثم تقدير متوسط عدد وحدات المعاينة الأصغر ضمن العنقود الواحد، ثم حساب عدد العناقيد الكبيرة المطلوبة من خلال قسمة حجم العيّنة على متوسط عدد وحدات المعاينة الأصغر واختيار العناقيد الكبيرة بشكل عشوائي. ولتوضيح الخطوات السابقة تأمل المثال التالي: أراد باحث تعرّف آراء معلمي المرحلة الأساسية في منطقة تعليمية معيّنة الذين يبلغ عددهم (5000) معلماً ومعلمة حول فاعلية مجالس الآباء والأمهات في العملية التعليمية، وقرّر استخدام طريقة المعاينة العشوائية العنقودية، فقام بتحديد حجم العيّنة المطلوب وليكن (500) معلماً ومعلمة، ثم عرّف العنقود الأكبر وهو هنا بطبيعة الحال "المدرسة"، وحضّر قائمة بأسماء المدارس الأساسية (العنقود الأكبر) في المنطقة التعليمية ولتكن (100) مدرسة، وانتقل بعدها لتقدير متوسط عدد المعلمين في المدرسة الواحدة وهو: **حجم المجتمع/عدد العناقيد** = 100/5000 = 50 معلماً. بعد ذلك قام بحساب عدد المدارس المطلوبة من خلال قسمة حجم العيّنة المطلوب على متوسط عدد المعلمين في

المدرسة الواحدة، وهو هنا 50/500 = 10 مدارس، وقام باختيار هذه المدارس العشر من بين مجتمـع المدارس المئة بصورة عشوائية معتبراً جميـع المعلمين في هـذه المـدارس المختـارة هـم عناصـر العيّنـة المطلوبة. ومع أن طريقة المعاينة العشوائية العنقودية تتميّز عن طريقة المعاينة العشوائية البسيطة وطريقة المعاينة العشوائية الطبقية بسهولتها، إلا أن لها محاذير من أهمها أنها قـد لا تكون ممثلـة للمجتمع بشكل جيد؛ فالمعلمين في المدارس العشر المختارة في مثالنا السابق هم من عدد محـدّد مـن المدارس التي لا تمثّل سوى (10%) من مدارس المجتمع. ولعـل الطريقـة المناسبـة التـي يمكـن مـن خلالها زيادة احتمال تمثيل العيّنة للمجتمع تكمن في زيادة حجم العيّنة كزيادة عـدد المـدارس مـن عشر مدارس إلى عشرين مدرسة مثلاً. وبالإضافة إلى مشكلة التمثيل، فإن استخدام أسـلوب المعاينة العشوائية العنقودية يعيق استخدام بعض أساليب الإحصاء الاستدلالي التي تتطلب الاختيار العشوائي لوحدة التحليل Unit of Analysis ، إذ لا يكفي اختيار الوحدات الأكبر أو العناقيد بشكل عشوائي وإنما يجب أن يكون الاختيار العشوائي للوحدة الأصغر التي سيتم على أساسها التحليل. هـذا يعنـي أنـه لا يجوز استخلاص نتائج تتعلق بوحدة التحليل الأصغر إذا قام اختيار العيّنة على أساس الوحدة الأكبر؛ بمعنى آخر، لا يجوز استخلاص نتائج عـن الطلبـة (وحـدة التحليـل الأصغر) إذا تـم اختيار الشعب (وحدة التحليل الأكبر) من المدارس بشكل عشوائي. وبشكل عام، فإن الأساليب الإحصائية المناسبة في حال استخدام أسلوب المعاينة العشوائية العنقودية أقل حساسية بالنسبة للفـروق بـين المجموعـات مقارنة بالأساليب الإحصائية التي تتطلب الاختيار العشوائي للوحدة الأصغر. لهذا، يتعيّن على الباحث أن يأخذ بعين الاعتبار مميزات وعيوب أسلوب المعاينة العشوائية العنقودية قبل استخدامه.

ثانياً- العيّنات غير الاحتمالية Non-Probabilistic Samples:

وهي العيّنات التي لا تقوم على مبدأ الاحتمالات بحيث لا يكون لكل عنصر في المجتمع نفس فرصة الاختيار وبشكل مستقل عن بقية العناصر. ومع أن هذا النوع من العيّنات يتميّز بالسهولة وقلة التكاليف مقارنة بالعيّنات الاحتمالية، إلا أن استخدام هذا النوع من العيّنات يحول دون إمكانية تعميم النتائج من العيّنة على المجتمع. ويندرج تحت العيّنات غير الاحتمالية ثلاثة أنواع هي:

1- **العيّنة العرضية أو المتيسّرة Convenience (Available) Sample:** وهي أكثر أساليب العيّنات غير الاحتمالية شيوعاً وبخاصة في البحوث التربوية. وتقوم على اعتبار الأفراد المتوفرين أو العناصر المتوفرة هم عناصر العيّنة. ومن الأمثلة الشائعة على هذا النوع من العيّنات ما يُسمى بـ "عيّنة المتطوعين". لاحظ هنا أن مجموعة المتطوعين تختلف بالتأكيد عن مجموعة غير المتطوعين؛ فهم أكثر اندفاعاً للمشاركة في الدراسة من نظرائهم غير المتطوعين. من هنا، فإنه لا يجوز تعميم نتائج دراسة تقوم على عيّنة من المتطوعين على مجتمع يتكون من المتطوعين وغير المتطوعين. ولتوضيح ذلك تأمل المثال التالي: إذا أراد أحد الباحثين استطلاع آراء الطلبة حول فاعلية نظام الساعات المعتمدة في الجامعة مثلاً، وذهب إلى الكافتيريا واستطلع آراء بعض الطلبة من بين المتواجدين فيها، فلا يمكنه تعميم النتائج التي يحصل عليها على مجتمع الدراسة، إذ أن الطلبة المتواجدين أو المتيسرين لدى الباحث لا يمثلون خصائص مجتمع الطلبة كأن يكونوا أقل تحصيلاً مثلاً أو من مرحلة دراسية معيّنة...الخ.

2- **العيّنة القصدية أو الهادفة Purposive (Judgment) Sample:** وهي العيّنة التي تقوم على أساس اختيار أفراداً معيّنين يحققون أهداف الدراسة، ويُعتقد بأنهم يمثلون المجتمع الذي سُحبت منه العينة، كاختيار مجموعة من الخبراء

التربويين بشكل مقصود لاستطلاع آرائهم حول أسباب تدني مستوى خريجي الجامعات الأردنية في الآونة الأخيرة. لاحظ هنا أن مجموعة الخبراء المنتقاة بهذه الطريقة قامت على أساس حكم الباحث بأن هؤلاء الأفراد يحققون أهداف الدراسة ويمثلون المجتمع، وقد يختلف هذا الرأي باختلاف الباحثين، إذ قد يرى باحث ثانٍ أن هؤلاء الأفراد لا يمثلون المجتمع ويقترح قائمة أخرى من الخبراء، وقد نجد أيضاً باحثاً آخر له رأيٍ مختلف وهكذا. وبشكلٍ عام، إن العيّنة المقصودة أو الهادفة عرضة لخطر التحيّز.

3- **عيّنة الحصص Quota Sample**: وتُستخدم كثيراً في الدراسات المسحية التي تقوم على استخدام أسلوب المقابلة وبخاصة عندما لا يتوفر لدى الباحث قائمة بأسماء جميع عناصر المجتمع. فإذا أراد باحث استطلاع آراء أفراد المجتمع حول قانون الصوت الواحد في الانتخابات النيابية، فقد يلجأ إلى مقابلة أعداد من الأفراد ينتمون إلى فئات مختلفة كأن نقول (10) أفراد من أعضاء مجلس النواب السابقين، و(5) أفراد من أعضاء مجلس الأعيان، و(30) عضو هيئة تدريس في الجامعات الأردنية، و(20) فرد من أعضاء الأحزاب المختلفة. ويؤخذ بالاعتبار لدى اختيار الأفراد هنا عدة عوامل مثل إمكانية الوصول لهم ومدى تعاونهم...الخ؛ بمعنى أن عملية الاختيار هنا ليست عشوائية.

وفي الخلاصة، يمكن القول أن استخدام الباحث لأفضل أساليب المعاينة لا يضمن أن تكون خصائص العيّنة ممثّلة لخصائص المجتمع، لأن الباحث لا يستطيع أن يضبط ما يُسمى بالخطأ العيني Sampling Error وهو خطأ عشوائي ناتج عن فروق عشوائية تعود للصدفة بين خصائص العيّنة وخصائص المجتمع الذي سُحبت منه، إذ أنه مهما بلغت دقة الباحث في اختيار أسلوب المعاينة المناسب لا يمكنه التوصل إلى عيّنة ممثّلة تماماً لخصائص المجتمع من جميع الجوانب. فعلى سبيل المثال، قد تختلف نسبة الذكور في العيّنة عنها في المجتمع، أو قد يكون متوسط

ذكاء أفراد العيّنة أكبر منه بالنسبة للمجتمع. وفي الوقت الذي لا يستطيع فيه الباحث أن يضبط الخطأ العيني، فإنه يمكنه تجنّب ما يُسمى بالتحيّز العيني Sampling Bias إذا أمكنه معرفة مصادره، وهو تحيّز منتظم خاضع لسيطرة الباحث نفسه كأن يختار الباحث أفراد العيّنة من الذكور ويستثني الإناث مثلاً. هذا يعني أنه لا يكفي أن تكون العيّنة ذات حجم كبير لضمان تمثيلها للمجتمع؛ بمعنى أن التحيّز العيني هو عامل آخر يُضاف إلى عامل حجم العيّنة يؤثران في مسألة تمثيل العيّنة للمجتمع. ولعل المصدر الرئيسي للتحيّز العيني هو استخدام الباحث لأحد أساليب المعاينة غير الاحتمالية التي سبق شرحها والتي لا يكون فيها لكل عنصر في المجتمع فرصة الاختيار نفسها لأن يكون في العيّنة.

حجم العيّنة Sample Size:

لعل السؤال الأكثر إلحاحاً على الباحثين وبخاصة المبتدئين منهم هو: "ما هو الحجم المناسب للعيّنة؟" ولعل الإجابة الشائعة عن هذا السؤال هي: "كبيرة إلى حدٍ كافٍ!!" لكن السؤال يبقى "ما الحدّ الكافي؟"

ومع أن مسألة حجم العيّنة تلقى الكثير من الاهتمام من قبل الباحثين، إلا أن المسألة الأكثر أهمية التي يتعيّن على الباحث الاهتمام بها هي أسلوب اختيار العيّنة مع عدم إغفال مسألة حجمها. وفي هذا الإطار، يمكننا القول أن عيّنة ممثّلة للمجتمع بحجم (100) فرد أفضل من عيّنة أخرى غير ممثّلة للمجتمع حتى لو بلغ حجمها (1000000) فرداً. وبمعنى آخر، لا يمكن لحجم العيّنة أن يعوّض مسألة عدم التمثيل أو ما يُسمى بالتحيّز العيني الذي سبقت الإشارة له.

وبشكل عام، إن الدراسات التي تقوم على عيّنات صغيرة جداً، لا تفضي إلى نتائج يمكن تعميم نتائجها خارج إطار تلك العيّنات مهما كان أسلوب المعاينة المستخدم، فلو تكوّن المجتمع من (200) فرد مثلاً، وقمنا باختيار عيّنة عشوائية

مكوّنة من ثلاثة أفراد، فإن هذه العيّنة لا تمثّل المجتمع بأي حال. وفي المقابل، من المرجّح أن تكون عيّنة بحجم (195) فرداً من المجتمع نفسه على سبيل المثال ممثلة للمجتمع. ويبقى السؤال، ما حجم العيّنة المناسب في مثل هذه الحالة؟ فهل يكفي (10) أفراد مثلاً أم أنه قليل؟ ماذا لو كان حجم العيّنة (50)؟ ومتى يكون الحجم كبيراً إلى حدٍ كافٍ؟ ومع أن الإجابة عن هذه الأسئلة ليست سهلة كما أشرنا سابقاً، إلا أن هناك أسلوبان لتقدير حجم العيّنة هما الأسلوب الاصطلاحي والأسلوب الإحصائي. وقد جرت العادة أن يلجأ الباحثون في العلوم الإنسانية إلى استخدام الأسلوب الأول الذي يستند إلى نوع الدراسة نفسها، ففي الدراسات الوصفية يمكن الاكتفاء بـ (10%)، وتزداد هذه النسبة لتصل إلى (20%) كلما قلّ حجم المجتمع. وفي الدراسات الارتباطية فإننا نحتاج إلى (30) فرداً على الأقل. وبالنسبة للدراسات العليّة المقارنة فيُستحسن أن لا يقل عدد الأفراد في كل مجموعة عن (30) فرداً على الأقل. أما بالنسبة للدراسات التجريبية التي يمارس فيها الباحث درجة مرتفعة من الضبط فيكفي (15) فرداً في المجموعة الواحدة، مع أن البعض يرى أن لا يقل عدد أفراد المجموعة الواحدة عن (30) فرداً.

وتجدر الإشارة إلى أن النسب والأرقام السابقة تشير إلى الحدود الدنيا المتعارف عليها لحجم العيّنة. هذا ولا يخفى أن الثقة في إمكانية تعميم النتائج من العيّنة على المجتمع تزداد بزيادة حجم العيّنة، وأن نتائج أي دراسة تبقى موضع شك كلما قلّ حجم العيّنة. هذا يعني أن من واجب الباحث أن يبذل كل جهد ممكن لزيادة حجم العيّنة في ضوء إمكانياته وبخاصة في بعض الدراسات التجريبية التي تكون فيها الفروق بين المجموعة التجريبية والمجموعة الضابطة صغيرة إلى حدٍ لا تكشف عنه المعالجة (التجربة) عندما يكون حجم العيّنة صغيراً.

أما بالنسبة للأسلوب الإحصائي في تقدير حجم العيّنة المناسب، فهو بلا شك أكثر دقة مقارنة بالأسلوب الاصطلاحي المتعارف عليه، إلا أنه يتطلب معرفة

سابقة ببعض الحقائق عن مجتمع الدراسة كالفرق المتوقع بين المجموعتين التجريبية والضابطة في المنهج التجريبي، كما أنه ينطوي على بعض الصعوبة في الحسابات وبخاصة للباحثين الـذين لا يمتلكـون المهارات الرياضية والإحصائية. وعلى أية حال، هناك برمجيات إحصائية جاهزة يمكن مـن خلالهـا تقـدير حجم العيّنة المناسب.

الوحدة الرابعة
أدوات جمع البيانات
Instruments of Data Collection

يتبيّن من الوحدات السابقة أن اختبار الباحث لفرضيات الدراسة أو الإجابة عن أسئلتها يستلزم جمع البيانات عن أفراد الدراسة باستخدام أسلوب أو أكثر من أساليب جمع البيانات. ويتعيّن على الباحث في هذه المرحلة أن يختار أسلوباً مناسباً لجمع البيانات، وأن يختار الأداة المناسبة من بين الأدوات المنشورة أو المقنّنة، أو أن يطوّر بنفسه الأداة المناسبة للغرض في حال عدم عثوره على أداة مناسبة من بين الأدوات المنشورة لسبب أو لآخر، كأن تكون الأداة مكلفة أو لعدم توفرّها بسهولة أو لصعوبة تطبيقها. وننوه هنا إلى أن الباحث في بعض الأحيان قد لا يحتاج إلى استخدام أداة لجمع البيانات عندما تكون البيانات متوفّرة أصلاً كقواعد البيانات المتوفّرة لدى الدوائر والمؤسسات الحكومية والجامعات ومراكز البحوث...الخ.

ويصنّف المشتغلون في القياس النفسي التربوي أساليب جمع البيانات أو ما يُسمى بأساليب القياس في فئتين هما: فئة الأساليب الاختبارية التي يتقرّر في ضوئها ما يستطيع الفرد أن يقوم به في ظروف اختبارية إذا توفّرت له الدافعية لأن يعمل بأقصى ما يستطيع، وفئة الأساليب اللاختبارية التي يتقرّر في ضوئها ما يستطيع الفرد أن يقوم به في الظروف الاعتيادية أو الطبيعية. وتشمل الأساليب الاختبارية اختبارات التحصيل ومقاييس القدرة العقلية العامة (الاستعدادات العامة) ومقاييس القدرات الخاصة (الاستعدادات الخاصة)، بينما تشمل الأساليب اللاختبارية أساليب التقرير الذاتي أو ما يقرّه الفرد عن ذاته من خلال استخدام أدوات معيّنة

كالاستبيان أو المقابلة، وما يقوله الآخرون عن الفرد من خلال استخدام مقاييس (سلالم) التقدير، وما نلاحظه من سلوك فعلي للفرد في عالمه الحقيقي.

وسنتناول فيما يأتي التعريف بأكثر أدوات جمع البيانات استخداماً كالاستبيان والمقابلة والملاحظة والاختبار وطرق تطويرها، ونتناول في نهاية الوحدة خصائص الأداة الجيدة بصرف النظر عن نوعها.

أولاً- الاستبيان Questionnaire:

يُعرّف الاستبيان بأنه أداة تتضمن مجموعة من الفقرات أو العبارات التقريرية حول مسألة ما تتطلب من الفرد الإجابة عنها بطريقة يحدّدها الباحث بحسب أغراض البحث. وبعكس ما يعتقد البعض، تُعدّ عملية تطوير الاستبيان أمراً صعباً إذ أنها تتطلب دقة وعناية ومهارة فائقة، إضافة إلى عنصري الوقت والجهد. ولعل الفائدة المترتبة على استخدام الاستبيان تبرّر شيوع استخدامه مقارنة بالوسائل الأخرى، فهو أكثر فاعلية من حيث الوقت والكلفة، ومن حيث إمكانية جمع بيانات عن عدد أكبر من الأفراد مقارنة بأسلوب المقابلة أو الملاحظة. ويمكن تطبيق الاستبيان بشكل شخصي- من خلال مقابلة الباحث لأفراد الدراسة بشكل مباشر أو عن طريق إرساله بالبريد. وبرغم أن أسلوب الاستبيان الشخصي- يتمتع بنفس المزايا التي يتمتع بها أسلوب المقابلة من حيث أن كليهما يوفّر الفرصة للقاء الباحث بأفراد الدراسة وجهاً لوجه مما يسهّل توضيح الهدف من الدراسة والإجابة عن استفسارات الأفراد الطارئة إذا كان هناك غموض في بعض الفقرات، إلا أنه نادراً ما يكون جميع الأفراد في الموقع نفسه، هذا ما يضطر الباحث إلى السفر إلى مواقع الأفراد لمقابلتهم وهو أمر غير عملي بطبيعة الحال.

وبما أن الباحث في معظم الأحيان لا يسترد جميع الاستبيانات التي يقوم بتوزيعها نتيجة لتفاوت درجة تعاون والتزام المستجيبين، فلا بدّ من متابعة الأفراد الذين لم يستجيبوا وبخاصة إذا قلّت نسبة المستجيبين عن (70%) وذلك من خلال

إرسال مذكّرة مطبوعة لغير المستجيبين إذا كانت الأسماء معروفة لدى الباحث، أو إرسال مذكّرة للجميع إذا كانت الأسماء غير معروفة للباحث كتلك التي تستخدمها بعض المؤسسات والتي تتضمن عبارة من نوع "أرجو إهمال هذه الرسالة إذا كنت قد استجبت للاستبيان ونشكرك جزيل الشكر على تعاونك". هذا، وقد يلجأ الباحث أيضاً إلى الاتصال الهاتفي بالأفراد الذين لم يستجيبوا أو ربما زيارتهم إن أمكن.

وفي كل الأحوال، إذا لم تُفلح جهود الباحث في متابعة الأفراد غير المستجيبين، وبقيت نسبة العائد منخفضة، فإن الباحث لا يستطيع الادعاء بأن الأفراد المستجيبين يمثلون المجتمع تمثيلاً جيداً إلا إذا ضمن أن هؤلاء الأفراد يمثلون عيّنة عشوائية من مجتمع الدراسة، لكنه بطبيعة الحال لا يضمن ذلك، إذ ربما يكون هؤلاء الأفراد من فئة معيّنة تختلف خصائصها عن خصائص فئة غير المستجيبين وبشكل منتظم، كأن يكون الأفراد المستجيبين من ذوي المؤهلات العليا بينما الأفراد غير المستجيبين من ذوي المؤهلات الدنيا. هذا ما يوقع الباحث في مشكلة التمثيل العيني أو التحيّز العيني، ويحّد من إمكانية تعميم النتائج من العيّنة على المجتمع الذي يُفترض أن تمثله. ولمعالجة هذا الأمر، يمكن أن يقوم الباحث باختيار عيّنة صغيرة الحجم من الأفراد غير المستجيبين ومقابلتهم إما بشكل شخصي أو هاتفياً للتأكد من عدم اختلاف خصائصهم مقارنة بخصائص المستجيبين، بالإضافة إلى توفير المزيد من الاستجابات. فإذا تبيّن أن إجابات الأفراد الذين لم يستجيبوا أصلاً مماثلة لاستجابات الأفراد الذين استجابوا في الأصل للاستبيان، عندها فقط يمكن للباحث أن يطمئن إلى سلامة التعميم. أما إذا اختلفت الإجابات بشكل جوهري فعلى الباحث أن يوضّح هذا الأمر لدى مناقشته للنتائج معتبراً هذا الأمر محدّداً من محدّدات الدراسة.

خطوات إعداد الاستبيان:

تمرّ عملية تطوير الاستبيان بسلسلة من الخطوات نلخصها على النحو الآتي:

1- تحديد المحور العام الذي تدور في فلكه أسئلة الاستبيان بشكل دقيق وواضح ومحدّد، واختيار الشكل المناسب للفقرات كأن تكون الفقرات من النوع المغلق أو المفتوح أو شبه المفتوح.

2- تحديد أفراد الدراسة المناسبين الذين يحققوا أهداف الدراسة أو يمتلكوا المعلومات التي يحتاجها الباحث، وتتوفر لديهم الرغبة في إعطاء المعلومات وعدم حجبها. ولعل من المفيد في بعض الأحيان مخاطبة المسؤولين بدلاً من إرسال الاستبيان إلى المرؤوسين لأن الأفراد ينصاعوا لأوامر صاحب السلطة أكثر من انصياعهم لأوامر الباحث نفسه.

3- صياغة فقرات الاستبيان، وصياغة تعليمات الإجابة التي تُعدّ جزءاً مهماً من الاستبيان كطريقة الاستجابة التي تعتمد عليها طريقة التصحيح الذي يكون إما يدوياً أو آلياًّ. ويمكن للباحث الاسترشاد بقواعد صياغة الفقرات التي سنعالجها لاحقاً في هذه الوحدة.

4- تحضير صفحة الغلاف وإخراج الاستبيان بشكل مناسب، وتتضمن صفحة الغلاف بالإضافة إلى المعلومات الأساسية التي يحتاجها الباحث مثل (العمر والجنس والمهنة والمؤسسة...الخ) توضيحاً موجزاً لهدف الدراسة وأهميتها مما يشجّع المستجيب على التعاون والاهتمام بالإجابة وتوفير إجابات صادقة وبخاصة إذا كان الاستبيان من النوع البريدي. ولعل من المفيد أيضاً أن يُبدي الباحث التزامه بإطلاع المستجيبين على نتائج الدراسة قدر الإمكان، وبخاصة إذا كان الباحث يسعى لطلب موافقة المسؤولين في مؤسسة معيّنة على جمع البيانات من أفرادها. وقد جرت العادة أن يستخدم

الباحث ألفاظاً مناسبة ومؤثرة في النفس كالقول مثلاً "عزيزي المعلم / عزيزتي المعلمة"، ولا بأس أن يستخدم الباحث الألقاب في بعض الأحيان كالقول "عزيزي الدكتور....." بدلاً من القول "عزيزي" فقط. كما يُستحسن أن يُرفق الباحث مغلفاً بريدياً مدفوع الأجر مسبقاً للمستجيبين حتى لا يتحمل المستجيب كلفة الأجور البريدية. وتجدر الإشارة إلى ضرورة ضمان المحافظة على سريّة البيانات والالتزام بأخلاقيات البحث كالإشارة إلى عدم الحاجة إلى ذكر الاسم وبعض المعلومات الأخرى غير الضرورية. بالإضافة لذلك، لا بأس من الإشارة إلى موعد محدّد لإعادة الاستبيان على أن تكون الفترة الزمنية كافية كأن تكون أسبوعين أو ثلاثة أسابيع. كما ينبغي أن يقوم الباحث بكل جهد ممكن للحدّ من الأعباء التي تتطلبها الاستجابة على الاستبيان وأن تتم في ظروف مريحة.

5- الحصول على موافقة الجهات المعنية قبل البدء بتطبيق الاستبيان على أفراد الدراسة كمخاطبة مدير التربية والتعليم في منطقة تعليمية معيّنة للسماح للباحث بتطبيق الاستبيان على المعلمين والمعلمات التابعين لإدارة تلك المنطقة.

6- إجراء دراسة استطلاعية على عيّنة محدودة من المجتمع المتوفر بهدف التأكد من وضوح التعليمات وطريقة الاستجابة ووضوح الأسئلة وسلامة اللغة المستخدمة والوقت اللازم للتطبيق.

7- التحقّق من دلالات صدق وثبات الاستبيان قبل استخدامه بشكل رسمي في عملية جمع البيانات. ويمكن التحقق من دلالة صدق الاستبيان من خلال عرضه على مجموعة من المختصين في مجال الدراسة (المحكمين) لإبداء آرائهم حول مدى انتماء الفقرات للمجال السلوكي الذي تزعم أنها تقيسه، ومدى ملاءمة صياغة الفقرات. أما بالنسبة للثبات، فيمكن للباحث أن

يستخدم طريقة الإعادة كأن يطبّق الاستبيان على مجموعة جزئية من مجتمع الدراسة تُسمى مجموعة الثبات من خارج عيّنة الدراسة، ثم يعيد التطبيق بعد فترة زمنية معقولة ويحسب معامل الارتباط بين القياسات في مرتي التطبيق، أو أن يلجأ إلى استخدام طريقة الاتساق الداخلي (كرونباخ- ألفا) التي تقوم على مفهوم الارتباطات الداخلية بين الفقرات. ومع أن بعض الباحثين يهملون هذه الخطوة برغم أهميتها إما لأنها تحتاج إلى مزيد من الجهد والوقت أو نظراً لعدم سهولتها، إلا أننا نؤكد على أهميتها لأن كل النتائج المترتبة على تحليل البيانات والاستنتاجات التي يتوصل لها الباحث تعتمد على مدى صلاحية الأداة من حيث صدقها وثباتها.

إرشادات حول صياغة فقرات الاستبيان:

يتعيّن على الباحث مراعاة الأمور الآتية لدى صياغة فقرات الاستبيان:

1- ينبغي أن يكون الاستبيان جذاباً لا مملاً، قصيراً ومختصراً قدر المستطاع، سهلاً وواضحاً لا غامضاً، إذ أن المستجيب لا يولي اهتماماً لاستبيان سيئ الإخراج، أو استبيان طويل تحتاج الإجابة عن فقراته بضع ساعات، أو استبيان يشتمل على فقرات غامضة تحتاج إلى تفسير. هذا يعني أنه ينبغي على الباحث الاهتمام بشكل الاستبيان أو مظهره بالإضافة إلى محتواه.

2- يُستحسن أن يكون الاستبيان من النوع المغلق لا المفتوح؛ بمعنى أن يوفر للمستجيب جميع الإجابات المحتملة لكل سؤال من أسئلة الاستبيان ويطلب منه اختيار الإجابة المناسبة بدلاً من استخدام الأسئلة مفتوحة الإجابة. ولضمان توفير الباحث لجميع الإجابات المحتملة، يُستحسن أن تشتمل بدائل الإجابات المحتملة على إجابة من نوع "غير ذلك" باستثناء الأسئلة التي لا تحتمل أكثر من عدد معيّن من الإجابات كالجنس مثلاً (ذكر، أنثى). أضف إلى هذا، فإنه من المستحسن أن يترك الباحث فراغاً مناسباً بعد كل سؤال

تحسباً لوجود استجابة لم تخطر ببال الباحث ولم يُدرجها في قائمة بدائل الإجابة. ومع أن الاستبيان المفتوح يتميّز على نظيره المغلق في توفيره لاستجابات أكثر عمقاً ولا غنى عنها في بعض المواقف، إلا أن الأخير أسهل من حيث البناء وأكثر تفضيلاً بالنسبة للأفراد، بالإضافة إلى أن استجابات الأفراد للأسئلة المفتوحة غالباً ما تتعدى هدف الدراسة، مما يُصعّب الأمر على الباحث لدى تصحيح الإجابات وتحليلها.

3- ينبغي أن يتناول السؤال مفهوماً أو فكرة واحدة، وأن تكون بدائل الإجابة مستقلة عن بعضها بعضاً؛ بمعنى أن لا تتضمن إحدى الإجابات إجابات أخرى.

4- ينبغي تجنّب استخدام الكلمات الغامضة مثل "غالباً" أو "نادراً" أو "أحياناً" لأنها تحمل معاني مختلفة عند الناس، وعلى الباحث في حال استخدام مثل هذه الكلمات أن يوضّح المقصود بها. ففي سؤال للمعلم من نوع "هل تمضي وقتاً طويلاً خلال الأسبوع للتحضير لدروسك؟" قد يعتبر أحد المعلمين أن الساعة الواحدة هي وقت طويل!! والأفضل أن نصوغ السؤال على النحو: "كم ساعة تُمضي أسبوعياً في التحضير لدروسك؟" ونوفّر له بدائل للإجابة كأن نقول (أ) أقل من نصف ساعة (ب) من نصف ساعة إلى ساعة واحدة (ج) من ساعة واحدة إلى ثلاث ساعات (د) من ثلاث إلى خمس ساعات (هـ) أكثر من خمس ساعات. لاحظ أيضاً أنه ينبغي أن يشتمل السؤال على إطار مرجعي، فلا نقول: كم من الوقت تُمضي في التحضير لدروسك؟ ونقول بدلاً من ذلك: كم من الوقت تُمضي يومياً أو أسبوعياً...الخ. أما إذا لم يكن اهتمام الباحث منصباً فقط على معرفة عدد الساعات التي يقضيها المعلم في التحضير لدروسه، وإنما أيضاً على إدراك المعلمين لعنصر وقت التحضير للدروس، فإن صياغة السؤال المناسبة هي:

"هل تعتقد بأنك تُمضي وقتاً طويلاً في التحضير لدروسك مقارنة بزملاءك؟" وليست على النحو: "هل تعتقد أنك تمضي وقتاً طويلاً في التحضير لدروسك؟"

5- ينبغي تجنّب الإيحاء بالإجابة الفضلى، وتجنّب الأسئلة التي تفضي إلى إجابات غير صادقة؛ فسؤال المعلم فيما إذا كان لديه معايير مرتفعة للتحصيل يشبه سؤالاً لأم فيما إذا كانت تحب أبنائها، والإجابة بطبيعة الحال عن السؤالين هي "نعم!!"

6- ينبغي تجنّب الأسئلة الحساسة أو الشخصية كتلك المتعلقة بالدخل أو العمر أو المعتقدات الدينية أو السياسية...الخ.

7- ينبغي تجنب الأسئلة الافتراضية كسؤال الرجل "هل توقفت عن ضرب زوجتك (نعم، لا)؟" هنا تفترض صياغة السؤال على هذا النحو أن كل الرجال يضربون زوجاتهم!! فإذا كانت الإجابة بنعم، فهذا يعني أن المستجيب كان يضرب زوجته وتوقف عن ضربها، أما إذا كانت الإجابة بلا فهذا يعني أنه كان يضربها وما زال، لكن ماذا لو أنه لم يضربها أبداً ؟! إذ ليس شرطاً أن كل الرجال يضربون زوجاتهم!!

8- ينبغي تجنّب الأسئلة التي قد تقود إلى الكشف عن هوية المستجيب والتي غالباً ما تكون مجموعة متسلسلة من الأسئلة.

ثانياً- المقابلة Interview:

لا يختلف أسلوب المقابلة كثيراً عن الاستبيان إذ أن المقابلة هي في واقع الأمر عبارة عن استبيان يتم تطبيقه على الأفراد من خلال لقاء الباحث بالمستجيب (المقابِل والمقابَل) وجهاً لوجه. وكما هو الحال بالنسبة للأدوات الأخرى لجمع البيانات، هناك عدد من المزايا مقابل عدد من العيوب لأسلوب المقابلة. ولعل أهم ميزة من مميزات أسلوب المقابلة مقارنةً بأسلوب الاستبيان أنها توفّر بيانات غنية

بالمعلومات إذا ما تم استخدامها بشكل صحيح. من ناحية أخرى، يُنصح باستخدام أسلوب المقابلة إذا كانت طبيعة الأسئلة من النوع الذي لا يمكن حصر إجاباتها ببدائل. أضف إلى هذا أن المقابلة تتميز على الاستبيان بمرونتها، حيث يمكن للباحث أن يكيّف الأسئلة لتلائم طبيعة المستجيب. كما أن المعلومات التي يحصل عليها الباحث لدى استخدامه لأسلوب المقابلة أكثر دقة وموضوعية مقارنة بالاستبيان، لأن الباحث في حال المقابلة يمكنه أن يزيل اللبس الذي قد يواجه المستجيب حول بعض الأسئلة الغامضة، بالإضافة إلى إمكانية توضيح الغرض من جمع البيانات. ومن مزايا المقابلة كذلك، أنها تمكّن الباحث من التوصل إلى إجابات واضحة ومكتملة إذا ما شعر بعدم اكتمال الإجابة أو عدم وضوحها من خلال توجيه الأسئلة السابرة.

في المقابل، فإن من أهم عيوب المقابلة أنها مكلفة مادياً وتحتاج إلى وقت طويل، بالإضافة إلى أنها لا تمكّن من جمع بيانات عن عدد كبير من الأفراد كما هو الحال بالنسبة للاستبيان. أضف إلى هذا أن استجابات الأفراد لدى استخدام أسلوب المقابلة قد تكون متحيّزة إيجابياً أو سلبياً نتيجةً لتأثرها بشخصية الشخص الذي يجري المقابلة. فعلى سبيل المثال، من المتوقع أن تتأثر استجابات الشخص الذي نقابله سلبياً إذا استخدم المقابِل ألفاظاً غير مناسبة كأن نذكّره بأمور لا يرغبها. بالإضافة لذلك، فإن المقابلة تتطلب توفر مستوى معيّن من مهارات الاتصال عند المقابِل.

أما بالنسبة لخطوات إجراء المقابلة، فهي مشابهة لخطوات تطبيق الاستبيان مع بعض الاختلافات البسيطة. ومع أن الخطوات الأساسية التي يقوم عليها أسلوب المقابلة تشترك مع تلك الخطوات التي يقوم عليها أسلوب الاستبيان من حيث الخطوات الأساسية كتحديد المحور العام وتحديد الأفراد المناسبين، إلا أن أسلوب المقابلة يختلف عن أسلوب الاستبيان في حجم العيّنة الذي يكون في العادة أقل

مقارنة بالاستبيان نتيجة لتعذّر مقابلة عدد كبير من الأفراد الذين يمكن الوصول لهم. وينبغي على الباحث الذي يستخدم أسلوب المقابلة أن يبذل كل جهد ممكن لضمان التزام الأفراد الذين سيقابلهم بالتعاون لتنفيذ المقابلة، لأن تخلّف بعض الأفراد عن المقابلة يوقع الباحث في مشكلة انخفاض نسبة العائد التي أشرنا لها لدى الحديث عن الاستبيان. وبطبيعة الحال، فإن وقوع الباحث في مشكلة انخفاض العائد هنا أكثر خطورة منها بالنسبة للاستبيان، لأن حجم العيّنة في حال المقابلة هو أصلاً أقل منه بالنسبة للاستبيان.

ويتطلب استخدام أسلوب المقابلة قيام الباحث بتطوير دليلاً مكتوباً للمقابلة يتناول فيه الأسئلة التي سيوجهها للمقابَل وبترتيب معيّن، بالإضافة إلى الأسئلة السابرة التي قد تطرأ نتيجة استجابة المقابَل. وكما هو الحال بالنسبة للاستبيان، يتطلب استخدام أسلوب المقابلة إجراء دراسة استطلاعية للتأكد من سلامة دليل المقابلة وإجراءاتها وإجراءات التحليل قبل تنفيذ المقابلات بشكل رسمي، وذلك باستخدام عيّنة صغيرة الحجم من المجتمع نفسه أو من مجتمع مماثل لمجتمع الدراسة. فإذا كشفت نتائج الدراسة الاستطلاعية عن ثغرات معيّنة في طبيعة الأسئلة كغموضها أو عدم ملاءمتها أو دقتها، أو عن خلل ما في إجراءات المقابلة كتوتر الشخص المقابَل لدى توجيه سؤال معيّن له، فعندها يمكن للباحث تصويب الأخطاء قبل البدء بجمع البيانات بشكل رسمي الأمر الذي يوفّر عليه الوقت والجهد مستقبلاً.

ويستحسن أن يلجأ الباحث إلى ما يُسمى بالمقابلة المقنّنة حتى تكون البيانات قابلة للمقارنة. والمقابلة المقنّنة هي المقابلة التي تكون فيها الأسئلة التي نوجّهها للأشخاص المعنيين هي نفسها للجميع، وأن تتم المقابلات لجميع الأشخاص في ظروف موحّدة ما أمكن. وكما هو الحال بالنسبة للاستبيان، فإن أسئلة المقابلة قد تكون محدّدة البناء أو غير محدّدة البناء. وبما أننا نلجأ إلى استخدام أسلوب

المقابلة في حال عدم ملاءمة أسلوب الاستبيان، فقد جرت العادة أن تُستخدم الأسئلة غير محدّدة البناء أو شبه المحدّدة. ومع أن الأسئلة محدّدة البناء والتي تتطلب من المستجيب اختيار بديـل مـن بـين مجموعة من البدائل التي يوفرها الباحث أو المقابِـل أكثر سهولة من نظيرتها غير المحـدّدة لـدى تحليـل البيانات، إلا أنها قد تحجب الغرض من المقابلة وهو توفير إجابـات أكـثر دقة وموضـوعية. وفيما يوفّر استخدام الأسئلة غير محدّدة البناء والتي تعطي المستجيب الحرية المطلقة للتعبير عن اسـتجابته عمقـاً في الاستجابة، إلا أن عملية تكميم هـذه الاستجابـات تبقـى أمراً صعباً. لهـذا، فإن معظـم البـاحثين الـذين يستخدموا المقابلة كأداة لجمع البيانات يلجأون إلى استخدام الأسئلة شبه المحدّدة، والتي تقوم على توجيه سؤال محدّد يتبعه أسئلة توضيحية مفتوحة الإجابة، الأمر الذي يوازن بين الموضوعية الناتجة عن استخدام الأسئلة محدّدة البناء والعمق الناتج عن استخدام الأسئلة مفتوحة الإجابة.

إرشادات حول استخدام أسلوب المقابلة:

ينبغي على الباحث مراعاة الأمور الآتية لدى استخدامه لأسلوب المقابلة:

1- يُستحسن أن تكون المقابلة قصيرة ما أمكن، وأن لا تكون طويلة مملة.

2- ينبغي على المقابِل أن يخلق جـواً مـن الألفـة مـع الشخص الـذي يقابله منـذ اللحظـة الأولى للمقابلة، وأن يكون ودوداً واعياً لأهمية دفء العلاقة مع المستجيب.

3- يُستحسن أن يبدأ المقابِـل بتوضيح الغرض من الدراسة وأن يشير إلى ضمان سرية المعلومات.

4- ينبغي على المقابِل أن يستخدم عبارات أو أسئلة واضحة، وأن يتجنّب الإيحاء بالإجابة الفضلى أو استخدام الأسئلة الافتراضية كالقول "أخبرني، هـل توقفـت عـن ضرب زوجتـك؟"، وأن يتجنّب استخدام العبارات والألفاظ أو

الإيماءات المعبّرة عن الاستنكار والاستهجان التي قد تثير المقابَل او تزعجه وتشعره بالتهديد.

5- ينبغي على المقابِل أن يكون واسع الصدر وصبوراً ومستعداً للإجابة عن أي تساؤل قد يخطر ببال المقابَل، وأن يكون حساساً لردود أفعال المقابَل وأن يدير المقابلة بطريقة مناسبة كأن يتجاوز بعض الأسئلة التي قد تثير رد فعل سلبي عند المقابَل ويعود إليها في الوقت المناسب، وأن يعرف كيف يتحكم بتوجيه دفة المقابلة كأن يعيد الشخص الذي يقابله إلى موضوع المقابلة بأسلوب مهذّب إذا استطرد المقابَل في الإجابة عن سؤال معيّن.

6- ينبغي التأكد من موافقة الشخص الذي نقابله على تسجيل استجاباته سواء كان ذلك كتابة أو باستخدام جهاز تسجيل، ويُستحسن تسجيل الاستجابات أثناء إجراء المقابلة كتابة، ويمكن تأجيل التسجيل إلى ما بعد انتهاء المقابلة في حال استخدام جهاز التسجيل.

ثالثاً- الملاحظة Observation:

يختلف أسلوب الملاحظة عن أسلوبي الاستبيان والمقابلة، ففي حين يقوم أسلوبا الاستبيان والمقابلة على التقرير الذاتي للفرد في وصفه لوضعه الراهن كما يراه هو، فإن أسلوب الملاحظة يقوم على ملاحظة الظاهرة أو السلوك بشكل مباشر أو غير مباشر من قِبل طرف خارجي. فبدلاً من سؤال المعلمين عن كيفية إدارتهم للصف مثلاً، نقوم بملاحظة سلوك المعلمين داخل الغرفة الصفيّة للكشف عن كيفية إدارتهم للصف. ومما لا شك فيه أن أسلوب الملاحظة يوفّر بيانات أكثر دقة وموضوعية مقارنة بأسلوبي الاستبيان والمقابلة اللذان يتأثران بمسألة مبالغة الفرد في وصفه لذاته. بالإضافة لذلك، فإن أسلوب الملاحظة يُشعر الفرد بطريقة غير مباشرة بأنه جزء من المشكلة، وهو أمر لا يتوفر في أسلوبي الاستبيان والمقابلة. ويشيع استخدام أسلوب الملاحظة في الدراسات التي تُعنى بتعديل السلوك حيث يقوم

الباحث بإخضاع أفراد الدراسة للملاحظة قبل المعالجة وبعدها بهدف الكشف عن أثـر برنـامج سلوكي معيّن. وكما هو الحال بالنسبة لأسلوب المقابلة، فإن ما يعيب أسلوب الملاحظة أنها تسـتنزف وقـت الباحث، بالإضافة إلى صغر حجم العيّنة مقارنة بالدراسات التي تقوم على استخدام الاستبيان مثلاً. وتجدر الإشارة إلى أن الدراسات التي تقوم على استخدام أسلوب الملاحظة لا تتوقف على ملاحظة الأفراد، وإنما قـد يكون موضوع الملاحظة أشياء أخرى كالمدارس أو الكتب...الخ.

أنواع الملاحظة:

هناك نوعان اثنان للملاحظة هما:

1- **أسلوب الملاحظة غير المباشرة Non-participant Observation:** وتقوم عـلى ملاحظـة السـلوك بطريقـة غير مباشرة؛ بمعنى أن الملاحِظ لا يكون جزءاً من العملية مباشرة، أو أنـه يلاحـظ السـلوك ملاحظـة خارجية دون تفاعل بينه وبين الملاحَظ. ومن أساليب الملاحظة غير المباشرة:

أ- **الملاحظة في المواقف الاعتيادية Naturalistic Observation:** وتقوم على ملاحظة أنماط السلوك في مواقف اعتيادية بعيداً عن التصـنّع، بحيـث لا يتـدخل الملاحِـظ في الموقـف أو في سـلوك الملاحَظ. ويُستخدم هذا النوع من الملاحظـة في الحـالات التـي لا يمكننـا فيهـا ملاحظـة سلوك الفرد على نحو دقيق إلا في المواقف الاعتيادية. ومن الأمثلة على أسلوب الملاحظة غير المباشرة ملاحظة المشرف التربوي لسـلوك المعلـم داخـل غرفـة الصـف، أو ملاحظتـه لسلوك التلاميذ داخل الحصة الصفيّة. وتُعدّ الدراسات التي قام بهـا "بياجيـه" Piaget في ميدان علم نفس النمو مثالاً جيداً على هذا الأسلوب.

ب- **الملاحظة القائمة على المحاكاة Simulation Observation:** وهنـا يقـوم الباحـث باصـطناع موقف ما، وملاحظة سلوك الأفراد ضمن

سياق الموقف المصطنع. ويسمح هذا الأسلوب للباحث بملاحظة السلوك الذي لا يتكرّر كثيراً أو السلوك غير المألوف، كالطلب من المعلم مثلا ان يلعب دور المعلم اثناء مجالس الآباء والأمهات. ولعل أهم عيب من عيوب هذا الأسلوب هو أن موقف الملاحظة هو موقف مصطنع وليس حقيقياً، إذ أن سلوك الملاحَظ قد لا يكون هو السلوك الطبيعي أو السلوك الأصيل الذي يحدث فعلاً في المواقف الاعتيادية أو الطبيعية. كما أن وضع الفرد في موقف مصطنع قد يفرض عليه أن يلعب دوراً كما ينبغي عليه أن يلعبه لا كما يسلك أصلاً في الظروف والمواقف الطبيعية. وفي الوقت الذي يُعدّ فيه السلوك التمثيلي للفرد في الواقف المصطنعة عيباً من عيوب أسلوب المحاكاة، فإنه في المقابل قد يكون له مردود إيجابي، إذ تشير نتائج الدراسات إلى أن الفرد الذي يتقمص سلوكاً مرغوب به، قد يعتاد على هذا السلوك وهو أمر إيجابي بلا شك. وفي أسوأ الأحوال، فإن الفرد الذي يتقمص سلوكاً غير أصيل ومرغوب به، يُدرك على الأقل أن هذا السلوك هو السلوك الذي يجب أن يسلكه وهو أمر نسعى أيضاً لتحقيقه!! وهناك نوعان لأسلوب الملاحظة القائمة على المحاكاة هما لعب الدور الفردي ولعب الدور الجماعي، والفرق بينهما أن الملاحِظ يُخضع فرداً واحداً فقط لموقف مصطنع في حالة لعب الدور الفردي، ويلاحظ سلوكه في سياق الموقف المصطنع، بينما يُخضع أكثر من فرد لموقف مصطنع أو مشكلة ما في حالة لعب الدور الجماعي، ويلاحظ سلوك المجموعة أو الحلول التي يقترحها أعضاء المجموعة للموقف المشكل، كأن نخبر أعضاء

مجموعة ما بأنه تم تعيينهم كأعضاء في لجنة من قبل رئيس الجامعة مثلاً لاقتراح حلول لمشكلة العنف الجامعي.

ت- **دراسة الحالة The Case Study:** وهـي عبـارة عـن تفحـص دقيـق لسـلوك فـرد واحـد أو مجموعة صغيرة من الأفراد أو ربما مؤسسة ما بهدف الكشف عـن العوامـل التـي تفسّر الظاهرة. وقد جرت العادة في الدراسات التربوية أن يقوم الباحث بالكشف عن العوامل الديموغرافية أو البيئية أو الظروف المحيطة بالفرد، والتي قد تكون مسؤولة عن السـلوك كأسلوب التنشئة الأسرية لفرد ما مثلاً، أو ربما مجموعة مـن الأفراد الـذين يعـانون مـن مشكلة سلوكية معيّنة. ويكمـن الغـرض الأساسـي مـن دراسـة الحالـة في الكشـف عـن العوامل المسؤولة عن سلوك معيّن، والأسباب التي أدت إلى حـدوث مثـل هـذا السـلوك. أما المشكلة الأساسية في دراسة الحالة فتتلخص في احتمال تحيّـز الملاحِـظ عنـدما يقـوم بملاحظة ما يريد ملاحظته هو. هذا بالإضافة إلى محدودية تعميم نتائج دراسـة الحالـة، إذ أنه ليس شرطاً أن نعمّم ما نلاحظه من سلوك لفرد مـا عـلى فـرد آخر. ولهـذا، فـإن استخدام أسلوب دراسـة الحالـة لا يتعـدى أغـراض الإرشـاد الفـردي، ولا يُسـتخدم لحـل مشكلات بحثية بالمعنى الدقيق. في المقابـل، يمكـن اشـتقاق افتراضـات معيّنـة مـن وراء استخدام أسلوب دراسة الحالة نقوم باختبارها باستخدام مناهج أخرى.

ث- **تحليل المحتوى Content Analysis:** وهو طريقة تحليـل كميّة منظّمة تقوم عـلى وصـف بنية الشيء الذي نريد وصفه كالكتاب المقرّر للتدريس أو وثيقة مـا. ففـي حالـة تقيـيم كتاب مقرّر، فإننا قد نلجأ إلى تقييم مدى ملاءمة الكتاب لتلاميذ صف معيّن كدرجة

انقراءية Readability الكتاب، أو درجة التحيّز في التركيز على بعض المواضيع على حساب المواضيع الأخرى، أو درجة شيوع بعض المفردات، أو أطوال الجمل وهكذا.

2- أسلوب الملاحظة المباشرة Participant Observation: وهنا يكون الملاحِظ جزءاً من الموقف. ويستند هذا الأسلوب إلى المنطق الذي يشير إلى أن ما يراه الشخص من الداخل يختلف بشكل أو بآخر عما يراه من الخارج. ويعتمد هذا الأسلوب بشكل أساسي على درجة مشاركة الملاحِظ في الموقف، إذ أن مشاركة الملاحِظ باعتباره جزء أساسي من الموقف تختلف عنها فيما لو كان الملاحِظ خارجياً أو أنه ليس جزءاً من الموقف دون علم الملاحَظين بأنهم مراقبين. فعلى سبيل المثال، تختلف ملاحظة المعلم لما يدور في اجتماع لمدير المدرسة بالمعلمين باعتباره واحداً منهم ومعرفتهم بأنهم مراقبين عنها فيما لو كان الملاحِظ مراقباً خارجياً وليس جزءاً من الموقف مع عدم معرفة الملاحَظين بأنهم مراقبين. ومع أن مشاركة الملاحِظ بشكل خارجي توفّر قدراً من الدقة في النتائج لا تتوفر في الحالة الأولى عندما يكون الملاحِظ جزءاً من الموقف، إلا أن للملاحظة الخارجية عيوب لا يمكن إغفالها كتلك المتعلقة بأخلاقيات البحث، إذ لا يجوز مراقبة الأفراد دون معرفتهم بذلك، ولا يجوز إطلاقاً استخدام جهاز التسجيل لما يدور في محادثة أو اجتماع ما دون علم الأفراد. بالإضافة لذلك، فقد تتأثر نتائج الملاحظة بعامل التحيّز نتيجة لمشاركة الملاحِظ في موقف الملاحظة، إذ قد يختلط دور الملاحِظ كملاحِظ مع دوره كمعلّم في المثال السابق وينعكس ذلك على حساب موضوعية الملاحظة. وفي الخلاصة، مع أن أسلوب الملاحظة المباشرة يوفر بيانات غنيّة بالمعلومات إلا أنه في معظم الأحيان يصعب تفسير هذه البيانات والتوصل إلى استنتاجات مقنعة.

إرشادات حول استخدام أسلوب الملاحظة:

ينبغي على الباحث مراعاة الأمور الآتية لدى استخدامه لأسلوب الملاحظة:

1- يتعيّن على الباحث تعريف السلوك الذي سيخضع للملاحظة لأنه لا يمكنه ملاحظة وتسجيل كـل سلوك يبديه الملاحَظ وبخاصة في المواقف الطبيعية كتلك التي تتم داخـل غرفـة الصـف. ويهـتم الباحث أو الملاحِظ في العادة بأنماط معيّنة من السلوك بحسب مـا تقتضيه أسـئلة الدراسـة أو فرضياتها. ففي حال تركيز الدراسة على سلوك العنف في الحرم الجامعي مثلاً، فإن الملاحِظ يهتم بملاحظة أنماط السلوك التي ينطوي عليها تعريف سلوك العنف الجامعي، الأمر الـذي يتطلـب من الباحث أن يعرّف سلوك العنف بشكل إجرائي محدّد وعلى نحو دقيق الأمر الذي يقـوده إلى تعريف أنماط السلوك التي يمكن أن تشير إلى سلوك العنف.

2- يتعيّن على الباحث أن يحدّد الآلية التي سيعتمدها في رصد الملاحظات والتعبير عنها بالأرقام أو فيما يُسمى بتكميم الملاحظات بحيث لا يختلـف الملاحظون حولهـا. فعلـى سـبيل المثـال، قـد يختلط الأمر على الملاحِظ في حال ملاحظة سلوك العنف الجامعي مثلاً ويتسـاءل فيما إذا كان شتم الطالب لزميله وضربه في آن واحد سلوك واحد أم اثنين!! وهـذا يتطلـب بطبيعـة الحـال تحديد الباحث للوحدة الزمنية للملاحظة من خلال تقسيم الفترة الزمنية الكليّة للملاحظة إلى وحدات زمنية أصغر. ويعتمد عدد الوحدات على نوع السلوك الخاضع للملاحظة وتكراره في الوضع الطبيعي، فإذا كان السلوك الخاضع للملاحظة من النوع المتكرّر بشكل كبير، فربما نعتبر وحدة الملاحظة (10) ثوان، أما إذا كان السـلوك مـن النـوع قليـل التكـرار، فقـد نعتبر وحـدة الملاحظة (30) ثانية، أو دقيقة واحدة مثلاً وهكذا.

3- يتعيّن على الباحث أن يحدّد موعداً لإجراء الملاحظة، وهي خطوة غاية في الأهمية، وبخاصة إذا كان السلوك الخاضع للملاحظة من النوع الذي يتأثر بعامل الزمن كيوم معيّن في الأسبوع أو وقت معيّن أثناء اليوم. ولتجنب التحيّز في اختيار وقت الملاحظة، يُستحسن اختيار أيام وأوقات الملاحظة عشوائياً من بين كل البدائل الممكنة، أو أن تتم الملاحظة طوال اليوم كاملاً وعلى مدار الأسبوع كله. ومما لا شك فيه أن أسلوب الملاحظة طوال اليوم وعلى مدار الأسبوع هو أسلوب غير عملي ولا يناسب الكثير من المواقف البحثية، ويقتصر فقط على المواقف البحثية التي تكون فيها فترة الملاحظة قصيرة ويكون عدد الأفراد محدوداً.

4- ينبغي على الباحث أن يقوم بتسجيل الملاحظة، إذ أنه يمكن ملاحظة أكثر من سلوك جزئي أثناء وحدة الملاحظة مما يربك الملاحِظ إذا لم يقم بتسجيل السلوك المقصود. أضف إلى هذا أن اهتمام الباحث قد يكون حول نوعين من السلوك في آن واحد، كأن يكون سلوك الطالب وسلوك المعلم أثناء رصد التفاعل الصفي مثلاً. وفي مثل هذه الحالة فإن الملاحِظ لا يكتفي بملاحظة سلوك أحدهما دون الآخر أثناء وحدة الملاحظة بل عليه ملاحظة سلوك كليهما وتسجيله. وهنا يمكن ملاحظة سلوك كل من الطالب والمعلّم بالتناوب كأن يُلاحظ سلوك الطالب في وحدة الملاحظة الأولى والثالثة والخامسة، ... الخ، ويُلاحظ سلوك المعلم في وحدة الملاحظة الثانية والرابعة والسادسة، ... الخ. كما يمكن التناوب أيضاً بين الملاحظة والتسجيل بحيث نلاحظ (15) ثانية ونسجّل (5) ثواني وهكذا مما يزيد من ثبات الملاحظة. وتجدر الإشارة أيضاً إلى أنه يُستحسن تسجيل الملاحظة أثناء حدوث السلوك، وأن تكون عملية التسجيل بسيطة قدر المستطاع. وجرى العرف أن تُستخدم بعض الرموز المتفق عليها باستخدام أداة

الملاحظة المعدّة مسبقاً. وننوه هنا إلى ضرورة التفات الباحث إلى أن الغرض من الملاحظة ليس رصد حدوث السلوك أو عدمه وإنما ماذا يحدث. ومن أشهر أساليب الملاحظة الشائعة في البحوث والدراسات التربوية "نظام فلاندرز" Flanders System الذي يقوم على رصد التفاعل الصفي بين الطلبة والمعلم، وتصنيف جميع أنماط سلوك المعلّم والطالب في تصنيف واحد من بين عشرة تصنيفات، يتم تمثيل كل واحد منها برقم. وعلى أية حال، هناك عدة أشكال ونماذج تُستخدم لتسجيل الملاحظة من أبرزها وأكثرها فاعلية قوائم الشطب التي تشمل جميع أنماط السلوك المحتملة. وهذه القوائم تتيح المجال للملاحِظ بأن يركّز انتباهه على ماذا يحدث بدلاً من التركيز على كيفية التسجيل كما هو الحال في نظام فلاندرز الذي سبقت الإشارة له. كما تُعد سلالم التقدير Rating Scales نموذجاً ثانٍ من بين النماذج والأشكال التي تُستخدم لتسجيل الملاحظة، وهي شبيهة بقوائم الشطب مع اختلاف فئات التدريج؛ ففي حين تشتمل قائمة الشطب على فئتين اثنتين فقط (نعم، لا)، فإن سلّم التقدير يشتمل على ثلاث فئات أو أكثر كأن نقول (جيد، متوسط، ضعيف). وهنا تجدر الإشارة إلى أنه برغم إمكانية استخدام أكثر من ثلاث فئات في سلّم التقدير مثل (موافق جداً، موافق، محايد، معارض، معارض جداً) إلا أنه كلما ازداد عدد الفئات كلما ازدادت صعوبة التقدير وقلت بالتالي دقته.

5- يتعيّن على الباحث أن يقدّر ثبات الملاحظة. ويتطلب التحقق من ثبات الملاحظة وجود ملاحِظين اثنين مستقلين على الأقل، ثم مقارنة ملاحظاتهما للكشف عن درجة الاتفاق بينهما. وقد جرت العادة أن يتم حساب نسبة الاتفاق بين الملاحظين لدى ملاحظة سلوك معيّن من خلال قسمة التكرار الأصغر على التكرار الأكبر وضرب الناتج في (100%)؛ فإذا بلغ تكرار

السلوك الملاحَظ في وحدة ملاحظة معيّنة عند الملاحِظ الأول (20) وبلغ تكرار السـلوك الملاحَـظ في وحدة الملاحظة نفسها عند الملاحِظ الثاني (25)، فإن نسبة الاتفاق بين الملاحِظـين هي (80%). ومع أن نسبة (80%) تُعد نسبة اتفاق مقبولة، إلا أن هذه النسبة لا تعكس مفهـوم الثبـات في الحالات التي يكون فيه التكرار كبيراً في فترة ملاحظة طويلة، إذ ما يـدرينا أن الملاحظين كانـا يسجلان السلوك نفسه في الوقت نفسه؟ فمن المحتمل أن يكون أحد الملاحظين قـد سـجّل ملاحظاته في النصف الأول من فترة الملاحظة، بينما سجّل الملاحِظ الثاني ملاحظاته في النصف الثاني من فترة الملاحظة، ومع هذا كان هنـاك اتفـاق في التكرار الملاحَـظ في النتيجـة الإجماليـة. ولهذا، يُقترح للتغلب على هذه المشكلة أن تكون فترة الملاحظة قصيرة مـا أمكـن، وأن يُحسـب الثبات بناءً على عدد مرات الاتفاق وعدد مرات الاختلاف فيما يتعلـق بحـدوث السـلوك وعـدم حدوثه. ويتم ذلك من خلال قسمة عدد مرات الاتفاق على العـدد الكلـي لعـدد مـرات الاتفـاق وعدد مرات الاختلاف. فعلى سبيل المثال، لو كان عدد مرات الاتفاق بين الملاحظين على حـدوث السلوك الشاذ هو تسع مرات خلال أول (30) دقيقة من فترة الملاحظة، وعـدد مـرات الاخـتلاف هو ثلاث مرات، فإن ثبات الملاحظة هنا هـو حاصـل قسـمة (9) عـلى (12) وهـو (75%). وفي الحالات التي يصعب فيها قيام أكثر من ملاحِظ بملاحظة السلوك في الوقت نفسه، فإننا نلجـأ إلى تسجيل الموقف باستخدام كاميرا فيديو أو جهاز تسجيل صوتي حتى يتمكن كـلا الملاحظـين مـن مشاهدة الموقف وتسجيل ملاحظاتهم. كما أن تسجيل الموقف يمكّن الباحث مـن إعـادة المشاهدة أكثر من مرة في أي وقت شاء مما يزيد من ثبات الملاحظة وبخاصة في الحـالات التـي يكون فيه السلوك معقداً أو أنه يحدث بشكل مفاجئ.

6- يتعيّن على الباحث أن يقوم بتدريب الملاحِظ أو الملاحِظين الذين سيتولوا عملية الملاحظة، وذلك للتأكد من أن الملاحظين يلاحظون ويسجلون السلوك نفسه وبنفس الطريقة. ويشتمل التدريب على توضيح أنماط السلوك التي سيلاحظها الملاحِظ وكيفية ترميز وتسجيل الملاحظات وبيان فترة الملاحظة (وحدة الملاحظة). وعادة يخضع الملاحظين إلى جلسات عملية شبيهة بالموقف المستهدف وتتم مقارنة ملاحظاتهم وتوضيح أوجه الاختلاف بينهم. كما يُحسب ثبات الملاحظة أكثر من مرة للكشف عن فاعلية البرنامج التدريبي، إذ من المتوقع أن يزداد الثبات من مرة لأخرى بعد توضيح الأخطاء وتوفير التغذية الراجعة للملاحِظين، وعادة ينتهي التدريب عندما تصل قيمة الثبات إلى (80%) أو أكثر.

7- يتعيّن على الباحث أن يراقب ممارسات الملاحظين لدى تسجيل موقف الملاحظة في أوقات معيّنة وذلك لضمان قدر مقبول من استقرار الثبات خلال الموقف الفعلي للملاحظة، إذ أن ارتفاع نسبة الاتفاق (الثبات) بين الملاحظين لا يعني بالضرورة أن الملاحظين يلاحظون السلوك نفسه وبنفس الطريقة وفي نفس الوقت.

8- يتعيّن على الباحث أن يضبط تحيّز الملاحظة أو العوامل التي تهدّد صدق الملاحظة سواء تلك المتعلقة بتحيّز الملاحِظ أو ما يُسمى بتحيّز الملاحَظ من خلال الحرص على استقلالية الملاحظين وتدريبهم وتعريفهم بمصادر الخطأ أثناء عملية الملاحظة أو أثناء التسجيل. ويرتبط تحيّز الملاحِظ بعدم الدقة الناتج عن طريقة الملاحظة، وتصورات الملاحِظ المسبقة عن الموقف، ومستوى تشدّده في منح التقديرات وبخاصة لدى استخدام سلالم التقدير في الملاحظة، وأثر الهالة (الإيجابي أو السلبي) الناتج عن الصورة الذهنية المسبقة التي يشكّلها الملاحِظ عن الملاحَظ نتيجة خبرة سابقة أو

موقف معيّن. أما تحيّز الملاحَظ، فيرتبط بالسلوك المصطنع الذي يبديه الشخص موضوع الملاحظة نتيجة خضوعه لموقف ملاحظة.

رابعاً- الاختبارات Tests:

يُعرّف الاختبار بأنه أداة قياس منظّمة تتضمن مجموعة أو عيّنة من المثيرات تقدّم للمفحوص بهدف الحصول على استجابات يتّم التعبير عنها كميّاً للحكم على أداء المفحوص. وتُعد الاختبارات من أكثر أساليب جمع البيانات شيوعاً في البحث التربوي، وتختلف عن بعضها بعضاً من حيث الغرض كاختبارات التحصيل التي تُصمّم لقياس نواتج التعلّم كالحقائق والمفاهيم والمبادئ في موضوع معيّن أو عدد من المواضيع سبق للفرد أن تعلّمها، أو اختبارات القابليات العامة التي تُصمّم للكشف عن القابليات العامة عند الفرد والتنبؤ بأدائه في المستقبل كاختبارات الاستعداد العام أو ما يُطلق عليه اختبارات الذكاء المصمّمة للكشف عن الاستعداد المدرسي كاختبار ستانفورد بينيه واختبار وكسلر، واختبارات القدرة العقلية العامة كاختبار كاليفورنيا للنضج العقلي واختبار أوتيس - لينون للقدرة العقلية العامة، واختبارات القابليات الخاصة.

خطوات إعداد الاختبار:

مع أن عملية إعداد الاختبارات بمختلف أشكالها تمرّ بالخطوات نفسها، إلا أنها تتفاوت في درجة الاهتمام التي يوليها مصمّم الاختبار لبعض الخطوات. فعلى سبيل المثال، نتوقع أن لا يولي باحث ما اهتماماً باشتقاق معايير لاختبار يصمّمه لأغراض الكشف عن الفروق في التحصيل بين المجموعة التجريبية والمجموعة الضابطة، بينما نتوقع أن يولي باحث آخر هذا الجانب اهتماماً كبيراً إذا ما أراد أن يقنّن اختباراً يصلح لقياس سمة ما في بلدٍ ما. وبشكل عام، تمرّ عملية إعداد الاختبار بالخطوات الآتية:

1- تحديد الغرض وتعريف السمة موضوع القياس تعريفاً نظرياً، ثم ترجمة الصيغة النظرية للسمة إلى صيغة إجرائية من خلال تحديد العمليات والإجراءات التي يمكن من خلالها التعبير عن السمة بمظاهر قابلة للقياس.
2- صياغة فقرات الاختبار. وإذا كان الاختبار هو اختبار تحصيل، فإن الباحث في هذه المرحلة يحتاج إلى إعداد ما يُسمى بجدول المواصفات Table of Specifications الذي يقوم على تحليل المحتوى وصياغة الأهداف بشكل سلوكي وربط المحتوى بالأهداف، ثم صياغة الفقرات، وعرض نتائج التحليل والجدول والفقرات على مجموعة من المحكّمين المختصين للتحقّق من درجة التناظر بين الفقرات والمحتوى الذي تقيسه الفقرات، بالإضافة إلى مدى ملاءمة الفقرات للغرض وللفئة المستهدفة.
3- تنقيح الاختبار استناداً إلى آراء المحكمين، وإخراج الاختبار بصورة أولية.
4- تطبيق الصورة الأولية من الاختبار على عيّنة صغيرة الحجم من أفراد المجتمع المستهدف بهدف التأكد من وضوح اللغة والتعليمات وطريقة الإجابة.
5- تنقيح الصورة الأولية للاختبار اعتماداً على استجابات المفحوصين في مرحلة التجريب الأولي.
6- إعادة تطبيق الصورة المنقّحة من الاختبار على عيّنة أخرى من أفراد المجتمع المستهدف، واستخلاص مؤشرات عن فاعلية الفقرات كالصعوبة والتمييز، بالإضافة إلى استخراج فاعلية المموهات إذا كان الاختبار من نوع الاختيار من متعدّد.
7- إعادة تنقيح وتعديل الاختبار في ضوء نتائج التحليل السابق وإعداد الاختبار بشكله النهائي (الفقرات، تعليمات الإجابة، تعليمات التطبيق، تعليمات التصحيح، ترتيب الفقرات، إعداد ورقة الإجابة، إعداد مفتاح التصحيح).

8- شتقاق مؤشرات عن صدق وثبات الاختبار.
9- اشتقاق معايير الأداء أو توفير إطار مرجعي لتفسير الأداء على الاختبار كالمئينات أو الدرجات المعيارية.
10- إعداد دليل الاختبار الذي يتضمن كل المعلومات عن الاختبار ومراحل إعداده مما يمكّن الآخرين من الحكم على مدى صلاحية الاختبار ومدى مناسبته لغرض ما.

خصائص الاختبار الجيد:

إن الحديث عن خصائص الاختبار الجيد يقودنا إلى المقارنة بين الاختبارات المقنّنة أو المنشورة والاختبارات التي يقوم الباحثون بتطويرها لتناسب أغراضهم الخاصة. ومما لا شك فيه أن استخدام الباحث لاختبار مقنّن يوفّر عليه الجهد والوقت اللازمين لتطوير الاختبار، هذا بالإضافة إلى أن الاختبارات المقنّنة تتمتع بخصائص لا تتمتع بها في الغالب الاختبارات التي يقوم الباحثون بإعدادها لتلائم أغراضهم الخاصة، لأن الاختبارات المقنّنة يشرف على إعدادها خبراء ومختصون يمتلكون مهارات متقدمة في مجال القياس والتقويم. ويوفّر الكتاب السنوي للقياس العقلي Mental Measurement Yearbook الذي يصدر سنوياً في الولايات المتحدة الأمريكية معلومات عن عدد كبير من الاختبارات المقنّنة لقياس السمات المختلفة. كما تضم مكتبة مؤسسة خدمات الاختبارات التربوية في الولايات المتحدة الأمريكية Educational Testing Services (ETS) عشرات الألوف من أحدث الاختبارات المنشورة في مواضيع مختلفة. هذا بالإضافة إلى ما تنشره بعض الدوريات المتخصّصة التي تنشر معلومات ومراجعات لبعض الاختبارات مثل منشورات رابطة علم النفس الأمريكية American Psychological Association (APA). وفي الوطن العربي، توفّر مراكز القياس والاختبارات في معظم الجامعات أدلة خاصة

تتضمن معلومات عن الاختبارات المقنّنة المطوّرة محلياً، بالإضافة إلى أهم الاختبارات والمقاييس المشهورة عالمياً.

ولدى البحث عن اختبار مناسب يحقق غرضاً محدّداً في المصادر السابقة، فقد يجد الباحث عدداً من الاختبارات المناسبة لأغراض دراسته وتقيس السمة نفسها مما يفرض عليه المفاضلة بينها. وهذا يتطلب من الباحث أن يمتلك الحد الأدنى من المعرفة بالمحكات المستخدمة في عملية المفاضلة وخصائص الاختبار الجيد. وتجدر الملاحظة إلى أن معرفة الباحث بخصائص الاختبار الجيد تمكّنه من تطوير اختبار يتمتع بخائص جيدة في حال عدم عثوره على اختبار مقنّن.

وتشمل معايير المفاضلة بين الاختبارات التأكد من ملاءمة الاختبار للفئة المستهدفة، الأمر الذي يقتضي من الباحث التأكد من صدق الاختبار الذي يُعد أكثر المعايير أهمية، إذ لا فائدة من استخدام اختبار غير ملائم لأفراد الدراسة بصرف النظر عما يتمتع به هذا الاختبار من خصائص ومميزات أخرى. وتجدر الملاحظة هنا إلى ضرورة توقف الباحث عند الغرض الأساسي للدراسة، فإذا كان الغرض هو التنبؤ فعليه أن يبحث عن دلالة الصدق التنبؤي للاختبار، أما إذا كان محتوى الاختبار هو محور الاهتمام، فعلى الباحث تفحّص الفقرات نفسها للتأكد من درجة تمثيلها لمحتوى المنهاج المستهدف. وليس شرطاً أن يكون الاختبار الذي تحقّقت له دلالة صدق المحتوى بالنسبة لمنهاج معيّن كأن نقول منهاج الرياضيات في دولة البحرين صادقاً من حيث المحتوى بالنسبة لمنهاج الرياضيات في الأردن!!

وإذا عثر الباحث على أكثر من اختبار تتحقق لها دلالات صدق متشابهة، فإنه يتساءل في المرحلة الثانية عن دلالات الثبات لهذه الاختبارات. ومع أنه لا يخفى أن الاختبار ذي الثبات الأعلى هو الاختبار المفضّل، إلا أن طول الاختبار وزمن تطبيقه يبقيان عاملان أساسيان يجب الأخذ بهما لدى عملية الانتقاء لأن خاصية الثبات تعتمد على طول الاختبار. ويُستحسن هنا انتقاء الاختبار الأقصر

طولاً والأقل زمناً من حيث التطبيق بشرط أن لا يكون الفرق بين معاملات الثبات كبيراً. فإذا عثر الباحث مثلاً على اختبارين مناسبين للغرض، وكان طول الاختبار الأول هو ضعفي طول الاختبار الثاني ويستغرق تطبيقه (90) دقيقة ومعامل ثباته (0.93)، بينما يستغرق تطبيق الاختبار الثاني (50) دقيقة فقط ومعامل ثباته (0.90) فإن الاختبار الثاني هو الأفضل.

ومع أن معياري الصدق والثبات هما أكثر المعايير أهمية لدى المفاضلة بين الاختبارات المختلفة، إلا أن الأمر لا يتوقف عند هذين المعيارين فقط بل يتعداهما للبحث في مسائل أخرى كالتطبيق والتصحيح والتفسير والكلفة. فمن حيث التطبيق، لا شك أن الاختبارات الجمعية أفضل من الاختبارات الفردية في حال إمكانية التطبيق الجمعي. وكذلك الأمر بالنسبة للتصحيح، إذ أن الاختبار الأسهل تصحيحاً هو المفضّل مقارنة بالاختبار الذي يتطلب إجراءات تصحيح تتصف بالصعوبة. وبالنسبة للتفسير، فيُستحسن انتقاء الاختبار الذي يسهل تفسير الدرجات عليه على اختبار آخر يصعب تفسير الدرجات عليه. وفي حال تساوي الاعتبارات السابقة، فإن الاختبار الأقل كلفة مفضّل على الاختبار الأكثر كلفة. أما في حال عدم عثور الباحث على اختبار مناسب، فلا مجال أمامه إلا أن يقوم بتطوير اختبار ليناسب أغراض دراسته بالاستئناس بالاختبارات المماثلة واعتماداً على مهاراته في تطوير الاختبارات.

دلالات صدق أداة القياس   Validity Indices of Measurement Instrument:
يُعرّف صدق الأداة بشكل عام بأنه "قياس الأداة لما صُمّمت لقياسه"؛ إذ يُفترض أن تقيس الأداة السمة التي صُمّمت لقياسها ولا تقيس سمة أخرى غيرها أو سمة أخرى بالإضافة لها. ويُشار للصدق بأنه نسبي Relative بمعنى أن الأداة الصادقة تكون صادقة في قياسها لغرض معيّن ولمجموعة معيّنة؛ فاختبار الذكاء

الصادق ليس صادقاً لقياس التحصيل مثلاً، والاختبار المصمّم لقياس المفردات لدى طلبة الصف التاسع الأساسي ليس صادقاً لقياس المفردات لدى طلبة الصف الثاني الأساسي. ولمّا كان هناك أغراض متعدّدة للاختبارات، وبما أن صدق الأداة يتعلق بالغرض من الأداة، فمن البديهي أن يكون هناك دلالات مختلفة للصدق كصدق المحتوى Content Validity، وصدق البناء أو صدق المفهوم Construct Validity، والصدق التلازمي Concurrent Validity، والصدق التنبؤي Predictive Validity التي يتم التحقّق منها بطرق مختلفة.

ويُصنّف البعض دلالات الصدق السابقة في ثلاثة أنواع في ضوء طريقة التحقق منها هي الصدق المنطقي Logical Validity الذي يشير إلى صدق المحتوى الذي يقوم بشكل أساسي على أحكام منطقية حول صدق محتوى فقرات الأداة ودرجة تمثيلها للمجال السلوكي الذي تقيسه؛ والصدق المتعلق بمحك Criterion-related Validity أو الصدق التجريبي Empirical Validity كما يُشار له أحياناً والذي يتم التحقق منه من خلال الكشف عن العلاقة بين الأداء على الأداة والأداء على أداة أخرى تقيس السمة نفسها وتُسمى المحك، ويشمل نوعان من الصدق هما الصدق التلازمي والصدق التنبؤي؛ وصدق البناء أو صدق المفهوم الذي يقوم على أحكام منطقية وأخرى تجريبية، ويتعلق بصحة الافتراضات التي صُمّمت الأداة على أساسها. وتجدر الملاحظة إلى أنه مهما اختلف تصنيف دلالات الصدق فإن لها معنى واحد. وفيما يأتي توضيح لكل نوع من أنواع دلالات الصدق:

1- **صدق المحتوى Content Validity:** وهو مؤشر على مدى قياس الأداة للمجال السلوكي المستهدف أو لمحتوى معيّن. ويمرّ التحقق من دلالة صدق المحتوى في ثلاث خطوات متسلسلة تبدأ بالتحليل المنطقي الدقيق لمحتوى المجال السلوكي، ثم صياغة الفقرات، وعرض نتائج التحليل والفقرات على مجموعة من الخبراء في الميدان لتفحّص مدى انتماء الفقرات للمجال

السلوكي الذي تزعم الفقرات أنها تقيسه بالإضافة إلى مدى تمثيلها للسمة موضوع القياس. ويتطلب الكشف عن صدق المحتوى التحقّق من أمرين اثنين هما صدق الفقرات Item Validity، ومدى تمثيل الفقرات لمحتوى المجال السلوكي الذي تزعم الأداة أنها تقيسه Sampling Validity. وبالقدر الذي تشير فيها أحكام الخبراء إلى انتماء فقرات الأداة للمجال السلوكي المشتقة منه وتكون ممثلةً لمحتوى المجال السلوكي، تكون الأداة صادقة من حيث المحتوى. وتجدر الملاحظة إلى أن مسألة التحقّق من مدى انتماء الفقرات للمجال السلوكي للسمة موضوع القياس يختلف عن مسألة التحقّق من مدى تمثيل الفقرات لذلك المجال؛ إذ قد تنتمي فقرات اختبار ما للمجال السلوكي للاختبار إلا أنها قد لا تمثّل المحتوى تمثيلاً مناسباً. فعلى سبيل المثال، قد تشير أحكام الخبراء إلى أن جميع فقرات اختبار ما تم تصميمه لقياس الحقائق الفيزيائية لدى طلبة الصف العاشر الأساسي تقيس السمة المستهدفة (الحقائق الفيزيائية) أو أنها تنتمي بشكل واضح للمجال السلوكي المستهدف، إلا أنها في الوقت ذاته قد تتمركز حول قوانين نيوتن للحركة، بمعنى أن الفقرات لا تمثّل المحتوى بشكل مناسب. هنا لا بدّ من الإشارة إلى أنه كلما كان المجال السلوكي للسمة موضوع القياس معرّفاً بشكل جيّد Well-defined، كما هو الحال في قياسنا للتحصيل في محتوى محدّد في موضوع دراسي ما، كلما سهلت مهمة مصمّم الاختبار في تمثيل المحتوى بشكل مناسب، وكلما كان المجال السلوكي مفتوحاً Open-ended كما هو الحال في قياسنا لسمة الذكاء كلما ازدادت الصعوبة في تمثيل المجال السلوكي. وهذا ما يبرّر القول بأن لصدق المحتوى أهمية خاصة في اختبارات التحصيل مقارنة بالاختبارات والمقاييس الأخرى؛ فالدرجة

المتحقّقة على اختبار التحصيل لا تعكس تحصيل الطالب في موضوع ما إلا إذا قاست ما يُفترض أن يكون الطالب قد تعلّمه في ذلك الموضوع.

2- **صدق المفهوم أو صدق البناء Construct Validity:** وهو مؤشر على مدى قياس الأداة لمفهوم افتراضي أو سمة غير قابلة للملاحظة بشكل مباشر، كمعظم السمات التي يتعامل معها المشتغلون بالعلوم السلوكية مثل الذكاء والدافعية والقلق والإبداع ومفهوم الذات ومركز الضبط وغيرها من السمات التي لا نقيسها مباشرة وإنما نستدل عليها من خلال المظاهر السلوكية التي تدلّ عليها. فنحن مثلاً لا نرى الذكاء ولا نعرف ماهيته، ومع هذا نقيسه!! وفي واقع الأمر، هذا ما يجعل من عملية القياس في العلوم السلوكية عملية في غاية الصعوبة مقارنة بالقياس في العلوم الفيزيائية الذي يكون في أغلبه قياس مباشر. ولمّا كانت معظم السمات التي يتعامل معها المشتغلون بالعلوم السلوكية لا تخضع للملاحظة بشكل مباشر، فقد ابتكر علماء السلوك مفاهيم افتراضية تفسّر السلوك الإنساني، الأمر الذي أدّى إلى دفع حركة القياس النفسي دفعة قوية إلى الأمام، ومكّن علماء السلوك من استخدام المنهج العلمي في البحث القائم على التجريب. فعلى سبيل المثال لا الحصر، عندما لاحظ علماء السلوك أن الأفراد يختلفون فيما بينهم في سرعة التعلّم، ويختلفون أيضاً في كمّ التعلّم وفي فترة احتفاظهم بالمعلومات، قاموا بتطوير نظريات الذكاء لتفسير الفروق الفردية، وافترضوا وجود قدرة ما تقف وراء هذه الفروق وتفسّرها وترتبط بقدرة الأفراد على التعلّم أطلقوا عليها مفهوم "الذكاء"، وقاموا أيضاً بتطوير اختبارات لقياس سمة الذكاء. ومما لا شك فيه أن صدق الدراسات التي تشتمل على واحد أو أكثر من هذه المفاهيم الافتراضية يعتمد بشكل أساسي على مدى صدق الأدوات المستخدمة لقياس هذه المفاهيم. ففي دراسة

للكشف عن العلاقة بين القدرة على إنجاز المهمات الصعبة والقلق مثلاً، نحتاج بالتأكيد إلى مقياس يتمتع بدرجة مقبولة من الصدق في قياسه لسمة القلق حتى يكون لنتائج الدراسة معنى. وبشكل عام، هناك أهمية خاصة لصدق المفهوم في حال استخدامنا لمقياس أو اختبار يقيس مفهوم افتراضي معيّن مثل المفاهيم التي سبق ذكرها. وتُعدّ طريقة التحقق من صدق المفهوم أمراً ليس يسيراً مقارنة بأنواع الصدق الأخرى، إذ يتطلب الأمر هنا إخضاع الفرضيات المتعلقة بالمفهوم للاختبار، فإذا انطوى مفهوم القلق في مثالنا السابق على افتراض يشير إلى أن الأفراد ذوي القلق المرتفع يستغرقون وقتاً أطول في حل المشكلات مقارنة بالأفراد ذوي القلق المنخفض، وتم التحقق من صحة هذا الافتراض، فهذا يعني أن هناك ما يبرّر الاعتقاد بأن مقياس القلق يتمتع بقدر من دلالة صدق المفهوم. وفي المقابل، إذا لم تثبت صحة الافتراض السابق، فقد يعود السبب إلى أحد أمرين اثنين؛ فإما أن يكون الافتراض نفسه ليس صحيحاً في الأصل، أو أن يكون المقياس ليس صادقاً في قياسه للمفهوم. ويتعيّن علينا في الحالة الأولى البحث عن افتراضات أخرى تتعلق بالمفهوم وإخضاعها للاختبار، إذ ليس شرطاً أن يكون المقياس غير صادق بل ربما يكون الافتراض غير صحيح أصلاً. أما إذا لم تثبت صحة افتراضات أخرى يقوم عليها المفهوم، فعلينا والحال هذا إعادة النظر في المقياس.

3- **الصدق التلازمي Concurrent Validity**: ويعبّر عنه بمدى ارتباط الدرجات المتحقّقة على الأداة بالدرجات المتحقّقة على أداة أخرى تقيس السمة نفسها تُسمى المحك الذي يتم تطبيقه في الوقت نفسه الذي يتم فيه تطبيق الأداة التي نسعى إلى التحقّق من صدقها. وفي المواقف التي تتطلب تطوير مقياس معيّن لقياس سمة ما ويتميّز عن المقاييس الموجودة أصلاً

والتي تقيس السمة نفسها بسهولة وسرعة التطبيق، فإننا هنا معنيون بالتحقّق من الصدق التلازمي للاختبار الجديد. فلو كنّا مثلاً بصدد تطوير اختبار جمعي لقياس ذكاء الأطفال مثلاً يستغرق تطبيقه عشر دقائق بدلاً من اختبار وكسلر الفردي لذكاء الأطفال (WISC) الذي يستغرق تطبيقه ساعة واحدة على الأقل، فإننا هنا معنيون بالتحقّق من الصدق التلازمي للاختبار الجديد. ويتم التحقق من الصدق التلازمي للاختبار عن طريق حساب معامل الارتباط بين درجات الأفراد المتحقّقة على الاختبار ودرجاتهم على المحك بعد تطبيق الاختبار والمحك على عيّنة من أفراد مجتمع الدراسة المستهدف في الفترة نفسها. ويُسمى معامل الارتباط المستخرج هنا بـ "معامل الصدق"، وكلما ازداد معامل الارتباط كلما دلّ ذلك على دلالة صدق جيدة. وتجدر الإشارة إلى أن بعض المواقف البحثية لا تتطلب تطبيق اختبارين عندما تتوفر بيانات عن المحك كما هو الحال عندما نريد التحقّق من الصدق التلازمي لاختبار ما مصمّم لقياس مستوى الطلبة في اللغة الإنجليزية في السنة الجامعية الأولى. لاحظ هنا أنه يمكن اعتبار علامات الطلبة في امتحان الثانوية العامة في اللغة الإنجليزية هي المحك. ويمكن أيضاً التحقق من الصدق التلازمي باستخدام طريقة التمييز بين المجموعات المتضادة؛ إذ يفترض أن يميّز الاختبار بين مجموعة الأفراد الذين يمتلكون سمة معيّنة ومجموعة ثانية لا يمتلك أفرادها تلك السمة أو أنهم يمتلكون مقداراً أقل من السمة وبشكل ملحوظ مقارنة بالمجموعة الأولى. فعلى سبيل المثال، يمكننا الادعاء بتوفّر مؤشر على الصدق التلازمي لمقياس يقيس السلوك التكيّفي إذا أمكن للمقياس أن يميّز بين مجموعتين من الأفراد؛ مجموعة الأفراد العاديين، ومجموعة من الأفراد الذين يتّسمون بسوء التكيّف.

4- **الصدق التنبؤي Predictive Validity**: وهو الدرجة التي يُمكن من خلالها للمقياس أن يكون قادراً على التنبؤ بأداء معيّن (محك) في المستقبل. ويُستدل على الصدق التنبؤي من خلال حساب معامل الارتباط، الذي نسميه هنا معامل الصدق Validity Coefficient، بين الأداء على المقياس والأداء على المحك. وبطبيعة الحال كلما ازداد معامل الارتباط بين الأداء على المقياس والأداء على المحك ازدادت القدرة التنبؤية للمقياس. وبما أنه لا وجود للعلاقات التامة بين المتغيّرات التي تنطوي عليها الظواهر في العلوم السلوكية، فلا وجود للصدق المطلق أو الصدق التام. ومن الإجراءات الفعّالة في حال التحقق من دلالة الصدق التنبؤي لمقياس ما، التحقق مما يُسمى بالصدق المتبادل Cross-Validation من خلال حساب معامل الصدق في عيّنة ما وإعادة حسابه في عيّنة أو عيّنات أخرى مختلفة. ويُشترط في المحك أن يكون مناسباً، إذ يمكن مثلاً اعتبار تحصيل الطالب في الرياضيات في نهاية الفصل الدراسي محكاً جيداً إذا أردنا الكشف عن الصدق التنبؤي لاختبار مصمّم للكشف عن الاستعداد الرياضي، بينما لا يمكن اعتبار مشاركة الطالب في الأنشطة المدرسية محكاً جيداً في هذه الحالة. وتجدر الإشارة إلى أن للصدق التنبؤي أهمية خاصة في الاختبارات والمقاييس المستخدمة لأغراض التصنيف والاختيار أو القبول. ومن الأمثلة الشائعة هنا ما يتوفر لامتحان القبول في الدراسات العليا في الجامعات الأمريكية (GRE) من مؤشرات عن الصدق التنبؤي لقدرته على التنبؤ بالمعدّل التراكمي للطلبة في برامج الدراسات العليا. يُلاحظ مما سبق أن إجراءات التحقق من الصدق التنبؤي لا تختلف عنها بالنسبة للصدق التلازمي إلا في وقت جمع البيانات عن المحك؛ ففي حين نقوم بجمع البيانات عن المحك في ذات الوقت أو بعد فترة زمنية قصيرة من جمع

البيانات عن المقياس بالنسبة للصدق التلازمي، فإننا ننتظر فترة زمنية طويلة نسبياً لجمع البيانات عن المحك بالنسبة للصدق التنبؤي. لهذا يلجأ معظم الباحثين إلى استخدام الصدق التلازمي كبديل عن الصدق التنبؤي توفيراً للوقت وتجنباً للمشكلات التي قد تنشأ بسبب تسرب بعض أفراد العيّنة نتيجة لطول الفترة الزمنية الفاصلة بين جمع البيانات عن الاختبار وجمع البيانات عن المحك. ولتوضيح ذلك دعنا نفترض أننا بصدد التحقق من الصدق التنبؤي لمقياس مصمّم لقياس الاستعداد الميكانيكي، وقمنا لهذا الغرض بتطبيق المقياس على مجموعة من الأفراد الذين يخضعون لبرنامج تدريبي في الميكانيك في مؤسسة التدريب المهني، ثم انتظرنا إلى ما بعد انتهاء البرنامج لجمع البيانات عن المحك وهو هنا النجاح في مهنة الميكانيك. هنا نتوقع أن لا ننتهي بنفس العدد من الأفراد الذين بدأنا معهم، إذ قد يتسرب بعض المتدربين من البرنامج. كما نتوقع أيضاً أن الأفراد المتبقين هم على الأرجح من الجيدين الأمر الذي يُفضي إلى عيّنة متحيّزة ويُفضي بالتالي إلى معامل صدق منخفض. ويُطلق على هذه الظاهرة ظاهرة "ضيق المدى" والتي تتلخص في انخفاض معامل الارتباط كلما ازداد تجانس الأفراد بالنسبة لأحد المتغيّرين المستخدمين في حساب معامل الارتباط أو كليهما. أما بالنسبة للحكم على قوة معامل الصدق التنبؤي، فلا يوجد وصفة سحرية لذلك، ويبقى الأمر اعتبارياً؛ إذ يمكن اعتبار معامل صدق قيمته (0.50) لمقياس ما جيداً إذا لم نعثر على مقياس آخر يقيس السمة التي نريد قياسها، وفي المقابل لا نعتبر هذا المعامل جيداً إذا توفّر مقياس آخر يقيس السمة نفسها ويتمتع بدلالة صدق أكبر.

دلالات ثبات أداة القياس Reliability Indices of Measurement Instrument:

يُعرّف الثبات بأنه درجة الاتساق في قياس السمة موضوع القياس من مرة لأخرى فيما لو أعدنا تطبيق الأداة عدداً من المرات، أو أنه باختصار "دقّة القياس". كما يُعرّف الثبات إحصائياً بأنه نسبة التباين الحقيقي في الدرجات الملاحظة Observed Scores لأفراد مجموعة الثبات. ويتبيّن من هذا أهمية توفّر خاصية الثبات إلى جانب خاصية الصدق لأداة القياس، إذ لا فائدة من استخدام أداة قياس تعطينا قياسات مختلفة في كل مرة. فعلى سبيل المثال، ما فائدة اختبار ذكاء نطبقه اليوم على فرد ما ويحصل على نسبة ذكاء (IQ) مقدارها (120)، ونطبّقه على الفرد نفسه في اليوم التالي ويحصل على (140)، ثم نطبّقه عليه في اليوم الثالث ويحصل على (90)!؟

ويعبّر عن الثبات بصورة كميّة يُطلق عليها معامل الثبات Reliability Coefficient الذي تتراوح قيمته بين الصفر والواحد الصحيح. وكلما ازدادت قيمة معامل ثبات المقياس دلّ ذلك على أن المقياس يتمتع بثبات مرتفع والعكس صحيحاً. وبطبيعة الحال، لا يمكن أن تصل قيمة معامل الثبات إلى الواحد الصحيح أو التمام لأن القياس في العلوم السلوكية مشوب دائماً بالأخطاء التي يُطلق عليها أخطاء القياس. ولأخطاء القياس مصادر مختلفة كالأخطاء المتعلقة بالاختبار مثل مستوى صعوبة فقراته أو تحيّزها لمحتوى معيّن، أو لفئة معيّنة من الأفراد على حساب الفئات الأخرى كتحيّزها لعرق أو جنس معيّن على حساب العروق الأخرى أو الجنس الآخر...الخ؛ أو الأخطاء المتعلقة بالمفحوص نفسه كالتعب والحالة الصحيّة أو النفسية ومستوى الدافعية...الخ التي قد تختلف من وقت لآخر؛ أو الأخطاء المتعلقة بالظروف المحيطة بعملية التطبيق كوقت التطبيق ويوم التطبيق ومكانه...الخ. وقد تؤثر أخطاء القياس بشكل

أحادي في عملية القياس أو بشكل مزدوج عندما تتفاعل هذه المصادر مع بعضها بعضاً.

وتُصنف أخطاء القياس في فئتين اثنتين هما:

1- **أخطاء القياس المنتظمة Systematic Measurement Errors**: وهي الأخطاء التي تؤثر في الصدق بشكل أساسي وتعود إلى أداة القياس كأن يكون مستوى صعوبة الاختبار أعلى من المستوى العقلي للمفحوصين، الأمر الذي يترتب عليه انخفاض درجات المفحوصين على الاختبار بشكل منتظم. وهذا يعني أن أداة القياس هنا لا تقيس السمة التي صُمّمت لقياسها لدى هذه الفئة من الأفراد مع أنها تقيس بشكل متسق أو بثبات لأن درجات جميع الأفراد تنخفض بشكل منتظم نتيجة لصعوبة الاختبار.

2- **أخطاء القياس العشوائية Random Measurement Errors**: وهي الأخطاء التي تؤثر في الثبات بشكل أساسي، وتعود إلى المفحوص نفسه كأن تنخفض درجات بعض المفحوصين على الاختبار نتيجة للحالة الصحيّة أو النفسية، أو نتيجة لانخفاض مستوى الدافعية، أو تعود إلى ظروف التطبيق كأن تنخفض درجات بعض المفحوصين نتيجة لعدم اتباع التعليمات بشكل مناسب.

يُلاحظ مما سبق أن العلاقة بين خاصيتي الصدق والثبات تشير إلى أن الاختبار الصادق هو اختبار ثابت؛ أي أن الاختبار الذي يقيس ما صُمّم لقياسه يقيسه في كل مرة فيما لو تمّ تطبيقه عدداً من المرات. أما الاختبار الثابت في المقابل، فليس شرطاً أن يكون صادقاً؛ إذ يمكن أن يكون هناك اتساق في القياسات المختلفة في حال تكرار تطبيق الاختبار، لكن ما يدرينا أن الاختبار يقيس ما صُمّم لقياسه ولا يقيس شيئاً آخر؟! فقد يقيس باتساق شيئاً آخر أو سمة أخرى غير السمة التي صُمّم لقياسها.

وتجدر الإشارة إلى أن الحديث عن أخطاء القياس في العلوم السلوكية لا يعني أنه بالسوء الذي يعتقده البعض، إذ أن القياس في أي ميدان لا يخلو من الأخطاء العشوائية؛ فقياس ضغط الدم على سبيل المثال والذي يتأثر بعدد كبير من العوامل النفسية كالخوف والقلق والغضب والابتهاج أقل ثباتاً من الكثير من المقاييس النفسية!!

أما بالنسبة لطرق تقدير الثبات فهي أسهل نسبياً مقارنةً بطرق التحقق من الصدق، وسنعرض فيما يأتي خمس طرق لتقدير الثبات هي طريقة الإعادة Test-Retest التي تقوم على حساب معامل الارتباط بين أداء أفراد مجموعة الثبات (عيّنة ذات حجم مناسب من خارج عيّنة الدراسة) في مرتي التطبيق، وطريقة الصور المتكافئة Equivalent-Forms والتي تقوم على حساب معامل الارتباط بين أداء أفراد مجموعة الثبات على صورتين متكافئتين من المقياس، وطريقة التجزئة النصفية Split-Half التي تقوم على حساب معامل الارتباط بين أداء أفراد مجموعة الثبات على نصفي المقياس، وطريقة التكافؤ المنطقي Rationale Equivalence التي تقوم على حساب معامل الارتباط بين أداء أفراد مجموعة الثبات على كل فقرة من فقرات المقياس وأدائهم على كل فقرة من الفقرات الأخرى بالإضافة إلى أدائهم على المقياس كاملاً معبّراً عنه بالدرجة الكلية على المقياس، وثبات المصحّحين Rater Reliability.

وفيما توصف الطريقة النصفية وطريقة التكافؤ المنطقي بأنهما نوعان يندرجان تحت ما يُسمى بطريقة الاتساق الداخلي Internal Consistency والتي تتضمن كما يشير اسمها إلى التحقق فيما إذا كانت كل فقرة من فقرات الأداة تقيس ما تقيسه الفقرات الأخرى أو ما تقيسه الأداة بشكل عام، وتتطلب تطبيق الأداة على أفراد مجموعة الثبات مرةً واحدة فقط، فإن طريقتي الإعادة والصور المتكافئة تتطلب تطبيق الأداة على أفراد مجموعة الثبات مرتين في طريقة الإعادة

وصورتين في طريقة الصور المتكافئة. وفيما يأتي شرحاً مفصّلاً لكل طريقة من طرق تقدير الثبات:

1- **ثبات الإعادة Test-Retest Reliability**: ويُشير إلى درجة اتساق القياسات المتحقّقة على أداة القياس من مرة لأخرى لدى إعادة التطبيق. وهو بهذا المعنى يُعبّر عن تباين القياسات من جلسة اختبارية إلى جلسة أخرى والتي تحدث نتيجة لأخطاء القياس. ويُعنى ثبات الإعادة بالتحقق من مدى اقتراب درجة كل فرد من أفراد مجموعة الثبات في وقت ما من درجته على الأداة نفسها في حال إعادة التطبيق في وقت آخر. ولطريقة الإعادة أهمية خاصة في الأدوات التي تُستخدم كمتنبئات مثل اختبارات الاستعداد. وتُستخدم هذه الطريقة للتحقّق من ثبات أداة القياس عندما لا يمكننا استخدام طريقة الصور المتكافئة، وعندما لا تتأثر درجات المفحوصين على الأداة بعامل التذكّر كاختبارات التحصيل التي تركّز على قياس الحقائق. أما بالنسبة للإجراء المتّبع في هذه الطريقة، فيتلخص في تطبيق الأداة على أفراد مجموعة الثبات والانتظار فترة زمنية مناسبة ثم إعادة التطبيق على المجموعة نفسها وحساب معامل الارتباط بين درجات الأفراد في مرتي التطبيق. ويُسمى معامل الارتباط المستخرج "معامل الاستقرار" Stability Coefficient.وبطبيعة الحال، كلما ازدادت قيمة معامل الارتباط كلما دلّ ذلك على أن الأداة تتمتع بدرجة مرتفعة من الثبات. والمشكلة الأساسية في هذه الطريقة هي الفترة الزمنية الفاصلة بين مرّتي التطبيق حيث يتأثر معامل الثبات المستخرج بهذه الطريقة بعامل التذكّر كلما قلّت الفترة الزمنيّة الفاصلة بين مرّتي التطبيق، بينما يتأثر بعامل النضج كلما ازدادت الفترة الزمنية، إذ يزداد معامل الثبات في الحالة الأولى ويقلّ في الحالة الثانية. ولهذا السبب، يتعيّن على الباحث في حال استخدامه لطريقة الإعادة لتقدير ثبات أداة القياس أن يشير في تقرير

البحث إلى الفترة الزمنية الفاصلة بين مرّتي التطبيق. وبشكل عام، يُنصح بأن لا تقل الفترة الزمنية بين التطبيق الأول والتطبيق الثاني عن أسبوع واحد، وبخاصة إذا كانت أداة القياس هي عبارة عن اختبار من النوع الذي يركّز على قياس الحقائق التي يسهل تذكّرها، حتى لا تتأثر الدرجات بعامل التذكّر، وأن لا تزيد الفترة عن أسبوعين حتى لا تتأثر الدرجات بعامل النضج.

2- ثبات الصور المتكافئة Equivalent-Forms Reliability: ويُشير إلى معامل الارتباط بين أداء أفراد مجموعة الثبات على صورتين متكافئتين لأداة القياس. ونعني بالتكافؤ هنا التكافؤ من جميع الجوانب (عدد الفقرات وطريقة الإجابة ومستوى الصعوبة وتعليمات التطبيق والتصحيح والتفسير) باستثناء الفقرات نفسها. كما يعني التكافؤ أيضاً عدم اختلاف المتوسط الحسابي والتباين لأداء الأفراد على الصورتين. لاحظ هنا أننا معنيون بالتأكد من أن أداء الأفراد لا يعتمد على الفقرات نفسها التي قمنا بصياغتها لتمثّل المجال السلوكي المستهدف، ولا يختلف من صورة لأخرى فيما لو تغيّرت الفقرات. وبطبيعة الحال، يعتمد هذا الأمر على آلية صياغة الفقرات وانتقائها ومدى تمثيلها للمجال السلوكي المستهدف. ويُنصح باستخدام طريقة الصور المتكافئة عندما لا نتمكن من استخدام طريقة الإعادة السابقة لسبب أو لآخر مثل احتمال تأثر الدرجات بعامل التذكّر أو عامل النضج، وعندما تتوفر إمكانية إعداد صورتين متكافئتين من الأداة. وتقوم طريقة حساب الثبات باستخدام الصور المتكافئة على تطبيق إحدى الصورتين على مجموعة الثبات ثم تطبيق الصورة الثانية بعد فترة زمنيّة قصيرة، وحساب معامل الارتباط الذي يُطلق عليه معامل التكافؤ Coefficient of Equivalence بين أداء أفراد مجموعة الثبات على الصورتين. وبطبيعة الحال، يزداد الثبات بزيادة معامل

الارتباط بين أداء الأفراد على الصورتين. وفي حال تطبيق الصورتين في وقتين مختلفين، فإن معامل الثبـات المستخرج يُسمى معامل الاستقرار والتكـافؤ Coefficient of Stability and Equivalence لأن تطبيـق الصورتين في وقتين مختلفين هو في واقع الأمر مزيج بين طريقتي الإعادة والصور المتكافئة. وبمـا أن المـــزج بـــين الطـــريقتين يزيـــد مـــن احـــتمال تـــراكم أخطـــاء القياس مقارنة بطريقة واحدة فقط، فإن معامل ثبات الاستقرار والتكافؤ يقل عـن معامـل الثبـات المستخرج فيما لو استخدمنا إحدى الطريقتين فقط. وتكمن مشكلة تقدير الثبات باستخدام الصور المتكافئة في صعوبة إعداد صورتين متكافئتين لأداة القياس. وتجدر الملاحظة هنا إلى أهمية التحقق من تكافؤ الصورتين قبل استخدام طريقة الصور المتكافئة لتقدير الثبات لأن عـدم التكـافؤ يشكّل مصدراً من مصادر أخطاء القياس. أضف إلى هذا أن   طريقة الصور المتكافئة ليست عمليـة لأنهـا تتطلب تطبيق الأداة على الأفراد مرتين.

2- **الثبات بالطريقة النصفية** Split-Half Reliability: وهي إحدى الطرق التي تندرج تحت ما يُسمى بطريقة الاتساق الداخلي. وبما أن الطريقة النصفية لا تتطلب سوى تطبيق أداة القياس مرة واحدة فقط، فنتوقع أن تكون أخطاء القياس أقل مما هو عليه الحال في طريقتي الإعادة والصور المتكافئة كالأخطاء الناتجة عن اختلاف ظروف التطبيق في طريقة الإعادة على سبيل المثال. وفي الحالات التي تكون فيها أداة القياس طويلة جداً أو في حال واجه الباحث صعوبة في إعادة تطبيق المقياس أو في تطبيق صورتين للمقياس، فإن استخدام الطريقة النصفية أمر مناسب. وتجدر الإشارة إلى أن الطريقة النصفية تناسب جميع أشكال مقاييس التحصيل والقدرة العقلية والاستعداد، إلا أنها لا تناسب أدوات القياس غير الاختبارية كمقاييس الاتجاهات والميول

والقيم والآراء. ويقوم تقدير الثبات باستخدام الطريقة النصفية على تطبيق المقياس على أفراد عيّنة الثبات وحساب درجتين لكل فرد؛ واحدة على نصف الفقرات والثانية على النصف الثاني، ثم حساب معامل الارتباط بين أداء الأفراد على النصفين فيما يُسمى بمعامل الثبات النصفي. ولحساب معامل الثبات للمقياس كاملاً نستخدم إحدى معادلات التصحيح كمعادلة سبيرمان – براون Spearman-Brown الآتية:

معامل ثبات الاختبار كاملاً = 2(معامل الثبات النصفي)/ 1+ معامل الثبات النصفي

أما بالنسبة لطريقة تجزئة المقياس إلى نصفين، فهناك أكثر من طريقة لذلك كالتقسيم العشوائي، أو اعتبار الفقرات الفردية نصفاً والفقرات الزوجية النصف الثاني. فإذا تكوّن المقياس من (20) فقرة مثلاً تكون الفقرات التي تحمل الأرقام (1، 3، 5، 7، 9، 11، 13، 15، 17، 19) هي النصف الأول، وتشكّل الفقرات التي تحمل الأرقام (2، 4، 6، 8، 10، 12، 14، 16، 18، 20) النصف الثاني. لاحظ هنا أن التقسيم بهذه الطريقة يتطلب أن تكون فقرات المقياس مرتّبة بحسب درجة صعوبتها حتى نضمن نوعاً من تكافؤ النصفين. وفي واقع الأمر، إن عملية تقسيم المقياس الكلي إلى نصفين هي عملية تشكيل صورتين متكافئتين من المقياس. وبما أن ثبات المقياس يتناسب طردياً مع طوله، فإن معامل الثبات النصفي هو دائماً أقل من معامل الثبات المحسوب للمقياس كاملاً، ولا بدّ من تصحيح معامل الثبات النصفي لحساب معامل الثبات للمقياس كاملاً. فإذا بلغ معامل الثبات النصفي لمقياس يتكون من خمسين فقرة (0.80)، فإن معامل الثبات للمقياس كاملاً هو: 2 (0.80) / 1 + 0.80 = 0.89. لاحظ هنا أن معامل الثبات النصفي (0.80) محسوب لنصف المقياس (خمس وعشرون فقرة تحمل الأرقام الفردية، وخمس وعشرون فقرة تحمل الأرقام الزوجية). وتجدر الإشارة إلى أن

معامل الثبات المصحّح لأثر الطول يُعطي تقديراً للثبات أعلى منه فيما لو تم استخدام إحدى طرق تقدير الثبات الأخرى بصرف النظر عن معادلة التصحيح المستخدمة.

4- **ثبات التكافؤ المنطقي Rationale Equivalence Reliability:** وتختلف هذه الطريقة عن الطرق السابقة في تقدير الثبات من حيث طريقة الحساب؛ ففيما تقوم الطرق الثلاث السابقة على حساب معامل الارتباط بين أداء أفراد مجموعة الثبات إما بين مرتي التطبيق أو على صورتين متكافئتين أو على نصفي المقياس، فإن هذه الطريقة تقوم على تقدير الاتساق الداخلي من خلال الكشف عن اتساق أداء الأفراد من فقرة لأخرى وعلى المقياس كاملاً. ويتم تقدير الثبات من خلال استخدام معادلة كودر – ريتشاردسون (20) (KR-20) أو كودر – ريتشاردسون (21) (KR-21) التي تُعدّ أسهل نسبياً من سابقتها من حيث التطبيق لكنها لا تُعطي تقديراً دقيقاً للثبات. والصورة العامة لمعادلة KR-20 هي:

$$r_{(KR\text{-}20)} = K(SD^2 - \sum p(1-p)) \,/\, SD^2(K-1)$$

حيث:

K : عدد الفقرات

SD : الانحراف المعياري لدرجات أفراد مجموعة الثبات على الاختبار

p : معامل صعوبة الفقرة

وللتوضيح، لنفترض أننا قمنا بتطبيق اختبار يتكوّن من (20) فقرة على أفراد مجموعة الثبات، وقد بلغ الانحراف المعياري لعلامات الأفراد على الاختبار (3)، وبلغ مجموع تباين أداء الأفراد على الفقرات (مجموع حواصل ضرب معاملات صعوبة الفقرات في معاملات سهولتها) (1.5)، فإن معامل الثبات مقدّراً باستخدام معادلة كودر- ريتشاردسون (20) هو:

$$r_{(KR-20)} = 20(3^2 - 1.5) / 3^2(20-1) = 20(7.5) / 9(19) = 0.88$$

لاحظ أن معادلة كودر- ريتشاردسون (20) تقوم على حساب معامل صعوبة كل فقرة من فقرات الاختبار (p) وهو نسبة الطلبة الذين أجابوا إجابة صحيحة عن الفقرة في حال كانت الفقرة من النوع الموضوعي، أو حاصل قسمة مجموع علامات الطلبة عن السؤال على عدد الطلبة مضروباً في العلامة المخصّصة للسؤال في حال كانت الفقرة من النوع المقالي، ومعامل سهولتها (p-1) وهو (1- معامل الصعوبة).

أما بالنسبة لصورة معادلة كودر- ريتشاردسون (21)، فهي على النحو التالي:

$$r_{(KR-21)} = K(SD^2) - M(K-M) / (SD^2)(K-1)$$

حيث:

K : عدد الفقرات

SD : الانحراف المعياري لدرجات أفراد مجموعة الثبات على المقياس

M : متوسط درجات أفراد مجموعة الثبات على المقياس

ولمزيد من التوضيح، لنفترض أننا قمنا بتطبيق اختبار يتكوّن من (50) فقرة على أفراد مجموعة الثبات، وبلغ المتوسط الحسابي والانحراف المعياري لأداء الأفراد على الاختبار (40، 4) على الترتيب، فإن معامل الثبات هو:

$$r_{(KR-21)} = (50)(4)^2 - 40(50-40) / (4)^2(50-1) = 800-400 / 784 = 400 / 784 = 0.51$$

ومن الناحية الإحصائية، فإن معامل الثبات المستخرج باستخدام معادلة كودر-ريتشاردسون (20) أو (21) مساوٍ لمتوسط معاملات الثبات النصفية المحسوبة لجميع التقسيمات المحتملة. أمـا بالنسبة للفرق بين صورتي معادلة كودر- ريتشاردسون فيتلخص في أن المعادلة (21) تفترض أن الفقرات متساوية من حيث الصعوبة وهـو افتراض لا يتحقـق في معظـم الأحيـان، بينمـا تتحـرّر المعادلة (20) من هذا الافتراض. لهذا نجد أن المعادلة (21) ليست

شائعة الاستخدام مع أنها أكثر سهولة من نظيرتها المعادلة (20) التي تقوم كما لاحظنا سابقاً على حساب معامل صعوبة كل فقرة من فقرات الاختبار وهو بلا شك أمرٌ يحتاج إلى بعض الجهد والوقت. أضف إلى هذا أن المعادلة (21) لا تعطي تقديراً دقيقاً للثبات. وفي حال كانت الإجابة متعدّدة التدريج Polytomous كما هو الحال لدى استخدام سلالم التقدير كأن يتكون سلّم الإجابة من أربع درجات (0، 1،2، 3)، أو من نوع التقدير الجزئي Partial Credit كما هو الحال في الأسئلة الإنشائية عندما نعطي جزء من العلامة للإجابة غير الكاملة أو نعطي السقف الأعلى للعلامة للإجابة الكاملة، فيمكن استخدام معادلة كرونباخ- ألفا (α) Cronbach alpha فيما يُطلق عليها "معامل ألفا" أو "معامل كرونباخ ألفا" التي تُعدّ الحالة العامة للمعادلة (20). والصورة العامة لمعادلة كرونباخ ألفا هي:

$$\alpha = K(SD^2 - \Sigma SD_i^2) / (K-1)SD^2$$

حيث:

K : عدد الفقرات

SD^2 : تباين علامات أفراد مجموعة الثبات على المقياس

ΣSD_i^2: مجموع تباينات علامات أفراد مجموعة الثبات على الفقرات

فإذا تكوّن الاختبار من (40) فقرة، وبلغ تباين علامات المفحوصين على الاختبار (10) فيما بلغ مجموع تباينات علامات المفحوصين على الفقرات (6)، فإن معامل ألفا هو:

$$\alpha = 40(10-6) / (40-1)10 = 0.41$$

5- **ثبات المصحّحين Scorer/Rater Reliability:** وهو نوع آخر من طرق تقدير الثبات في حال قام مجموعة مصحّحين أو مقيّمين بتصحيح اختبار معيّن، أو قام مجموعة من الملاحظين بملاحظة سمة معيّنة لدى الأفراد باستخدام سلّم تقدير مثلاً. هنا في مثل هذه الحالات نقوم بتقدير الثبات بين المصحّحين

Intra-judge Reliability الذي يقوم على الكشف عن ثبات الدرجات من مصحّح لآخر، ونحسب أيضاً ما يُسمى بالثبات في ذات المصحّح Inter-judge Reliability. وبما أن اختلاف التصحيح من مصحّح لآخر يُعدّ مصدراً من مصادر أخطاء القياس، فإننا نحتاج إلى تقدير ثبات التصحيح سواء كان بين المصحّحين المختلفين أو في ذات المصحّح نفسه. ونستخدم لهذا الغرض الأساليب الارتباطية التي سبقت الإشارة لها، والتي تقوم على حساب معامل الارتباط بين التقديرات المختلفة التي يمنحها المصححون المختلفون، أو الاتساق الداخلي بين التقديرات التي يمنحها المصحّح الواحد للأفراد المختلفين. كما يُمكن أيضاً استخدام نسبة الاتفاق بين المصحّحين كأسلوب آخر للكشف عن الثبات بين المصحّحين. والأسلوب الأكثر فاعلية في حساب ثبات التصحيح هو الأسلوب الذي يقوم على توظيف أساليب النظرية الحديثة في القياس النفسي- والتربوي فيما يُعرف بنظرية الاستجابة للفقرة Item Response Theory (IRT)، أو استخدام نظرية التعميم Generalizability Theory (G – Theory).

العوامل المؤثرة في الثبات:

هناك جملة من العوامل التي تؤثر في معامل الثبات أهمها ما يأتي:

1- طول الاختبار: ويزداد معامل الثبات كلما ازداد طول الاختبار أو ازداد عدد فقراته بشرط أن يكون هناك نوع من الاتساق بين ما تقيسه الفقرات.

2- زمن الاختبار: ويزداد معامل الثبات كلما ازداد زمن الاختبار والعكس صحيح.

3- تباين مجموعة الثبات: ويزداد ثبات الاختبار كلما ازداد التباين بين أفراد مجموعة الثبات، ويقل الثبات كلما كانت مجموعة الثبات متجانسة.

4- صعوبة الاختبار: ويزداد الثبات كلما كان الاختبار متوسط الصعوبة، ويقل كلما مال الاختبار إلى التطرف سواء في الصعوبة أو السهولة إذ أن تباين درجات الأفراد على الاختبار المتطرف في الصعوبة أو السهولة يكون قليلاً مما يترتب عليه انخفاض الثبات.

دلالة معامل الثبات:

إن العامل الحاسم في اعتبار معامل الثبات معاملاً مقبولاً هو نوع الأداة، فمعامل الثبات الذي يصل إلى أو يزيد عن (0.90) هو بلا شك معاملٌ مقبول مهما كان نوع أداة القياس. ويبقى السؤال عن الحد الأدنى لمعامل الثبات المقبول!! هنا يمكن القول أنه في حال اللجوء إلى استخدام إحدى الأدوات المقنّنة، لا يوجد ما يبرّر اختيار مقياس تحصيل أو استعداد مثلاً يقلّ معامل ثباته عن (0.90). أما بالنسبة لمقاييس الشخصية، والتي في الغالب لا تتمتع بدرجة مرتفعة من الثبات مقارنة باختبارات التحصيل والاستعداد، فإن معامل ثبات مقداره (0.80) أو أكثر يكون مرضياً. وفي حال عدم العثور على أداة قياس في مجال الشخصية تتمتع بهذا القدر من الثبات، فيمكن الاكتفاء بأداة معامل ثباتها (0.70) أو أكثر.

أما في حال تطوير أو بناء أداة قياس جديدة، فلا بأس في قبول معامل ثبات في حدود (0.60). وإذا قام الباحث بتطوير أداة قياس اعتماداً على أداة أخرى تقيس السمة نفسها في مجتمع آخر أو فئة عمرية أخرى أو جنس آخر...الخ، فلا بدّ من حساب معامل الثبات للمجموعة أو الفئة الجديدة مما يوفّر للباحثين الجدد وللمشتغلين في مجال تطوير أدوات القياس معلومات ذات قيمة. وإذا كانت الأداة تقيس أبعاداً فرعية، فلا بدّ من حساب معامل الثبات لكل بُعد من أبعاد الأداة على حده. وتجدر الإشارة إلى أن معاملات ثبات الأبعاد الفرعية أقل من معامل الثبات فيما لو حُسب للأداة بشكل عام لأن الثبات يتناسب طردياً مع طول الأداة. أضف إلى هذا أن حساب معامل الثبات لكل بُعد فرعي من أبعاد الأداة يفيد الباحثين

الآخرين فيما لو رغب أحدهم في استخدام بعداً واحداً فقط من الأبعاد التـي تشـتمل عليهـا الأداة. وننوه هنا أنه لا يكفي حساب ثبات الأداة التي تقيس أبعاداً فرعية بشكل عـام، إذ يمكـن أن تكـون معاملات ثبات الأبعاد الفرعية غير مقبولة!!

الوحدة الخامسة

مفاهيم الإحصاء الوصفي

Concepts of Descriptive Statistics

تقوم الخطوة الأولى من خطوات تحليل البيانات على وصف البيانات أو تلخيصها باستخدام أسلوب أو أكثر من أساليب الإحصاء الوصفي في حال قام الباحث بجمع البيانات عن أفراد مجتمع الدراسة كما هو الحال في الدراسات المسحية. أما في حال قام الباحث باستخدام أسلوب المعاينة، فإن الأمر يقتضي- بالإضافة إلى وصف بيانات العيّنة استخدام أساليب الإحصاء الاستدلالي التي سنتناولها في الوحدة اللاحقة.

يشتمل الإحصاء الوصفي على أربعة أنواع من المقاييس هي مقاييس النزعة المركزية Measures of Central Tendency، مقاييس التشتت Measures of Variability، مقاييس الموقع النسبي Measures of Relative Position، مقاييس العلاقة Measures of Relationship. وتُستخدم مقاييس النزعة المركزية للكشف عن المشاهدة المثلى أو الوسطى التي تمثّل جميع المشاهدات، بينما تُستخدم مقاييس التشتت للكشف عن مدى تشتت أو تبعثر المشاهدات عن بعضها بعضاً، أما مقاييس الموقع النسبي فتُستخدم لوصف موقع مشاهدة ما أو فردٍ ما مقارنة ببقية المشاهدات أو الأفراد، وتُستخدم مقاييس العلاقة لوصف العلاقة بين مجموعتين أو أكثر من المشاهدات.

وبما أن شكل توزيع البيانات يحدّد نوع الإحصائي المستخدم، فيتعيّن على الباحث أن يتفحص شكل التوزيع قبل البدء بالتعرّف إلى المقاييس المختلفة، وذلك من خلال استخدام إحدى طرق عرض البيانات كالمضّلع التكراري Frequency

Polygon الذي يُعدّ من أكثر الطرق شيوعاً. ويقوم رسم المضّلع التكراري على تنظيم المشاهدات في جدول تكراري يربط بين المشاهدات وتكرارها، ثم تحديد النقاط في اللوحة البيانية فوق كل مشاهدة على المحور الأفقي والمناظرة لتكرار معيّن على المحور الرأسي، ثم وصل هذه النقاط بخطوط مستقيمة. فعلى سبيل المثال، إذا كانت علامات (50) طالباً على اختبار ما موزّعة في الجدول التكراري الآتي، فإنه يمكننا رسم المضّلع التكراري الذي يمثّل هذه العلامات كما يأتي:

العلامة	62	63	64	65	66	67	68	69	70	71	المجموع
التكرار	1	4	5	6	9	10	5	7	2	1	50

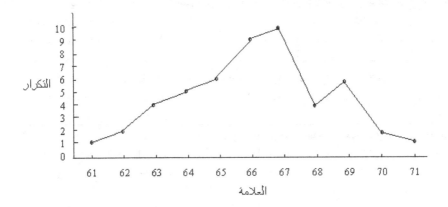

شكل (5-1)
المضّلع التكراري لعلامات (50) طالب في اختبار ما

أولاً- مقاييس النزعة المركزية Measures of Central Tendency:

يُقصد بالنزعة المركزية نزوع البيانات إلى التمركز حول قيمة مُثلى تعبّر عن جميع المشاهدات في التوزيع. وتشمل مقاييس النزعة المركزية ثلاثة مقاييس هي المنوال والوسيط والمتوسط الحسابي تختلف استخداماتها تبعاً لنوع البيانات أو المتغيّرات، ففي حين يمكننا استخدام المنوال بصرف النظر عن نوع المتغيّر سواء كان نوعياً أو كمياً، فإننا نستخدم الوسيط أو المتوسط عندما يكون المتغيّر كميّاً فقط، إذ لا معنى لاستخدام الوسيط أو المتوسط في الحالات التي يكون فيها المتغيّر نوعياً أو تصنيفياً كأن نحسب متوسط المهنة!! ومع أنه يمكن استخدام الوسيط في أي نوع من أنواع المتغيّرات الكميّة سواء كان المتغيّر رتبياً أو فترياً أو نسبياً، فإن استخدام المتوسط الحسابي يقتصر على المتغيّرات الفترية أو النسبية فقط. وفيما يأتي شرح مفصّل لكل مقياس من مقاييس النزعة المركزية معززاً بالأمثلة.

1- المنوال (Mo) Mode:

وهو عبارة عن المشاهدة الأكثر شيوعاً أو تكراراً في جوارها. ففي المثال السابق الذي تناول علامات (50) طالباً في اختبار ما، يكون المنوال هو المشاهدة (67) لأنها المشاهدة الأكثر تكراراً بين المشاهدات. وبرغم سهولة حساب المنوال من خلال النظر إلى المشاهدات والتكرارات المناظرة لها، إلا أن له عيوب تحدّ من إمكانية استخدامه أهمها احتمال وجود أكثر من منوال للتوزيع كأن يكون للتوزيع منوالين وعندها يُسمى التوزيع ثنائي المنوال Bimodal، أو يكون للتوزيع أكثر من منوالين وعندها يُسمى التوزيع متعدّد المنوال Multimodal، أو يكون التوزيع عديم المنوال عندما تكون المشاهدات متكرّرة بنفس المقدار. بالإضافة لذلك، يُعدّ المنوال أقل مقاييس النزعة المركزية استقراراً إزاء التقلبات العينية؛ بمعنى أن قيمته تختلف باختلاف العيّنة، كما أن قيمته لا تعتمد على جميع المشاهدات في التوزيع. ومع كل ذلك، فإن المنوال هو المقياس الوحيد المناسب عندما يكون المتغيّر نوعياً أو

تصنيفياً كما أشرنا سابقاً. وتوضّح الأمثلة الآتية كيفية حساب المنوال عندما تكون المشـاهدات غير مبوّبة، وعندما تكون المشاهدات مبوّبة في جدول تكراري على الترتيب:

مثال (5-1):

ما منوال التوزيع إذا علمت أن علامات (20) طالباً في اختبار للرياضيات كانت على النحو الآتي:

44، 46، 47، 50، 52، 53، 53، 55، 57، 60، 65، 65، 65، 65، 67، 70، 72، 73، 75، 80.

الحل:

لدى النظر إلى المشاهدات، نلاحظ أن المشاهدة (65) تكرّرت أربع مرات، لذلك فإن المنوال هو (65).

مثال (5-2):

ما منوال التوزيع إذا علمت أن علامات (20) طالباً في اختبـار في اللغـة العربيـة كانـت مبوّبـة في الجـدول التكراري الآتي:

الفئة	50-54	55-59	60-64	65-69	70-74
التكرار	2	4	6	5	3

الحل:

مع أنه يمكن حساب المنوال في مثل هذه الحالة باستخدام الطريقة السابقة باعتبـار أن المنـوال هـو عبـارة عن مركز الفئة المنوالية أو الفئة المناظرة لأكبر تكرار وهي الفئة (60-64) وهـو (60 + 64)/2 = 62، إلا أن هذه الطريقة هي طريقة تقريبية ولا تعبّر عن المنوال بشكل دقيق لأننا نفترض أن مركز الفئـة يمثّـل كافـة المشاهدات في الفئة ولا نعلم كيف تتوزع المشاهدات

ضمن هذه الفئة على مدى الفئة. ولهذا فإن المنوال هنا يُحسب بطريقة أخرى أكثر دقة وهي طريقة الفروق أو طريقة "بيرسون" نسبة إلى العالم الذي اقترحها وهو "كارل بيرسون". وتقوم هذه الطريقة كما يشير اسمها على حساب الفروق بين تكرار الفئة المنوالية وتكرار كل من الفئتين المحيطتين بها (d_1، d_2) حيث تمثل (d_1) الفرق بين تكرار الفئة المنوالية والفئة السابقة لها، وتمثّل (d_2) الفرق بين تكرار الفئة المنوالية والفئة اللاحقة لها، ثم تطبيق القاعدة الآتية:

$$\mathbf{Mo = L+(d_1/d_1+d_2)*W \ .... \ (1\text{-}5)}$$

حيث:

Mo : المنوال

L : الحد الأدنى الفعلي للفئة المنوالية

W : طول الفئة

وبذلك يكون المنوال :

$$Mo = 59.5 + (2/2+1)*5 = 62.83$$

2- الوسيط (Median (Md:

وهو المشاهدة التي تتوسط التوزيع بحيث يقل عنها (50%) من المشاهدات ويزيد عنها (50%) من المشاهدات بعد ترتيبها تصاعدياً أو تنازلياً. وفي حال كانت المشاهدات غير مبوّبة، فإن حساب الوسيط يعتمد على عدد المشاهدات، فإذا كان عدد المشاهدات فردياً، يكون الوسيط هو المشاهدة التي تتوسط المشاهدات بعد ترتيبها إما تنازلياً أو تصاعدياً. أما في حال كان عدد المشاهدات زوجياً فإن الوسيط هو المتوسط الحسابي لمشاهدتين ترتيب الأولى هو (2/n)، وترتيب الثانية هو (2/n) + 1، حيث تشير (n) إلى عدد المشاهدات. فإذا كان لدينا على سبيل المثال خمس مشاهدات هي (12، 10، 15، 8، 7)، فإن الوسيط هنا هو (10) لأن هذه

المشاهدة يقل عنها مشاهدتين هما (7، 8)، ويزيد عنها مشاهدتين هما (12، 15). أمـا إذا كـان لـدينا سـت مشـاهدات كـأن تكـون (50، 48، 46، 55، 56، 60)، فـإن الوسـيط هـو عبـارة عـن متوسـط المشاهدتين (50، 55) وهـو هنـا (52.5). لاحـظ هنـا أن قيمـة الوسـيط ليـس شرطـاً أن تكـون مـن بـين المشاهدات كما في هذا المثال.

أما إذا كانت المشاهدات مبوّبة في فئات، فإن حسـاب المنـوال يقـوم عـلى ثـلاث خطـوات تبـدأ بحساب التكرار التراكمي الصاعد أو الهابط، ثم حساب التكرار التراكمي الصاعد أو الهابط النسـبي، وبعـد ذلك نقوم بإجراء عملية نسبة وتناسب بحسب تعريف الوسيط لنجد المشاهدة التي يقل عنها (50%) مـن المشاهدات، والمثال الآتي يوضّح هذه الخطوات:

مثال (5-3):

ما وسيط التوزيع إذا علمـت أن علامـات (20) طالبـاً في اختبـار لمـادة التـاريخ كانـت مبوّبـة في الجـدول التكراري الآتي:

99-90	89-80	79-70	69-60	59-50	الفئة
3	5	6	4	2	التكرار
20	17	12	6	2	التكرار التراكمي الصاعد
100	85	60	30	10	التكرار التراكمي الصاعد %

الحل:

بعد حساب التكرار التراكمي الصاعد والتكرار التراكمي الصاعد النسبي (أنظر الجدول أعلاه)، ننظر في خانة التكرار التراكمي الصاعد النسبي، ونجـد أن (50%) تقـع بـين (30%) التـي تقـل عـن المشـاهدة (69.5) و (60%) التي تقل عن المشاهدة (79.5)، ونجري عملية النسبة والتناسب على النحو الآتي:

30% من المشاهدات يقل عن 69.5
50% من المشاهدات يقل عن Md
60% من المشاهدات يقل عن 79.5
ونستخرج الوسيط (Md) من خلال إجراء عملية النسبة والتناسب على النحو الآتي:

$$Md-69.5/79.5-69.5 = 50-30/60-30$$
$$Md-69.5/10 = 20/30$$
$$Md-69.5 = 6.7$$
$$Md = 76.2$$

يُلاحظ من الأمثلة السابقة أن قيمة الوسيط لا تعتمد على جميع المشاهدات في التوزيع، وهذا يمثّل عيباً من أهم عيوبه، إذ قد يكون لدينا مجموعتين مختلفتين من المشاهدات ولهما الوسيط نفسه. فلو كان لدينا على سبيل المثال مجموعتين من المشاهدات هما (4، 12، 17، 20، 25)، (3، 5، 17، 80، 90)، فإن الوسيط لهاتين المجموعتين هو نفسه وهو (17) مع أن المجموعتين مختلفتين! ويُعدّ الوسيط المقياس المناسب للبيانات الواقعة في مستوى القياس الرتبي، كما أنه المقياس الملائم للبيانات الواقعة على مقياس فتري أو نسبي إذا كان التوزيع ملتوياً سواء كان الالتواء سالباً Negatively Skewed (إلى اليسار) كما في الشكل (5-2 (أ)) عندما تكون معظم المشاهدات متجمّعة في الجهة اليُمنى للتوزيع والمشاهدات المتطرفة في الجهة اليسرى له، أو موجباً Positively Skewed (إلى اليمين) كما في الشكل (5-2 (ب)) عندما تكون معظم المشاهدات متجمّعة في الجهة اليُسرى للتوزيع والمشاهدات المتطرفة في الجهة اليُمنى له. لاحظ هنا أن مواقع مقاييس النزعة المركزية تختلف باختلاف شكل الالتواء، ففي التوزيع الملتوي نحو اليسار (الشكل 5-2 (أ)) يقع المتوسط في الجهة اليُسرى للتوزيع (لماذا؟) وإلى يمينه

الوسيط ثم المنوال. أما إذا كان التوزيع ملتوياً نحـو اليمـين (الشـكل 5-2 (ب)) فإن المتوسط يقع في الجهة اليُمنى وإلى يساره الوسيط ثم المنوال.

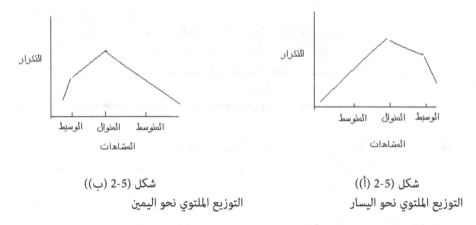

شكل (5-2 (ب))	شكل (5-2 (أ))
التوزيع الملتوي نحو اليمين	التوزيع الملتوي نحو اليسار

3- المتوسط الحسابي ($\overline{X}$) Arithmetic Mean:

وهو أكثر مقاييس النزعة المركزية استخداماً، وأكثرهـا اسـتقراراً إزاء التقلبـات العينيـة. ويعـرّف المتوسط الحسابي بأنه حاصل مجموع المشاهدات مقسوماً على عـددها. ويتميّـز المتوسـط الحسـابي عـلى المنوال والوسيط بأن قيمته تعتمد على جميع المشاهدات، إلا أنه في المقابل يتأثر بالمشاهدات المتطرفـة في التوزيع بعكس الوسيط. ولهذا السبب، يُعدّ الوسيط المقياس الأكثر دقة في حال كان التوزيع يشـتمل عـلى مشاهدات متطرفة. وبشكل عام، يُعدّ المتوسط أفضل مقاييس النزعة المركزية، وهو المقياس المناسب للبيانات الواقعة على مقياس فتري أو نسبي. والأمثلة الآتية توضّح حساب المتوسط الحسابي عندما تكون المشاهدات غير مبوّبة، وعندما تكون المشاهدات مبوّبة في فئات:

مثال (5-4):

ما المتوسط الحسابي لعلامات (20) طالباً في اختبار للرياضيات إذا كانت العلامات على النحو الآتي:
42، 46، 47، 50، 52، 53، 53، 55، 57، 60، 65، 65، 65، 65، 67، 70، 72، 73، 75، 80.

الحل:

لحساب المتوسط الحسابي للمشاهدات، فإننا نجد مجموع المشاهدات (ΣX_i) وهو (1212)، ثم نقسم حاصل الجمع على عدد المشاهدات (n) وهو (20)، فيكون المتوسط الحسابي للمشاهدات (60.6).

مثال (5-5):

ما المتوسط الحسابي لعلامات (20) طالباً في اختبار في اللغة العربية إذا كانت العلامات مبوّبة في الجدول التكراري الآتي:

الفئة	54-50	59-55	64-60	69-65	74-70	Σ
التكرار (f_i)	2	4	6	5	3	20
مركز الفئة (X_i)	52	57	62	67	72	
مركز الفئة*التكرار ($X_i f_i$)	104	228	372	335	216	1255

الحل:

هنا عندما تكون البيانات مبوّبة في فئات، نقوم بحساب مراكز الفئات باعتبار أن مركز الفئة يمثّل الفئة، ثم نجد حاصل ضرب مركز الفئة في التكرار المناظر لها، ونجمع حواصل الضرب ثم نقسم الناتج على مجموع المشاهدات كما في القاعدة الآتية:

$$\bar{X} = \Sigma X_i f_i / \Sigma f_i \text{ .... } (2\text{-}5)$$

حيث:

$\bar{X}$: المتوسط الحسابي

X_i : مركز الفئة

fi : التكرار

ويكون المتوسط الحسابي للمشاهدات:

$$\bar{X} = 1255/20 = 60.27$$

ثانياً- مقاييس التشتت Measures of Variability:

مع أن مقاييس النزعة المركزية توفّر لنا وصفاً جيداً لجانب معيّن من البيانات، إلا أنها عاجزة عن وصف الصورة الكاملة للبيانات. فعلى سبيل المثال، قد يكون لدينا مجموعتين من البيانات متساوية من حيث مقاييس نزعتها المركزية، إلا أنها تختلف عن بعضها بعضاً. ولمزيد من التوضيح تأمل المثال الآتي الذي يوضّح مجموعتين من البيانات تشتمل كل منهما على سبع مشاهدات:

المجموعة الأولى:	81	81	81	80	79	79	79
المجموعة الثانية:	110	100	90	80	70	60	50

نلاحظ هنا أن المتوسط الحسابي للمشاهدات في كل مجموعة من المجموعتين هو (80)، إلا أن المشاهدات في المجموعة الأولى تختلف عنها في المجموعة الثانية، فبينما تقترب المشاهدات من المتوسط الحسابي لها في المجموعة الأولى، نجد أنها تبتعد عن المتوسط الحسابي للمشاهدات في المجموعة الثانية. لهذا السبب، وحتى تكتمل صورة وصف البيانات، فلا بدّ من وصف تشتت المشاهدات حول متوسطها الحسابي. هذا يعني أن الحاجة تبرز إلى طائفة أخرى من المقاييس هي مقاييس التشتت. وسنتناول فيما يأتي أكثر هذه المقاييس استخداماً وهي المدى والمدى الربعي والانحراف المعياري.

1- المدى (R) Range:

ويعرّف بأنه الفرق بين أكبر مشاهدة وأصغر مشاهدة في التوزيع. فعلى سبيل المثال، يكون مدى التوزيع للمشاهدات الواردة في المجموعة الأولى في المثال أعلاه هو (2) وهو الفرق بين المشاهدة الكبرى وهي (81) والمشاهدة الصغرى وهي (79) في التوزيع، بينما يكون مدى التوزيع للمشاهدات الواردة في المجموعة الثانية هو (110 - 50) وهو (60). يتبيّن من هذا أنه كلما قلّ المدى دلّ ذلك على اقتراب المشاهدات من بعضها بعضاً أو عدم تباينها، وكلما ازداد المدى دلّ ذلك على تباين المشاهدات وابتعادها عن بعضها بعضاً. ومع أن المدى يتميّز بسهولة حسابه كما رأينا، إلا أنه لا يتمتع بالاستقرار لأنه يتأثر بالمشاهدات المتطرفة في التوزيع.

2- نصف المدى الربعي (SQR) Semi-Quartile Range:

وهو مقياس بديل للمدى يتفادى المشاهدات المتطرفة في التوزيع. ويعرّف نصف المدى الربعي بأنه نصف الفرق بين الربيع الأعلى Upper Quartile (Q_3) والربيع الأدنى Lower Quartile (Q_1) في التوزيع. ويُقصد بالربيع الأعلى (الربيع الثالث) أو المئين الخامس والسبعون أو المشاهدة التي يقلّ عنها (75%) من المشاهدات، بينما يُقصد بالربيع الأدنى (الربيع الأول) المشاهدة التي يقلّ عنها (25%) من المشاهدات. وكما هو الحال بالنسبة للمدى، فكلما قلّت قيمة نصف المدى الربعي كلما دلّ ذلك على تجانس البيانات، وكلما ازدادت قيمة نصف المدى الربعي كلما دلّ ذلك على تباين المشاهدات. وبالإضافة إلى تميّز نصف المدى الربعي على المدى في تفاديه للمشاهدات المتطرفة في التوزيع، فإنه أيضاً أكثر استقراراً من المدى إزاء التقلبات العينية. هذا ويُستحسن استخدام نصف المدى الربعي كمقياس للتشتّت في حال استخدام الوسيط كمقياس للنزعة المركزية. ومع

أن نصف المدى الربعي يتلافى عيوب المدى، إلا أن عيبه الأساسي أنه يُهمل نصف المشاهدات من حسابه لأنه يتعامل مع النصف الأوسط فقط من المشاهدات، ويهمل الربع الأعلى والربع الأسفل من المشاهدات. والأمثلة الآتية توضّح كيفية حساب نصف المدى الربعي.

مثال (5-6):

احسب نصف المدى الربعي لعلامات (15) طالباً في اختبار ما إذا كانت العلامات على النحو الآتي:

60، 23، 95، 65، 55، 20، 53، 92، 50، 97، 43، 72، 70، 46، 18

الحل:

نقوم أولاً بترتيب المشاهدات إما تصاعدياً أو تنازلياً، ولنقل تصاعدياً. ويكون الترتيب على النحو الآتي:

18، 20، 23، 43، 46، 50، 53، 55، 60، 65، 70، 72، 92، 95، 97

ثم نحسب موقع الربيع الأدنى (الأول) (Q_1)، وموقع الربيع الأعلى (الثالث) (Q_3) من خلال ضرب عدد المشاهدات في (0.25) في المرة الأولى، وفي (0.75) في المرة الثانية على النحو الآتي:

موقع الربيع الأدنى (Q_1) هو: 15*0.25 = 3.75، ونقرّب هذه القيمة لتصبح 4.0 أي المشاهدة الرابعة بين المشاهدات المرتّبة وهي هنا (43).

موقع الربيع الأعلى (Q_3) هو: 15*0.75 = 11.25، ونقرّب هذه القيمة لتصبح 11.0 أي المشاهدة الحادية عشر بين المشاهدات المرتّبة وهي هنا (70).

بعد ذلك نحسب نصف المدى الربعي من خلال القاعدة الآتية:

$$\mathbf{SQR = Q_3 - Q_1/2 \text{ .... } (3\text{-}5)}$$

$$= 70-43/2$$

$$= 13.5$$

مثال (5-7):

احسب نصف المدى الربعي لتوزيع علامات (40) طالباً في اختبار ما إذا كانت العلامات مبوّبة في الجدول التكراري الآتي:

الفئة	5-9	10-14	15-19	20-24	25-29
التكرار	5	7	10	12	6
التكرار التراكمي الصاعد	5	12	22	34	40
التكرار التراكمي الصاعد %	12.5	30	55	85	100

الحل:

نجد الربيع الأدنى (Q_1) أو المشاهدة التي يقل عنها 25% من المشاهدات وذلك من خلال النسبة والتناسب كما تعلّمنا لدى حسابنا للوسيط عندما تكون المشاهدات مبوّبة في فئات ونقول:

12.5% من المشاهدات تقل عن 9.5

25% من المشاهدات تقل عن Q_1

30% من المشاهدات تقل عن 14.5

ونستخرج (Q_1) من خلال إجراء عملية النسبة والتناسب على النحو الآتي:

$$Q_1\text{-}9.5/14.5\text{-}9.5 = 25\text{-}12.5/30\text{-}12.5$$

$$Q_1\text{-}9.5/5 = 12.5/17.5$$

$$Q_1\text{-}9.5 = 3.6$$

$$Q_1 = 13.1$$

ثم نجد الربيع الأعلى (Q_3) أو المشاهدة التي يقل عنها 75% من المشاهدات بالطريقة نفسها، ونقول:

55% من المشاهدات تقل عن 19.5

75% من المشاهدات تقل عن Q_3

85% من المشاهدات تقل عن 24.5

ونستخرج Q_3 من خلال إجراء عملية النسبة والتناسب على النحو الآتي:

$$Q_3\text{-}19.5/24.5\text{-}19.5 = 75\text{-}55/85\text{-}55$$

$$Q_3\text{-}19.5/5 = 20/30$$

$$Q_3\text{-}19.5 = 3.3$$

$$Q_3 = 22.8$$

والآن نحسب نصف المدى الربعي من خلال طرح قيمة (Q_1) من قيمة (Q_3)، وقسمة الناتج على (2) ويكون:

$$SQR = Q_3\text{-}Q_1/2$$

$$= 22.8\text{-}13.1 / 2$$

$$= 4.85$$

3- الانحراف المعياري Standard Deviation (SD):

وهو أفضل مقاييس التشتّت لأنه يأخذ بالاعتبار جميع المشاهدات لدى حسابه. كما أنه أكثر مقاييس التشتّت استخداماً واستقراراً، ويُستخدم عندما تكون المشاهدات واقعة على مقياس فتري أو نسبي. وهو المقياس المناسب لدى استخدام المتوسط الحسابي لوصف النزعة المركزية للمشاهدات. ويقوم حساب الانحراف المعياري على حساب انحراف كل مشاهدة في التوزيع عن المتوسط الحسابي للمشاهدات، ثم تربيع هذه الانحرافات، وجمعها، وقسمة حاصل مجموع مربعات انحرافات المشاهدات عن متوسطها الحسابي على مجموع المشاهدات، وإيجاد الجذر التربيعي للناتج كما هو موضّح في القاعدة الآتية:

$$SD = \sqrt{\sum (X_i - \overline{X})^2 / \sum f_i} \quad \text{.............. (4-5)}$$

حيث:

SD : الانحراف المعياري

X_i : المشاهدة

X : المتوسط الحسابي للمشاهدات

f_i : التكرار

لاحظ أن ناتج قسمة مجموع مربعات انحرافات المشاهدات عن متوسطها الحسابي على عدد المشاهدات يُسمى بالتباين Variance. وبطبيعة الحال، كلما قلّ التباين أو الانحراف المعياري دلّ ذلك على تجانس المشاهدات، وكلما ازداد التباين أو الانحراف المعياري دلّ ذلك على تباين المشاهدات. وبشكل عام، يمكن الاستدلال على شكل توزيع ما إذا عرفنا قيمة المتوسط الحسابي والانحراف المعياري له حيث يقترب التوزيع من السواء إذا وقع حوالي (99 %) من المشاهدات بين ثلاثة انحرافات معيارية فوق المتوسط وثلاثة انحرافات معيارية دون المتوسط (M ± 3SD). وللتعرّف على كيفية حساب الانحراف المعياري للتوزيع تأمل المثالين الآتيين:

مثال (5-8):

إذا علمت أن علامات أربعة طلاب على اختبار قصير هي: 8، 1، 3، 0، فاحسب الانحراف المعياري لهذه العلامات.

الحل:

لحساب الانحراف المعياري للمشاهدات الأربع السابقة، نقوم بحساب متوسط المشاهدات كخطوة أولى، وهو هنا مجموع المشاهدات وهو (12) مقسوماً على عددها وهو (4)، وبذلك يكون المتوسط الحسابي للمشاهدات هو (3). بعد ذلك نحسب انحراف كل مشاهدة من المشاهدات الأربع عن متوسط المشاهدات كما يأتي:

(المشاهدة-المتوسط)² $(Xi - \bar{X})^2$	المشاهدة-المتوسط $(Xi - \bar{X})$	المشاهدة (X_i)
25	5+	8
4	2-	1
0	0	3
9	3-	0
38	0	12

وبما أن مجموع انحرافات المشاهدات عن متوسط الحسابي هو دائماً وأبداً صفر (أنظر العمود الثاني أعلاه) لأن المتوسط الحسابي لأي مجموعة من المشاهدات هو نقطة الاتزان، فإننا نقوم بتربيع هذه الانحرافات كما هو الحال في العمود الثالث، ثم نجمع مربعات الانحرافات لنحصل على (38). بعد ذلك نطبّق القاعدة (5-4) من خلال قسمة حاصل الجمع على عدد المشاهدات لنحصل على التباين وهو هنا (4/38) ويساوي (9.5). وللحصول على الانحراف المعياري، فإننا نستخرج الجذر التربيعي للتباين وهو هنا (3.08).

مثال (5-9):

احسب الانحراف المعياري لتوزيع علامات (20) طالباً في اختبار ما إذا كانت العلامات مبوّبة في الجدول التكراري الآتي:

Σ	29-25	24-20	19-15	14-10	9-5	**الفئة**
20	3	5	6	5	1	**التكرار (f_i)**
	27	22	17	12	7	**مركز الفئة (X_i)**
360	81	110	102	60	7	**مركز الفئة*التكرار $(X_i f_i)$**
	9	4	1-	6-	11-	**مركز الفئة-المتوسط $(X_i - \bar{X})$**
255	81	16	1	36	121	**(مركز الفئة-المتوسط)² $(Xi - \bar{X})^2$**

الحل:

لحساب الانحراف المعياري للتوزيع نقوم أولاً بحساب المتوسط الحسابي وذلك من خلال استخراج مراكز الفئات (أنظر الصف الثالث في الجدول أعلاه)، ثم ايجاد حاصل ضرب مركز كل فئة في التكرار المناظر (أنظر الصف الرابع في الجدول أعلاه)، بعد ذلك نجمع حواصل الضرب هذه، ونقسم الناتج على مجموع التكرارات كما يأتي:

$$\overline{X} = \Sigma X_i f_i / \Sigma f_i$$
$$= 360/20$$
$$= 18$$

وفي الخطوة الثانية، نحسب انحراف مركز كل فئة عن المتوسط الحسابي المحسوب في الخطوة السابقة كما يظهر في الصف الخامس في الجدول أعلاه. وفي الخطوة الثالثة، نقوم بتربيع هذه الانحرافات كما تظهر في الصف السادس في الجدول أعلاه، ونجد حاصل جمع هذه المربعات. يلي ذلك في الخطوة الرابعة والأخيرة استخدام القاعدة (5-4) لحساب الانحراف المعياري كما يأتي:

$$SD = \sqrt{\sum (X_i - \overline{X})^2 / \sum f_i}$$
$$= \sqrt{255/20}$$
$$= \sqrt{12.75}$$
$$= 3.57$$

لاحظ هنا أن التباين هو(12.75) الذي يعبّر عن متوسط مجموع مربعات انحرافات المشاهدات عن متوسطها الحسابي.

التوزيع الطبيعي Normal Distribution:

إن الحديث عن علاقة الانحراف المعياري بالمتوسط الحسابي يقودنا إلى الحديث عن التوزيع السوي أو الاعتدالي أو الطبيعي Normal Distribution أو الجرسي Bell-Distribution الذي يرجع تاريخه إلى القرن الثامن عشر، حيث

لوحظ أن الأخطاء الناتجة عن عملية القياس لمعظم السمات تتوزع اعتدالياً حول المتوسط، مما حدى بالعلماء أمثال الفرنسي لابلاس Laplace، والألماني جاوس Gauss، والإنجليزي سمبسون Simpson إلى تسمية هذا التوزيع بالتوزيع الطبيعي للأخطاء في بداية الأمر، إلا أنه تبيّن فيما بعد أن التوزيع الطبيعي لا

يقتصر على توزيع أخطاء القياس فقط وإنما ينطبق أيضاً على توزيع المشاهدات نفسها لدى قياس معظم السمات كما وجد فرنسيس جالتون Francis Galton لدى قياسه لعدد كبير من السمات لدى عدد كبير من الأفراد في بريطانيا. ومع أن معظم المشتغلين بالإحصاء يعيدوا الفضل إلى جاوس Gauss في اكتشاف التوزيع الطبيعي حتى أنه سمي باسمه (المنحنى الجاوسي)، إلا أن حقيقة اكتشاف التوزيع الطبيعي تعود إلى الرياضي الفرنسي الأصل الإنجليزي النشأة ديموفري De Moivre الذي نشر ورقة عام 1733 وصف فيها التوزيع الطبيعي عندما اقترح طريقة تقريب مجموع مفكوك ذات الحدين. ومع أن ديموفري لم يرسم منحنى التوزيع الطبيعي، ولم يكن مهتماً به أصلاً، إلا أنه استخدم فكرة التوزيع الطبيعي كأداة لحساب الاحتمالات في الحوادث ثنائية الاحتمال كما هو الحال في تجربة رمي قطعة النقد في الهواء، كما أنه كان أول من حسب نسبة المشاهدات تحت المنحنى الطبيعي التي تنحصر بين المتوسط وانحراف معياري واحد أو اثنين أو ثلاثة فوقه أو دونه.

ويُعدّ التوزيع الطبيعي واحداً من أهم التوزيعات المختلفة التي تقوم عليها أساليب الإحصاء الاستدلالي وتطبيقاته المختلفة في العلوم السلوكية والإنسانية، والتي تفترض أن المتغيّرات التي نخضعها للبحث والدراسة كالتحصيل والذكاء والدافعية والاستعداد....الخ تتوزّع اعتدالياً بين الأفراد في المجتمع إذا كان عدد الأفراد كبيراً. كما تكمن أهمية التوزيع الطبيعي في خصائصه الرياضية الـذي لا يشاركه فيها أي توزيع، والذي أمكن باستخدامه حل عدد كبير من المشكلات الإحصائية. ومع أن للتوزيع الطبيعي أهميـة خاصة في العلوم السلوكية، إلا أنه

تجدر الملاحظة بأن جودة البيانات ليس لها علاقة بشكل توزيعها كـما يعتقد البـعض، إذ أن هناك عدد من المتغيّرات كمتغيّرات الطبقة الاجتماعية والمستوى الاقتصادي الاجتماعي والدخل ومستوى التعليم وحجم الأسرة والعمر والديانة والعرق والتخصص والمهنة والاتجاهات السياسية...الخ لا تتوزع

اعتدالياً. ولمنحنى التوزيع الطبيعي أربع خصائص تميّزه عن غيره من المنحنيات أولها أنه أحادي المنوال Uni-modal أي أن له قمة واحدة، وأنه متماثل Symmetrical حول المحور الذي يمرّ في قمة التوزيع بمعنى أن نسبة المشاهدات التي تقل عن المتوسط الحسابي للتوزيع يكون مساوياً لنسبة المشاهدات التي تزيد عن المتوسط الحسابي له، كما أنه تقاربي Asymptotic أي أن ذيلي المنحنى يمتدان على جانبي المنحنى من الجهتين إلى موجب المالانهاية من الجهة اليمنى وسالب المالانهاية من الجهة اليسرى ولا يلامسان المحور الأفقي، بالإضافة إلى أن مقاييس النزعة المركزية الثلاثة (المنوال، الوسيط، المتوسط الحسابي) تقع في نقطة واحدة. وتجدر الإشارة إلى أنه ليس كل المنحنيات التي لها هذه الخصائص هي منحنيات طبيعية، إذ تختلف هذه المنحنيات عن بعضها بعضاً في درجة التفرطح Kurtosis، وفي قيمتي المتوسط الحسابي (μ) والانحراف المعياري (σ)، مما دفع العلماء إلى محاولة اشتقاق معادلة لهذا المنحنى تبيّن ارتفاعه عن المحور الأفقي، وقد تمكّن ديموفري DeMoivre من اشتقاق هذه المعادلة رياضياً. وبما أن هناك عائلة من المنحنيات الطبيعية التي تختلف عن بعضها بعضاً في قيمتي المتوسط الحسابي والانحراف المعياري، برزت الحاجة إلى وجود المنحنى الطبيعي القياسي أو المعياري Standard Normal Curve الذي يمثّل كل هذه المنحنيات وله الخصائص السابقة نفسها بالإضافة إلى أنه يتوزع بمتوسط حسابي مقداره (صفر) وانحراف معياري مقداره (1). كما أن المساحة الكليّة تحت المنحنى تقسّم إلى مساحات معيّنة بحسب ابتعاد المشاهدة عن المتوسط الحسابي مقدّرة بوحدة الانحراف المعياري. ويمثّل

الشكل (3-5) منحنى التوزيع الطبيعي القياسي والمساحات (الاحتمالات المناظرة) عند درجات معيارية معيّنة.

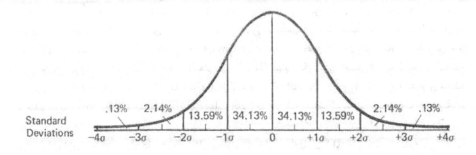

شكل (3-5)
منحنى التوزيع الطبيعي القياسي

يتّضح من الشكل السابق أن نسبة المشاهدات التي تنحصر بين انحراف معياري واحد فوق المتوسط وانحراف معياري واحد دون المتوسط هي (68.26%) تتوزع على جانبي المنحنى بالتساوي، كما أن نسبة المشاهدات التي تنحصر بين انحرافين معياريين اثنين فوق المتوسط وانحرافين معياريين اثنين دون المتوسط هي (95.44%) تتوزع على جانبي المنحنى بالتساوي، وأن نسبة المشاهدات التي تنحصر بين ثلاثة انحرافات معيارية فوق المتوسط وثلاثة انحرافات معيارية دون المتوسط هي (99.72%) تتوزع على جانبي المنحنى بالتساوي.

وبما أن منحنى التوزيع الطبيعي هو منحنى رياضي نظري، بمعنى أننا لا نتوقع أن يكون أي توزيع تجريبي مطابق تماماً لهذا التوزيع بسبب أخطاء المعاينة وأخطاء القياس، إلا أنه يمكننا الاستفادة من خصائص المنحنى الطبيعي القياسي في حل مسائل إحصائية معيّنة لدى افتراضنا بأن توزيع سمة معيّنة يتقمص شكل التوزيع السوي. فإذا عرفنا قيمتي المتوسط الحسابي والانحراف المعياري لتوزيع سمة ما،

يمكننا معرفة الاحتمال المناظر أو الرتبة المئينية المناظرة لأي مشاهدة على المتغيّر من خلال تحويل المشاهدة الخام إلى درجة معيارية زائية (z- Score) متوسطها هو (صفر) وانحرافها المعياري هو (1) والنظر في جدول التوزيع الطبيعي (ملحق 2) لمعرفة الاحتمال المناظر. فإذا بلغ المتوسط الحسابي لتوزيع اعتدالي لسمة ما على سبيل المثال (80)، وبلغ الانحراف المعياري للتوزيع (5)، فإن الاحتمال المناظر لمشاهدة خام مقدارها (82) يكون (0.6554) لأن الدرجة المعيارية الزائية المناظرة للمشاهدة الخام (82) هي: (82-80)/5 = 0.4 وبالنظر في الجدول (ملحق 2)، نجد أن المساحة التي يحصرها المنحنى وتقل عن الدرجة المعيارية (0.4) هي (0.6554). وهذا يعني أن (65.54%) من الأفراد في المجتمع يقل أدائهم عن أداء هذا الفرد الذي حصل على درجة خام مقدارها (80).

ثالثاً- مقاييس الموقع النسبي Measures of Relative Position:

تُستخدم مقاييس الموقع النسبي للكشف عن موقع فردٍ ما مقارنة ببقية أفراد العيّنة بالنسبة لمتغيّر معيّن. وتكمن الفائدة من وراء استخدام هذه المقاييس في إمكانية مقارنة أداء الفرد على عدد من الاختبارات أو المقاييس. فعلى سبيل المثال، إذا كانت علامة زيد في الرياضيات هي (70)، وعلامته في العلوم هي (60)، فهذا لا يعني أن أداء زيد في الرياضيات أفضل منه في العلوم، إذ يمكن أن تكون علامة زيد في العلوم أعلى علامة مقارنة بأقرانه، بينما علامته في

الرياضيات هي أدنى علامة مقارنة بأقرانه. ولهذا، تبرز الحاجة إلى مقاييس الموقع النسبي حتى نتمكن من التعبير عن المشاهدات المختلفة بمقياس واحد أو إطار مرجعي يمكّننا من المقارنة. وتشمل مقاييس الموقع النسبي الرتب المئينية Percentile Ranks، والدرجات المعيارية Standard Scores، وفيما يأتي توضيح لكلٍ منهما.

1- الرتب المئينية Percentile Ranks:

تعرّف الرتبة المئينية بأنها نسبة المشاهدات التي تقل عن أو تساوي مشاهدة ما. فإذا كانت نسبة المشاهدات التي تقل عن المشاهدة (60) في توزيع ما للعلامات على اختبار ما هي (80%)، فإن هذه النسبة تعبّر عن الرتبة المئينية المناظرة للعلامة (60). وإذا كانت الرتبة المئينية المناظرة لعلامة نور في اختبار للرياضيات هي (95 %)، فهذا يعني أن أداء نور على الاختبار أفضل من أداء (95%) من أقرانها الذي تقدّموا للاختبار نفسه. لاحظ هنا أن الوسيط أو المئين الخمسون يناظر رتبة مئينية مقدارها (50%) لأن الوسيط بالتعريف هو المشاهدة التي يقلّ عنها (50%) من المشاهدات. يُلاحظ مما سبق أن مقياس الرتب المئينية يلائم البيانات الواقعة على مقياس رتبي مع أنه يمكن استخدامها إذا كانت البيانات واقعة على مقياس فتري أو نسبي. وتجدر الإشارة إلى أن الرتب المئينية يشيع استخدامها عند المعلمين في المدارس لدى التعبير عن أداء تلاميذهم حتى يتمكن أولياء الأمور من تفسير أداء أبنائهم بيسر وسهولة.

2- الدرجات المعيارية   Standard Scores:

وهي درجات محوّلة تعبّر عن بُعد درجة خام Raw Score معيّنة في توزيع ما عن المتوسط الحسابي لتوزيع الدرجات مقاساً بوحدة الانحراف المعياري له. وتُستخدم الدرجات المعيارية في البيانات الواقعة ــــــــــــــــ عـــــــــــــــلى مقيـــــــــــــــاس فــــــــــــــتري أو نسبي. ومن أكثر أنواع الدرجات المعيارية شيوعاً واستخداماً الدرجة المعيارية

الزائية (z-Score)، والدرجة المعيارية التائية (T-Score). وتمكّن الدرجات المعيارية الباحث من مقارنة المشاهدات على مقاييس مختلفة كالدرجات على عدد من الاختبارات باستخدام مقياس موحّد. وتتميّز الدرجات المعيارية عن الرتب المئينية بإمكانية إجراء العمليات الحسابية عليها. فإذا ما أردنا التعبير عن متوسط أداء مفحوص ما على عدد من الاختبارات المتفاوتة من حيث الصعوبة، لا يجوز استخراج المتوسط الحسابي للعلامات الخام لأنها لا تقبل الجمع بسبب أن الاختبارات متفاوتة في الصعوبة. لهذا نلجأ إلى تحويل العلامات الخام إلى درجات معيارية، ثم نحسب متوسط الدرجات المعيارية الذي

يشير إلى متوسط أداء الطالب. لاحظ هنا أنه لا يجوز مقارنة الدرجات المعيارية التـي تعبّر عـن درجـات خام معيّنة إلا إذا كانت عملية المعايرة قد تمّت على المجموعة نفسها من الأفراد، فلا يجوز مقارنة الدرجـة المعيارية لفردٍ ما على اختبار للقبول الجامعي بدرجته على مقياس وكسلر للذكاء مثلاً إلا إذا كانت عمليـة المعايرة للمقياسين المذكورين قد تمّت على المجموعة نفسها من الأفراد. كما أن الدرجات المعيارية تتـوزع بشكل اعتدالي بين الأفراد فقط إذا كانت الدرجات الخام تتوزع بشكـل اعتدالي بيـنهم. وليس شرطاً أن يكون توزيع بيانات العيّنة اعتدالياً حتى لو كانت السمة المقاسة تتوزع اعتدالياً بين الأفراد في المجتمـع، فعلى سبيل المثال، ليس شرطاً أن يكون توزيع سمة الذكاء لطلبـة الدراسـات العليـا في جامعـة مـا توزيعـاً اعتدالياً لسببٍ أو آخر برغم أن سمة الذكاء تتوزّع اعتدالياً في المجتمع. ولهذا، فإن هناك إجـراءات معيّنـة نقوم بها لتحويل الدرجات الخام إلى درجـات معياريـة تتقمص شكـل التوزيع الاعتـدالي تُسـمى بعمليـة معايرة الـدرجات الخـام (Normalized Raw Scores). فيما يـأتي عـرض مـوجز لأنواع الـدرجات المعياريـة المختلفة:

(أ) الدرجات المعيارية الزائية z-Scores: وهي أكثر الدرجات المعيارية استخداماً، وتعبّر عـن بُعـد الدرجـة الخام عن متوسط توزيع الدرجات مقاساً بوحدة الانحراف المعياري له. وبالرموز:

$$z = X\text{-}\mu/\sigma \quad \ldots\ldots\ldots \quad (5\text{-}5)$$

حيث:

z : الدرجة المعيارية الزائية

X : المشاهدة الخام
μ : المتوسط الحسابي للتوزيع
σ : الانحراف المعياري للتوزيع

وعليه تكون الدرجة المعيارية الزائية (صفر) مناظرة للمتوسط، بينما تكون الدرجة المعيارية الزائية (+1) مناظرة لدرجة خام تقع على مسافة انحراف معياري واحد فوق المتوسط، والدرجة المعيارية الزائية (-2) مناظرة لدرجة خام تقع على مسافة انحرافين معياريين اثنين دون المتوسط ... الخ. وفي حال تحويل الدرجات الخام إلى درجات معيارية زائية، فإن متوسط الدرجات المعيارية هو (صفر) وانحرافها المعياري هو (1). وكما أشرنا سابقاً، فإن الفائدة التي نجنيها لدى تحويل الدرجات الخام إلى درجات معيارية زائية تكمن في إمكانية مقارنة درجات الفرد المختلفة لدى الأداء على اختبارات أو مقاييس مختلفة. ويمكن تحويل الدرجات المعيارية الزائية إلى رتب مئينية من خلال الاستفادة من خصائص المنحنى الاعتدالي القياسي الذي سبقت الإشارة له سابقاً. فعلى سبيل المثال، إذا بلغت الدرجة المعيارية الزائية المناظرة لعلامة سيف الخام على اختبار ما تتوزع فيه الدرجات بشكل اعتدالي (+1)، فإن الرتبة المئينية المناظرة لعلامة سيف الخام هي (84.13%) لأنه بحسب خصائص المنحنى السوي، فإن (50%) من المشاهدات يقلّ عن المتوسط،

و(34.13%) من المشاهدات ينحصر بين المتوسط وانحراف معياري واحد فوق المتوسط (أنظر شكل 5-2). وبالمثل، إذا بلغت الدرجة المعيارية الزائية المناظرة لعلامة ليلى الخام (+2)، فإن الرتبة المئينية المناظرة لعلامة ليلى الخام هي (97.72%) لأن (50%) من المشاهدات تقل عن المتوسط و(47.72%) من المشاهدات تنحصر بين المتوسط وانحرافين معياريين اثنين فوق المتوسط. أما إذا بلغت الدرجة المعيارية الزائية المناظرة لعلامة هناء الخام (-1) مثلاً، فإن الرتبة المئينية المناظرة لعلامتها الخام هي (15.87%) وهي عبارة عن نسبة المشاهدات التي تقلّ عن انحراف معياري واحد دون المتوسط. وفي حين يسهل علينا تحويل الدرجات المعيارية الزائية إلى رتب مئينية عندما تكون الدرجات المعيارية أعداداً صحيحة من

خلال النظر إلى المساحات تحت المنحنى الطبيعي (شكل 5-2)، فإنه يتعذّر علينا حساب الرتب المئينية المناظرة للدرجات المعيارية الزائية التي تشتمل على كسور. لهذا السبب، فإننا نستخدم جدول التوزيع السوي (ملحق 2) الذي سبقت الإشارة له لدى الحديث عن التوزيع الطبيعي، والذي يربط بين القيم المختلفة للدرجات المعيارية الزائية (z-Scores) والنسب المئوية للمشاهدات التي تقل عنها (الرتب المئينية). وليس هذا فحسب، بل يمكننا أيضاً استخدام الجدول لمعرفة نسبة المشاهدات التي تنحصر بين أي مشاهدتين، أو نسبة المشاهدات التي تزيد عن مشاهدة ما ... الخ. وبرغم فوائد الدرجات المعيارية الزائية التي أشرنا لها، إلا أن لها عيبان اثنان هما اشتمالها على كسور وكونها سالبة في بعض الأحيان، الأمر الذي يصعب تفسيره لأولياء الأمور إذا ما عبّر المعلّم عن أداء التلميذ بالدرجات المعيارية الزائية لأن هذه الدرجات ليست مألوفة لهم كما هي الدرجات المئوية. فعلى سبيل المثال، يصعب على ولي الأمر تفسير أداء ابنه على اختبار ما إذا كانت درجة المعيارية الزائية المناظرة لأدائه هي (- 1.5) مثلاً. وللتغلّب على هذه المشكلة، فيمكننا تحويل الدرجة المعيارية الزائية إلى درجات معيارية من نوع آخر

كالدرجات المعيارية التائية (T-Scores) أو الدرجات المعيارية الزائية المحوّلة (Z-Scores).

(ب) الدرجات التائية T-Scores: وهي ليست أكثر من درجات معيارية زائية (z-Scores) معبّر عنها بطريقة مختلفة من خلال ضرب الدرجة المعيارية الزائية في (10) وإضافة الناتج إلى (50)، وبالرموز:

$$T = 10z + 50 \;.......... \; (6\text{-}5)$$

حيث:

T : الدرجة التائية

z : الدرجة المعيارية الزائية

ولهذا، فإن الدرجة التائية المناظرة لدرجة معيارية زائية مقدارها (صفر) هي (50) لأن 10(0) + 50 = 50. كما أن الدرجة التائية المناظرة لدرجة معيارية زائية مقدارها (+1) هي (60) لأن 10(1) + 50 = 60. وبالمثل تكون الدرجة التائية المناظرة لدرجة معيارية زائية مقدارها (- 2) هي (30) لأن 10(- 2) + 50 = 30 وهكذا. ولهذا، فإننا عندما نقوم بتحويل الدرجات المعيارية الزائية إلى درجات تائية، فإن متوسط التوزيع الجديد هو (50) وانحرافه المعياري هو (10). وتجدر الإشارة إلى أن بعض المؤسسات تستخدم درجات معيارية من نوع آخر كأن يكون متوسطها (500) وانحرافها المعياري (100)، أو درجات معيارية متوسطها (400) وانحرافها المعياري (50) مثلاً. وكما سبقت الإشارة، إذا كان توزيع الدرجات الخام الأصلي اعتدالياً، فإن توزيع الدرجات المعيارية الزائية (z-Scores) هو توزيع اعتدالي أيضاً، وبالمثل بالنسبة لتوزيع الدرجات التائية. أما إذا لم يكن توزيع الدرجات الأصلي اعتدالياً كما هو الحال لدى التعامل مع عيّنة صغيرة الحجم من المجتمع، فإن توزيع الدرجات المعيارية الزائية (z-Scores) ليس اعتدالياً أيضاً، ويترتب عليه أن لا يكون التوزيع التائي اعتدالياً، ويُشار له في هذه الحالة بتوزيع

(Z). لاحظ هنا أننا رمزنا للتوزيع الجديد بالحرف الكبير (Z-Distribution) لتمييزه عن توزيع الدرجات الزائية المعيارية (z-Distribution) الذي يتميّز بكونه توزيع اعتدالي. ولحسن الحظ يمكننا تحويل التوزيع الخام غير الاعتدالي إلى توزيع اعتدالي من خلال عملية تمهيد (Smoothing) المنحنى والحصول على درجات معيارية زائية، واستخدام منحنى التوزيع السوي لتحويل الدرجات المعيارية الزائية إلى رتب مئينية كما فعلنا سابقاً.

رابعاً- مقاييس العلاقة Measures of Relationship:

تُعرّف مقاييس العلاقة بأنها الأساليب الإحصائية التي نستخدمها لقياس ووصف العلاقة بين المتغيّرات. وتجدر الإشارة إلى أن الباحث في الدراسات الارتباطية التي تسعى للكشف عن العلاقة بين المتغيّرات يقوم بملاحظة هذه المتغيّرات كما هي في بيئتها الطبيعية دون محاولة منه لضبطها أو معالجتها. فإذا أراد باحث مثلاً الكشف عن العلاقة بين متغيّري التحصيل والذكاء فإنه يقوم بقياس كلا المتغيّرين أو جمع بيانات عنهما لدى مجموعة من أفراد المجتمع المستهدف كما هي موجودة لديهم في الظروف الاعتيادية دون محاولة منه لمعالجتها كما هو الحال في الدراسات التجريبية التي تقوم على معالجة المتغيّر المستقل وتقصي أثر المعالجة في المتغيّر التابع. وتجدر الإشارة أيضاً إلى أن الباحث في المنهج الارتباطي يحتاج إلى رصد زوج من المشاهدات (مشاهدة على المتغيّر الأول X، مشاهدة على المتغيّر الثاني Y) لكل فرد من الأفراد سواء كان ذلك جميع أفراد المجتمع المستهدف أو عيّنة من الأفراد في هذا المجتمع. وقد جرت العادة أن يقوم الباحث برسم ما يُسمى بمخطّط الانتشار Scatter Plot الذي يعطي مؤشراً عن طبيعة العلاقة بين المتغيّرين. ويشتمل مخطّط الانتشار على مجموعة من النقاط في لوحة بيانية بحيث تمثّل كل نقطة تقاطع كل مشاهدة من المشاهدات على المتغيّر

الأول (المحور الأفقي) مع المشاهدة المناظرة لها على المتغيّر الثاني (المحور الرأسي). ويوضّح الشكل (5-4) مخطّط الانتشار لعلامات ستة طلاب على اختبارين للفيزياء والرياضيات علماً بأن العلامات كانت على النحو الآتي:

المادة	الطالب					
	1	2	3	4	5	6
الفيزياء (X)	50	50	55	65	70	80
الرياضيات (Y)	60	65	65	80	70	65

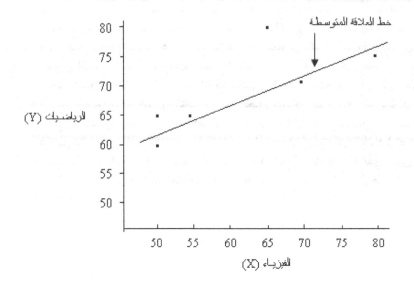

شكل (5-4)
مخطط الانتشار لعلامات ستة طلاب على اختبارين للفيزياء والرياضيات

وتتحدّد العلاقة بين المتغيّرات بثلاثة أمور هي:

- **اتجاه العلاقة:** وقد تكون موجبة (طردية) ويُعبّر عنها بالإشارة الموجبة (+)، أو سالبة (عكسية) ويُعبّر عنها بالإشارة السالبة (-). ويُقصد بالعلاقة الموجبة أو الطردية ميـل المتغيّرين إلى التغـيّر بنفس الاتجاه بحيث يرافق الزيادة في المتغيّر الأول زيادةً في المتغيّر الثاني، أو يرافق النـقص في المتغيّر الأول نقصاً في المتغيّر الثاني، كما هو الحال بالنسبة للعلاقة بين زيادة درجة الحرارة وكمية استهلاك الماء. أما العلاقة السالبة أو العكسية، فيُقصد بها ميل أحد المتغيّرين إلى التغيّر في اتجاه معاكس لتغيّر الثاني بحيث يرافق الزيادة في المتغيّر الأول نقصاً في المتغيّر الثاني، أو يرافق النـقص

في المتغيّر الأول زيادةً في المتغيّر الثاني، كما هو الحال بالنسبة للعلاقة بين عدد مرات الغياب عن المدرسة والتحصيل.

- **شكل العلاقة:** ويُقصد بها خطيّة العلاقة أو شكل انتشار النقاط في مخطّط الانتشار كأن تقترب النقاط من تشكيل خط مستقيم حيث تُسمى العلاقة عندئذٍ بالعلاقة الخطّية (أنظر الشكل 5-4)، أو تبتعد عن ذلك لتشّكل منحنى وعندئذٍ تُسمى بالعلاقة المنحنية كما هو الحال بالنسبة للعلاقة بين عمر المركبة وسعرها حيث يزداد سعر المركبة كلما قلّ عمرها ويبدأ بالتناقص تدريجياً ثم يعود للارتفاع مرة أخرى بعد أن تُصبح قديمة جدا (أنظر الشكل 5-5 (أ))، أو كما هو الحال بالنسبة للعلاقة بين القلق والتحصيل حيث يميل التحصيل إلى الزيادة كلما قلّ القلق ويبدأ بالتناقص تدريجياً كلما ازداد القلق ثم يعود للانخفاض مرة أخرى بعد نقطة معيّنة (أنظر الشكل 5-5 (ب))، أو كالعلاقة بين التدريب والأداء حيث يتحسّن الأداء تدريجياً بزيادة التدريب، لكنه عند حدٍ معيّن لا يُضيف التدريب تحسّناً ذو أهمية في الأداء (أنظر الشكل 5-5 (ج)). وفي العلاقة الخطية، لا نقصد بالطبع وقوع

جميع النقاط على خط مستقيم كما هو الحال في العلاقات الخطّية التامة بسبب عدم وجود علاقات تامة بين المتغيّرات في العلوم الإنسانية، وإنما المقصود بها مدى اقتراب النقاط مما يُسمى بخط العلاقة المتوسطة الذي يمثّل أفضل خط مستقيم يمكن رسمه The line of the best fit للتنبؤ بمتغيّر من خلال الآخر والذي تكون فيه مجموع مربعات انحرافات النقاط عنه أقل ما يمكن (أنظر الشكل 5-4). وفي حال تبيّن أن العلاقة بين المتغيّرين هي علاقة منحنية، فإننا لا نستخدم معاملات الارتباط الخاصة بتقدير العلاقة الخطّية كمعامل ارتباط بيرسون Pearson Product Moment Correlation Coefficient (r) الذي يُعدّ من أكثر مقاييس العلاقة الخطّية استخداما، وإنما نستخدم بدلاً منه معامل خاص يُسمى معامل ايتا (η) الذي يُستخدم لتقدير العلاقات المنحنية، علماً بأن معظم العلاقات بين المتغيّرات في العلوم الإنسانية هي علاقات خطّية.

- **قوة العلاقة:** وتعكسها القيمة الرقمية لمعامل الارتباط حيث تزداد قوة العلاقة كلما اقتربت القيمة الرقمية لمعامل الارتباط من الواحد الصحيح، وتقلّ كلما ابتعدت عنه حتى تصل إلى الصفر وعندها تُسمى العلاقة صفرية أو معدومة (أنظر الشكل 5-5 (د)). أما إذا بلغت قيمة معامل الارتباط (+1) أو (-1)، وهو أمر لا يحدث في الظواهر في العلوم الانسانية، فإن العلاقة عندئذٍ تُسمى علاقة طردية تامة في الحالة الأولى، وعكسية تامة في الحالة الثانية (أنظر الشكل 5-5 (هـ)، (و)).

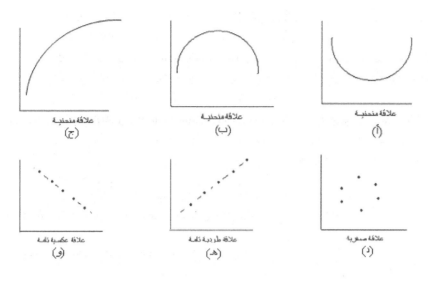

شكل (5-5)
بعض أنماط العلاقات

أنواع الارتباط:

هناك أربعة أنواع للارتباط نستعرضها فيما يأتي:

- **الارتباط البسيط** Simple Correlation (r): وهو الارتباط الذي يبحث في العلاقة بين متغيّرين اثنـين فقط كالبحث في العلاقة بين التحصيل والذكاء مثلاً.

- **الارتباط الجزئي** Partial Correlation (r.): وهو الارتباط الذي يبحث في العلاقة بين متغيّرين اثنين بعد ضبط أثر متغيّر آخر أو متغيّرات أخرى على أي من المتغيّرين المقصودين أو كليهما. فإذا أراد باحث مثلاً تعرّف العلاقة بين الذكاء والتحصيل، وقام بضبط أثر الدافعية في التحصيل، فإن معامـل الارتباط هنا يُسمى بمعامل الارتباط شبه الجزئي Semi-partial Correlation.

أما إذا قام الباحث بضبط أثر الدافعية في كل من المتغيّرين المقصودين (الذكاء والتحصيل)، فإن معامل الارتباط الناتج هنا يُسمى بمعامل الارتباط الجزئي Partial Correlation.

- **الارتباط المتعدّد** **Multiple Correlation (R)**: وهو الارتباط الذي يبحث في العلاقة بين متغيّر معيّن من جهة وعدد من المتغيّرات من جهة ثانية، كالبحث في العلاقة بين التحصيل من جهة وكلٍ من الذكاء ودافعية الإنجاز وموقع الضبط من جهة ثانية.
- **الارتباط الكانوني** **Canonical Correlation (Rc)**: وهو الارتباط الذي يبحث في العلاقة بين مجموعة من المتغيّرات من جهة ومجموعة أخرى من المتغيّرات من جهة ثانية، كالبحث في العلاقة بين كلٍ من الذاكرة البصرية والذاكرة السمعية من جهة والتحصيل في الرياضيات والتحصيل في اللغة العربية من جهة ثانية.

وتجدر الإشارة إلى أننا معنيون في سياق هذا الكتاب بالنوع الأول فقط من أنواع الارتباط وهو الارتباط الذي يبحث في العلاقة بين متغيّرين اثنين فقط.

أساليب حساب معامل الارتباط:

هناك عدد من الأساليب التي تُستخدم لحساب معامل الارتباط، والتي تختلف عن بعضها بعضاً تبعاً لطبيعة المتغيّرات المعنيّة. ويُعدّ معامل ارتباط بيرسون Pearson أكثر معاملات الارتباط استخداماً، بينما تُعدّ بقية المعاملات حالات خاصة من معامل ارتباط بيرسون. وسنتناول فيما يأتي طرق حساب أكثر هذه المعاملات أهمية.

معامل ارتباط بيرسون **Pearson Product Moment Correlation Coefficient (r):**

وهو معامل الارتباط المناسب للمتغيّرات المتّصلة أو البيانات الواقعة في المستوى الفتري أو النسبي من مستويات القياس. ويتميّز معامل ارتباط بيرسون بأنه يُدخل في حسابه جميع المشاهدات في

التوزيعين المتعلقين بالمتغيّرين المعنيين، بالإضافة إلى أنه أكثر معاملات الارتباط استقراراً. ويقوم استخدام معامل ارتباط بيرسون على افتراض مفاده أن العلاقة بين المتغيّرين هي علاقة خطيّة. وفي حال انتهاك هذا الافتراض فإن معامل ارتباط بيرسون لا يعكس مؤشراً حقيقياً للعلاقة بين المتغيّرين. ومع أن هناك أكثر من قاعدة تُستخدم لحساب معامل ارتباط بيرسون، إلا أن أسهلها هي القاعدة التي تقوم على استخدام المشاهدات الخام من خلال ما يأتي:

$$r = \Sigma XY-(\Sigma X)\ (\Sigma Y)/n \ / \ \sqrt{\left[\sum X^2-\left(\sum X\right)^2/n\right]\left[\sum Y^2-\left(\sum Y\right)^2/n\right]} \quad .... \ (7\text{-}5)$$

حيث:

X: مشاهدات المتغيّر الأول

Y: مشاهدات المتغيّر الثاني

n: عدد الأفراد

مثال (5-10):

احسب معامل ارتباط بيرسون لتقدير العلاقة بين علامات خمسة طلاب (n) في اختبارين للقراءة (X) والحساب (Y) إذا كانت العلامات على الاختبارين كما هي موضّحة في الجدول الآتي:

	الطالب					
	1	2	3	4	5	Σ

القراءة (X) الحساب (Y)	1 2	2 3	3 4	4 3	5 5	15 17
X^2	1	4	9	16	25	55
Y^2	4	9	16	9	25	63
YX	2	6	12	12	25	57

ولحساب معامل ارتباط بيرسون بين علامات الطلبة على الاختبارين نقوم بما يأتي:

- نجمع المشاهدات على كل متغيّر من المتغيّرين ونعطيها الرموز (ΣX) ، (ΣY)، وهي هنا (15، 17) على الترتيب (أنظر الصفّين الأول والثاني في الجدول أعلاه).
- نحسب مربّعات المشاهدات على كل متغيّر من المتغيّرين وهي هنا (1، 4، 9، 16، 25) و (4، 9، 16، 9، 25) على الترتيب، ثم نجمع مربعات المشاهدات على كل متغيّر من المتغيّرين ونعطيها الرموز (ΣX^2) ، (ΣY^2) وهي هنا (55)، (63) على الترتيب (أنظر الصفّين الثالث والرابع أعلاه).
- نضرب كل مشاهدتين متناظرتين ببعضهما بعضاً وهي هنا (2، 6، 12، 12، 25)، ثم نجمع حواصل الضرب هذه ونعطيها الرمز (ΣXY) وهو هنا (57) (أنظر الصف الخامس أعلاه).
- نعوّض القيم السابقة في القاعدة (5-7) كما يأتي:

$$r = \Sigma XY\text{-}(\Sigma X)\ (\Sigma Y)/n\ /\ \sqrt{\left[\sum X^2 - \left(\sum X\right)^2/n\right]\left[\sum Y^2 - \left(\sum Y\right)^2/n\right]}$$

$$= 57\text{-}(15)(17)/5\ /\ \sqrt{\left[55 - (15)^2/5\right]\left[63 - (17)^2/5\right]}$$

$$= 57\text{-}255/5\ /\ \sqrt{\left[55 - (15)^2/5\right]\left[63 - (17)^2/5\right]}$$

$$= 57\text{-}51\ /\ \sqrt{\left[55 - (15)^2/5\right]\left[63 - (17)^2/5\right]}$$

$$= 6\ /\ \sqrt{\left[55 - (15)^2/5\right]\left[63 - (17)^2/5\right]}$$

$$= 6\ /\ \sqrt{\left[55 - 225/5\right]\left[63 - 289/5\right]}$$

$$= 6\ /\ \sqrt{\left[55 - 45\right]\left[63 - 57.8\right]}$$

$$= 6\ /\ \sqrt{\left[10\right]\left[5.2\right]}$$

$$= 6\ /\ \sqrt{52}$$

$$= 6\ /\ 7.2$$

$$= 0.83$$

ومع أنه يمكن استخدام معامل ارتباط بيرسون لتقدير العلاقة بين المتغيّرات مهما اختلفت طبيعتها أو مستويات قياسها، إلا أن هذا المعامل قد لا يُعطي مؤشراً دقيقاً في بعض الحالات، مما يقتضي- استخدام أحد المقاييس البديلة والتي تُعدّ حالات خاصة من معامل ارتباط بيرسون. وقبل استعراض أهم المقاييس البديلة لمعامل ارتباط بيرسون والتي تناسب حالات معيّنة، لا بدّ من توضيح مفهوم أساسي يستند عليه قرار استخدام أحد المقاييس البديلة وهو مفهوم المتغيّر الثنائي المتقطّع Dichotomous، ويُقصد به المتغيّر الذي لا يأخذ سوى قيمتين اثنتين فقط ولا يحتمل التجزئة كأن نقول (صفر، 1) أو (نعم، لا). وتجدر الإشارة إلى أن المتغيّر المتقطّع قد يكون متقطّعاً حقيقياً مثل متغيّر الجنس الذي ينقسم بطبيعته إلى فئتين (ذكر، أنثى)، أو متقطّعاً مصطنعاً كمتغيّر الطول فيما لو قسّمنا طلبة الصف إلى فئتين (طويل، قصير) استناداً لمعيار معيّن، أو كمتغيّر التحصيل فيما لو صنّفنا الطلبة في فئتين (ناجح، راسب) استناداً لمعيار معيّن للنجاح.

معامل فاي Phi (Φ):

ويُستخدم كمؤشر على العلاقة بين متغيّرين متقطّعين ثنائيين حقيقيين (X، Y). ويُستخرج من خلال تطبيق القاعدة:

$$\Phi_{xy} = P_c - P_x P_y / \sqrt{P_x(1-P_x)P_y(1-P_y)} \text{ .... (8-5)}$$

حيث:

P_c : نسبة الأفراد المصنّفين في الفئة الأولى على المتغيّرين X، Y.

P_x : نسبة الأفراد المصنّفين في الفئة الأولى على المتغيّر X.

P_y : نسبة الأفراد المصنّفين في الفئة الأولى على المتغيّرY.

مثال (5-11):

ما العلاقة بين التدخين (مدخّن، غير مدخّن) والجنس (ذكر، أنثى) إذا علمت أن إجابات (20) رجلاً و(20) امرأة لدى سؤالهم عما إذا كانوا من المدخنين كانت كما هي مبيّنة في الجدول الآتي:

الجنس (Y) / التدخين (X)	ذكر (1)	أنثى (0)	المجموع
مدخّن (1)	16	12	28
غير مدخّن (0)	4	8	12
المجموع	20	20	40

الحل:

لايجاد قيمة فاي Phi (Φ) نقوم بحساب نسبة المدخنين الذكور (P_c) باعتبار أننا أعطينا المدخّنين القيمة (1) على المتغيّر الأول (X)، وأعطينا الذكور القيمة (1) أيضاً على المتغيّر (Y)، وهي هنا: 40/16 وتساوي (0.40). بعد ذلك نحسب نسبة المدخّنين (P_x) بصرف النظر عن الجنس وهي هنا: 40/28 وتساوي

0.70)، ونحسب نسبة الذكور بصرف النظر عن التدخين (P_y) وهي هنا: 40/20 وتساوي (0.50). وأخيراً نطبّق القاعدة (5-8) لحساب قيمة فاي (Φ) على النحو الآتي:

$$\Phi_{xy} = P_c\text{-}P_xP_y / \sqrt{P_x(1-P_x)P_y(1-P_y)}$$

$$= 0.40\text{-}(0.70*0.50) / \sqrt{(0.70)(0.30)*(0.50)(0.50)}$$

$$= 0.05 / \sqrt{0.21*0.25}$$

$$= 0.05/0.23$$

$$= 0.22$$

لاحظ أن العلاقة بين التدخين والجنس هي علاقة طردية؛ بمعنى أن هناك علاقة بين التدخين والجنس حيث يميل الذكور أكثر من الإناث للتدخين. وتجدر الإشارة هنا إلى أن مدى معامل فاي (Φ) ليس كما نتوقعه بين (+1، -1) كما هو الحال بالنسبة لمعامل بيرسون كون الأول هو حالة خاصة من الثاني إلا في حالة واحدة فقط وهي عندما يكون P_x مساوياً لـ P_y.

معامل الارتباط الرباعي (Tetrachoric (r_{tet}):

ويُستخدم كمؤشر على العلاقة بين متغيّرين ثنائيين متقطّعين ثنائيين مصطنعين (X، Y)، ويتضمن حسابه نوع من التصحيح لمعامل ارتباط بيرسون فيما لو تمّ حسابه باعتبار أن المتغيّرين من النوع المتّصل. وفي كل الأحوال، فإن حساب معامل الارتباط الرباعي خارج عن سياق هذا الكتاب بسبب صعوبة اختصاره في قاعدة معيّنة، إلا أنه يمكن استخراجه باستخدام إحدى الرزم الإحصائية.

معامل الارتباط الثنائي المتسلسل النقطي (بوينت بايسريال) $: Point-biserial (r_{pbis})$

ويُستخدم كمؤشر على العلاقة بين متغيّر ثنائي متقطّع (X) ومتغيّر متّصل (Y)، وبخاصة لدى بناء الاختبارات والمقاييس عندما نرغب في حساب العلاقة بين أداء المفحوصين على كل فقرة من فقرات المقياس والأداء على المقياس بشكل عام (معامل تمييز الفقرة)، بحيث يمثّل المتغيّر (X) متغيّر النجاح على الفقرة الذي يأخذ قيمتين (1، 0) بحيث تُشير القيمة (1) إلى النجاح أو الإجابة الصحيحة عن الفقرة بينما تُشير القيمة (0) إلى الرسوب أو الإجابة الخاطئة عن الفقرة، أما المتغيّر (Y) فهو عبارة عن درجة المفحوص الكلية على الاختبار والتي تمثّل عدد الفقرات التي أجاب عنها المفحوص إجابة صحيحة. وتُستخدم القاعدة الآتية في حساب هذا المعامل:

$$r_{pbis} = [M_{Y1}-M_Y/s_Y] \sqrt{P_X/(1-P_X)} \quad \text{.........} \quad (9\text{-}5)$$

حيث:

M_{Y1} : متوسط درجات الأفراد الذين أجابوا إجابة صحيحة عن الفقرة على المتغيّر المتّصل (Y).

M_Y : متوسط درجات جميع الأفراد (بصرف النظر عن صحة الإجابة) على المتغيّر المتّصل (Y).

s_Y : الانحراف المعياري لدرجات جميع الأفراد على المتغيّر المتّصل (Y).

p_x : نسبة الأفراد الناجحين على الفقرة.

مثال (5-12):

ما العلاقة بين الأداء على الفقرة الأولى في اختبار ما والأداء على الاختبار كاملاً إذا علمت أن عدد المفحوصين هو (15) طالباً كانت إجاباتهم عن الفقرة الأولى (X) ودرجاتهم على الاختبار كاملاً (Y) كما هو مبيّن في الجدول الآتي:

							المفحوص								
15	14	13	12	11	10	9	8	7	6	5	4	3	2	1	
1	1	1	1	1	1	1	1	1	1	0	0	0	0	0	X
5	6	7	9	6	8	9	7	5	4	7	5	0	4	1	Y

الحل:

لإيجاد قيمة معامل بوينت بايسيريال (r_{pbis}) Point-biserial فإننا نجري الحسابات الآتية:

$$M_{Y1} = (4+5+ \ldots +6+5)/10 = 66/10 = 6.6$$

$$M_Y = (1+4+ \ldots +6+5)/15 = 83/15 = 5.53$$

$$s_Y = \sqrt{\left[\left(1^2 + 4^2 + \ldots + 6^2 + 5^2\right)/15 - (5.53)^2\right]}$$

$$= \sqrt{(553/15) - 30.58} = 2.51$$

$$p_x = 10/15 = 0.67$$

$$r_{1y} = [(6.6\text{-}5.53)/2.51] \sqrt{0.67/0.33} = 0.61$$

لاحظ أن مدى معامل ارتباط بوينت بايسيريال (r_{pbis}) يشبه مدى معامل ارتباط فاي (Φ) إذ أنه ينخفض كلما ابتعدت (p_x) عن (0.5).

معامل الارتباط الثنائي المتسلسل (بايسيريال) Biserial (r_{bis}):

ويُستخدم كمؤشر على العلاقة بين متغيّر ثنائي متقطّع بشكل مصطنع (X) ومتغيّر متّصل (Y). وهو بالنسبة لمعامل بوينت بايسيريال (r_{pbis}) مثل معامل الارتباط الرباعي (r_{tet}) بالنسبة لمعامل فاي (Φ)، إذ أنه عبارة عن نوع من التصحيح لمعامل ارتباط بيرسون فيما لو تمّ حسابه باعتبار عدم اصطناع تقطيع المتغيّر (X). وبالمثل، فإن حساب هذا المعامل خارج عن سياق هذا الكتاب.

معامل ارتباط الرتب Spearman rank-order (r_s):

ويُستخدم كمؤشر على العلاقة بين متغيّرين متّصلين يقعان في مستوى التراتيب من مستويات القياس وذلك عندما يتّم ترتيب الأفراد على كلا المتغيّرين بالطريقة نفسها (إما تصاعدياً أو تنازلياً). كما أنه يُستخدم أيضاً لدى استخدامنا للوسيط لوصف المشاهدات ضمن مقاييس النزعة المركزية، واستخدامنا لنصف المدى الربعي كمقياس للتشتت. وتجدر الإشارة إلى أنه إذا كان أحد المتغيّرين يقع في المستوى الرتبي كرتب الأفراد في الصف مثلاً، لكن المتغيّر الثاني يقع في المستوى الفتري كالدرجات على مقياس للذكاء مثلاً، فإن الأمر يقتضي تحويل المشاهدات على المتغيّر الثاني (درجات الأفراد على مقياس الذكاء) إلى رتب حتى نتمكن من استخدام معامل ارتباط الرتب. أما بالنسبة لطريقة حساب معامل ارتباط الرتب، فتتم وفقاً للقاعدة:

$$r_s = 1-[6\ \Sigma D^2/(n^3-n)] \quad .... \quad (10\text{-}5)$$

حيث:

ΣD^2 : مجموع مربعات الفروق بين الرتب المتناظرة

n : عدد الأفراد

مثال (5-13):

إذا كانت رتب خمسة أفراد في مسابقتين للجري (X) ورمي الرمح (Y) على النحو الآتي، فما هو معامل الارتباط بين أداء الأفراد في المسابقتين؟

X (الجري)	2	3	5	1	4	
Y (رمي الرمح)	1	4	2	3	5	
D	1	1	3	2	1	
D^2	1	1	9	4	1	16

لحساب معامل ارتباط سبيرمان بين متغيّري الجري ورمي الرمح، نقوم بما يأتي:

- نحسب الفروق المطلقة بين كل رتبتين متناظرتين ونعطيها الرمز (D) (أنظر الصـف الثالـث في الجدول أعلاه).

- نربع الفروق المحسوبة في الخطوة السابقة ونعطيها الرمز (D^2)، ثم نجمـع هـذه المربعـات كما تظهر في الصف الرابع في الجدول أعلاه.

- نحسب معامل الارتباط من خلال القاعدة السابقة:

$$r_s = 1-[6(16)/(125-5)]$$
$$= 1-[96/120]$$
$$= 1- 0.80$$
$$= 0.20$$

دلالة معامل الارتباط:

تعتمد دلالة معامل الارتباط على نوع الدراسة، فإذا كانت الدراسة مـن النـوع الوصـفي التـي لا تتعدى وصف العلاقة بين متغيّرين، أو إذا شملت الدراسة كافة أفراد المجتمع المسـتهدف ولم يكـن هنـاك حاجة لاستخدام أساليب الإحصاء الاستدلالي أو اختبارات الدلالـة، فيمكـن الاعـتماد عـلى الأوصـاف الآتيـة للحكم على معامل الارتباط:

قيمة معامل الارتباط	وصف العلاقة
صفر	صفرية أو معدومة
0.19 – 0.01	ضعيفة جداً
0.39 – 0.20	ضعيفة
0.59 – 0.40	متوسطة
0.79 – 0.60	قوية
0.99 – 0.80	قوية جداً
1.00	تامة

أما في الدراسات التجريبية والتي تستهدف تقدير العلاقة بين المتغيّرات في المجتمع من خلال استخدام عيّنة من الأفراد، فلا بدّ من اللجوء إلى اختبارات الدلالة، إذ نقوم بعد حساب معامل الارتباط في العيّنة بالرجوع إلى جدول خاص بدلالة معامل الارتباط (ملحق 3) لتعرّف دلالته. ويشتمل الجدول على القيم الحرجة أو الحدود الدنيا لمعاملات الارتباط ذات الدلالة الإحصائية عند مستويات دلالة مختلفة. فإذا بلغ معامل الارتباط مثلاً بين الذكاء والمعدّل التراكمي في عيّنة حجمها (100) طالب في جامعة ما (0.23)، فإننا نتساءل عن دلالة قيمة معامل الارتباط المحسوب من العيّنة في المجتمع (الجامعة المعنيّة هنا). وللكشف عن دلالة هذا المعامل، فإننا نقارن القيمة المحسوبة السابقة بالقيمة الحرجة لمعامل الارتباط والتي نجدها في تقاطع الصف الخاص بدرجات الحرية في الجدول الخاص بدلالة معامل الارتباط (ملحق 3 (لاحظ هنا أن درجات الحريّة هي عبارة عن حجم العيّنة-2 أو (100-2=98)، والعمود الخاص بمستوى الدلالة وليكن (0.05) علماً بأن الاختبار هو اختبار الذيلين، وهي (0.195). وبمقارنة القيمة المحسوبة بالقيمة الحرجة، يتبيّن أن القيمة المحسوبة أكبر من القيمة الحرجة، فنستنتج أن قيمة معامل الارتباط المحسوبة هي ذات دلالة إحصائية عند مستوى دلالة (0.05). لاحظ أن القيمة نفسها لمعامل الارتباط ليست ذات دلالة إحصائية عند مستوى الدلالة (0.01) لأن القيمة المحسوبة هي أقل من القيمة الحرجة لمعامل الارتباط عند مستوى دلالة (0.01) وهي (0.254).

تفسير معامل الارتباط :

يتعيّن على الباحث أن يعي الحقائق الآتية لدى تفسيره لمعامل الارتباط:

- **الارتباط والسببيّة:** إن معامل الارتباط بحد ذاته ليس أكثر من مؤشر على قوة واتجاه العلاقة بين المتغيّرين، ولا يمكن لمعامل الارتباط أن يفسّر سبب

وجود العلاقة. وهذا يعني أن مجرّد وجود علاقة ارتباطية بـين متغيّرين لا يعني بـأي حـال مـن الأحوال أن أحدهما سبب في الآخر؛ بمعنى أن الارتباط لا يعني السببية. ومع هـذا نجـد كثيـر مـن الباحثين يفسّرون العلاقات الارتباطية على أنها علاقات سببيّة. فعلى سبيل المثـال، مـع أن التـدخين يرتبط بأمراض القلب لا يمكن أن ندّعي بأن التدخين مسبّب لأمراض القلب إذ أن هنـاك عـدد مـن المدخنين غير مصابين بأمراض القلب مع أنه قد يكون واحداً مـن عـدة أسـباب لكـن مجـرّد وجـود علاقة بين المتغيّرين لا يجزم بها.

- **الارتباط وضيق المدى**: يتعيّن على الباحث أن يكون حذراً لدى تفسيره لمعامل الارتباط عنـدما لا تُغطي المشاهدات كامل المدى للمتغيّرين. فإذا أراد باحث مثلاً الكشـف عـن العلاقـة بـين الـذكاء والإبداع لدى طلبة الجامعة، وقام باختيار مجموعة من طلبة الدراسات العليا لهـذا الغـرض، فـإن معامل الارتباط المحسوب في مثل هذه الحالة قـد يختلـف اختلافـاً جوهريـاً عنـه فيمـا لـو اختـار الباحث طلبة من مختلف المستويات الدراسية في الجامعة، لأن مدى المشاهدات المتعلقـة بالـذكاء هنا محدّداً ولا يُغطي المدى الكامل لمعامل الذكاء. ويوضّح الشكل (5-6) اختلاف معامل الارتباط المحسوب لعيّنة متحيّزة عنه فيما لو لم تكن العيّنة متحيّزة، حيث يُلاحظ مـن مخطّط الانتشار في الشكل (5-6 (أ)) أن العلاقة بين المتغيّرين (X، Y) تبدو ضعيفة جداً عنـدما تؤخـذ جميـع النقاط بعين الاعتبار، إلا أنها تُصبح قوية عنـدما تُستثنى المشاهدات في يسار الشكل وتؤخذ النقاط الموجودة في أقصى اليمـين فقـط بعـين الاعتبـار. أمـا الشـكل (5-6 (ب))، فيوضّـح أن العلاقـة بـين المتغيّرين (X، Y) تبدو قوية جداً عندما تؤخذ جميع النقاط بعين الاعتبار، إلا أنها تُصبح معدومـة أو صفرية عندما تُستثنى المشاهدات في يسار الشكل وتؤخذ النقاط الموجودة في أقصى اليمين فقط بعين الاعتبار.

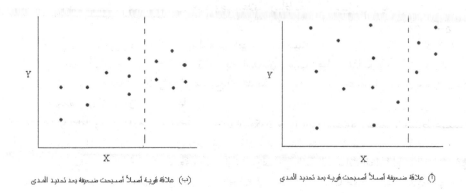

(أ) علاقة ضعيفة أصلاً أصبحت قوية بعد تحديد المدى
(ب) علاقة قوية أصلاً أصبحت ضعيفة بعد تحديد المدى

شكل (5-6)

أثر ظاهرة ضيق المدى في معامل الارتباط

- **المشاهدة المتطرفة ومعامل الارتباط:** وتعني أن وجود مشاهدة متطرفة على أحد المتغيّرين أو كليهما يؤثّر بشكل كبير على معامل الارتباط. ويتّضح من مخطّط الانتشار في الشكل (5-7 (أ)) أن معامل الارتباط المحسوب لستة أفراد بين المتغيّرين (X، Y) تقترب من الصفر، إلا أنه بعد إضافة مشاهدة واحدة فقط متطرّفة للمشاهدات الست السابقة يُصبح معامل الارتباط قوياً جداً كما هو مبيّن في الشكل (5-7 (ب)).

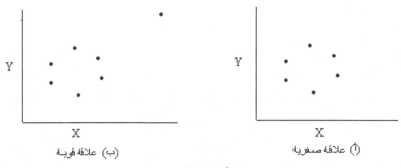

(أ) علاقة صفرية
(ب) علاقة قوية

شكل (5-7)

أثر وجود مشاهدات متطرفة في معامل الارتباط

- **الارتباط والتنبؤ:** يلجأ معظم الباحثين إلى تفسير العلاقة بين متغيّرين من خلال الحكم على معامـل الارتباط مباشرة. ومع أن هذا الأمر جائز، إلا أنه يُستحسـن أن يـتم تربيـع معامـل الارتبـاط فـيما يُسمى بمعامل التحديد Determination Coefficient لـدى تفسـيرالعلاقة بـين المتغـيّرين لأن الهـدف النهائي للباحث هو الكشف عن مستوى الدقة في التنبؤ إذا ما علمنا العلاقة بـين متغـيّرين معيّـنين. ويقيس معامل التحديد نسبة التباين في متغيّر معيّن والذي يّعزى للعلاقة بين هذا المتغـيّر والمتغـيّر الثاني. فإذا بلغ معامـل الارتبـاط بـين متغـيّرين (X ،Y) (0.80) مـثلاً، فـإن (64%) مـن التبـاين في المتغيّر(Y) يمكن التنبؤ به من خلال العلاقة بين المتغيّرين.

الوحدة السادسة
مقدمة في اختبار الفرضيات
Introduction to Hypotheses Testing

لقد سبقت الإشارة في الوحدة الثالثة إلى أنه يتعذّر على الباحث في كثير مـن المواقـف البحثيـة القيام بحصر شامل أو التوصّل إلى جميع عناصر مجتمع الدراسة لـدى جمعـه للبيانـات لسـبب أو لآخـر. ولهذا، فقد جرت العادة أن يلجأ الباحثون إلى استخدام أسلوب المعاينة وجمع البيانات المتعلقـة بمتغـيّرات الدراسة من خلال مجموعة جزئية من أفراد المجتمع المستهدف. وبما أن الهدف النهائي للبحـث لا يتوقـف عند حدود دراسة خاصية معيّنة لدى مجموعة جزئية من المجتمع، وإنما يتعدى ذلك إلى تعمـيم النتيجـة التي يتم التوصّل لها من العيّنة على مجتمع الدراسة، فإننا نلجأ إلى أسلوب اختبار الفرضيات الـذي يُعـرّف بأنه أسلوب إحصائي يمكّن من الاستدلال على معلمة المجتمع Parameter من خلال إحصائي العيّنة Statistic. وبما أن العيّنات المسحوبة من المجتمع نفسه ليست متشابهة، فإن أساليب الإحصاء الاستدلالي تـدور حـول التساؤل: "ما احتمال الحصول على النتائج نفسها فيما لو تغيّرت العيّنة أو تم إخضاع كافة عناصر المجتمـع للدراسة؟" مما يعني أن الإحصاء الاستدلالي يقوم على لغة الاحتمال.

وبشكل عام، تتلخص إجراءات اختبار الفرضية في صياغة الفرضية حـول معلمـة المجتمـع التـي نعـبّر عنهـا بقيمـة رقميـة تـدلّ عـلى خاصيّـة مـا في المجتمـع كالقول مثلاً أن متوسط ذكاء الطلبة في الجامعة هو 110 ($\mu=110$)، ثم اختيار عيّنة عشوائية من المجتمع، وجمع البيانات عن أفراد العيّنة، ثم مقارنة مؤشّر بيانات العيّنة بمؤشّر المجتمع. وفي حـال تبيّـن أن مـؤشّر العيّنة يختلف اختلافاً جوهرياً عن مؤشّر المجتمع فإننا نسلّم بخطأ الفرضية مما يدفعنا إلى رفضها، أما

إذا تبيّن أن مؤشّر العيّنة لا يختلف عن مؤشّر المجتمع فإننا نستنتج أن الفرضية مقبولة.

وقد جرت العادة لدى صياغتنا للفرضيات أن نستخدم الأحرف الرومانية للدلالة على إحصائيات العيّنة، ونستخدم الأحرف اليونانية للدلالة على معالم المجتمعات. فنرمز على سبيل المثال لمتوسط العيّنة بالرمز (M) ولمتوسط المجتمع بالرمز (μ) ويُلفظ (ميو)، ونرمز لتباين العيّنة بالرمز (S^2) ولتباين المجتمع بالرمز (σ^2)، كما نرمز لمعامل الارتباط في العيّنة بالرمز (r) ولمعامل الارتباط في المجتمع بالرمز (ρ) ويُلفظ (رو)، ونرمز للنسبة في العيّنة بالرمز (P) وللنسبة في المجتمع بالرمز (Π) وتُلفظ (باي).

يعتمد أسلوب اختبار الفرضيات على مفهومين أساسيين في الإحصاء الاستدلالي هما التوزيع العيني Sampling Distribution والخطأ المعياري Standard Error. ويُقصد بالتوزيع العيني التوزيع التكراري لإحصائي معيّن محسوباً لعدد كبير من العيّنات ذات الحجم نفسه من مجتمع الدراسة. فلو قمنا مثلاً باختيار عدد كبير من العيّنات من نفس الحجم من مجتمع ما، وحسبنا المتوسط الحسابي لخاصيّة ما في كل عيّنة من تلك العيّنات، ثم قمنا بتنظيم هذه الأوساط في توزيع تكراري، فإن هذا التوزيع يُسمى بالتوزيع العيني للأوساط Sampling Distribution of the Means، ويقترب شكله من شكل التوزيع الاعتدالي كلما ازداد عدد العيّنات بحسب نظرية النهاية المركزية Central Limit Theorem. وبطبيعة الحال، فإننا نتوقع أن تختلف هذه الأوساط عن بعضها بعضاً، وتختلف أيضاً عن متوسط المجتمع. ويُسمى هذا الاختلاف المتوقع بين أوساط العيّنات بالخطأ العيني Sampling Error الذي يُعدّ أمراً محتوماً ليس للباحث أي دور في ضبطه. وتجدر الإشارة إلى أن مفهوم الخطأ العيني يختلف عن مفهوم التحيّز العيني Sampling Bias الذي يعني تحيّز الباحث في اختيار عيّنة الدراسة بشكل مقصود لسبب أو

لآخر. ولمّا كانت أوساط العيّنات المختلفة تختلف عن بعضها بعضاً، وتختلف عن متوسط المجتمع المسحوبة منه، فإننا نتساءل عما إذا كانت هذه الفروق بين الأوساط المختلفة ناتجة عن أخطاء المعاينة أم أنها تعكس فروقاً حقيقية.

ولحسن الحظ، إن الفروق بين أوساط العيّنات ومتوسط المجتمع أو ما يُسمى بالتذبذبات العشوائية حول متوسط المجتمع تسلك بشكل منتظم وتتوزع اعتدالياً بمتوسط مقداره متوسط المجتمع وهو المتوسط العام لأوساط العيّنات المختلفة، وانحراف معياري يُسمى الخطأ المعياري للمتوسط في هذه الحالة Standard Error of the Mean الذي يُرمز له بالرمز $\left(\sigma_{\overline{X}}\right)$. وبهذا يكون الخطأ المعياري هنا هو الانحراف المعياري لأوساط العيّنات المختلفة حول متوسط المجتمع المقدّر من خلال حساب المتوسط العام لهذه العيّنات. وهذا يعني أنه يمكننا حساب الخطأ المعياري للتوزيع العيني للأوساط من خلال القاعدة الآتية:

$$\sigma_{\overline{X}} = \boldsymbol{\sigma} / \sqrt{n} \quad ....\ (1\text{-}6)$$

حيث:

$\sigma_{\overline{X}}$: الخطأ المعياري للمتوسط

σ : الانحراف المعياري للمجتمع

n : حجم العيّنة

وبما أن الباحث لا يقوم باختيار كافة العيّنات الممكنة ذات الحجم نفسه والتي تُشكّل الإطار العيني لهذه العيّنات في المجتمع وإنما يقوم باختيار عيّنة واحدة فقط، فإن الانحراف المعياري للمجتمع هو قيمة مجهولة في معظم الأحيان. لهذا فإننا نستعيض عن الانحراف المعياري للمجتمع بالانحراف المعياري للعيّنة لتقدير قيمة الخطأ المعياري من خلال القاعدة الآتية:

$$s_{\overline{X}} = s / \sqrt{n} \quad ....\ (2\text{-}6)$$

حيث:

$s_{\bar{x}}$: الخطأ المعياري للمتوسط مقدّراً من العيّنة

s : الانحراف المعياري للعيّنة

n : حجم العيّنة

وتجدر الإشارة إلى أن ما ينطبق على الخطأ المعياري للمتوسط الذي تناولناه بالشرح ينسحب أيضاً على الأخطاء المعيارية الأخرى كتلك المتعلقة ببقية مقاييس النزعة المركزية ومقاييس التشتت والعلاقة والنسبة...الخ. هذا بالإضافة إلى أننا سنوظّف مفهوم الخطأ المعياري لدى الكشف عن دلالة الفرق بين متوسطيّ مجموعتين كما سنرى لاحقاً.

خطوات اختبار الفرضية Steps of Hypothesis Testing:

قبل البدء بشرح خطوات اختبار الفرضية، لا بدّ للباحث تعرّف الفرق بين الفرضية الإحصائية Statistical Hypothesis والفرضية العلمية Scientific Hypothesis. وقد سبقت الإشارة في الوحدة الثانية إلى أن الفرضية العلمية هي تخمين ذكي أو حل مقترح لمشكلة ما، تُصاغ بشكل يحتمل الصواب والخطأ. أما الفرضية الإحصائية في المقابل، فهي جملة رقميّة حول معلمة مجهولة للمجتمع تُصاغ على هيئة جملة خبرية تحتمل الصواب والخطأ أيضاً كالقول مثلاً أن متوسط ذكاء طلبة الجامعة هو (110)، أو القول بأنه لا يوجد فرق بين متوسطي ذكاء الذكور والإناث في المجتمع. وفي واقع الأمر إن الفرضية الإحصائية هي ترجمة رقمية للفرضية العلمية بحيث تُصبح قابلة للاختبار. وبما أن الفرضية الإحصائية تحتمل الصواب والخطأ، فإننا نستخدم منطق الاستدلال الإحصائي الذي يقوم على فكرة الاحتمال للتوصل إلى قرار بشأن الفرضية، فإما أن نرفض الفرضية عندما توفر البيانات التي نجمعها عن الأفراد أدلة كافية تمكّن من رفضها، أو نفشل في

رفضها عندما لا توفّر البيانات أدلة مقنعة تمكّن من رفضها. وهذا يعني أننا في كل الأحوال سواء رفضنا الفرضية أو فشلنا في رفضها فإننا نرتكب خطأ من نوع ما. وبشكل عام، يقوم أسلوب اختبار الفرضية على أربع خطوات هي:

1- صياغة الفرضية الصفرية Null Hypothesis والتي نرمز لها بالرمز (H_0) وهي الفرضية التي نُخضعها للاختبار وتُشير إلى العدم، والفرضية البديلة Altarnative Hypothesis وهي الفرضية المعاكسة للفرضية الصفرية ونرمز لها بالرمز (H_1) والتي نقبلها إذا رفضنا الفرضية الصفرية. ويوضّح الجدول (6) مجموعة من الأمثلة حول كيفية صياغة الفرضيتين الصفرية والبديلة لغةً ورموزاً.

جدول (6-1)

أمثلة حول صياغة الفرضية الصفرية والفرضيه البديله لغةً ورموزاً

الفرضية الصفرية		الفرضية البديلة	
لغةً	رموزاً	لغةً	رموزاً
لا يختلف متوسط ذكاء أفراد المجتمع عن (100).	$H_0 : \mu = 100$	يختلف متوسط ذكاء أفراد المجتمع عن (100).	$H_1 : \mu \neq 100$
لا يختلف تباين ذكاء أفراد المجتمع عن (15).	$H_0 : \sigma^2 = 15$	يختلف تباين ذكاء أفراد المجتمع عن (15).	$H_1 : \sigma^2 \neq 15$
لا يوجد علاقة بين متغيّري التحصيل والذكاء في المجتمع.	$H_0 : \rho = 0$	يوجد علاقة بين متغيّري التحصيل والذكاء في المجتمع.	$H_1 : \rho \neq 0$
لا تختلف نسبة المدخنين عن نسبة غير المدخنين في المجتمع.	H_0 : Л = 0.5	تختلف نسبة المدخنين عن نسبة غير المدخنين في المجتمع.	H_1 : Л ≠ 0.5
لا يختلف متوسط تحصيل المجموعة التجريبية عن متوسط تحصيل المجموعة الضابطة في المجتمع.	$H_0 : \mu_E = \mu_C$	يختلف متوسط تحصيل المجموعة التجريبية عن متوسط تحصيل المجموعة الضابطة في المجتمع.	$H_1 : \mu_E \neq \mu_C$
لا يختلف تباين تحصيل المجموعة التجريبية عنه لدى المجموعة الضابطة في المجتمع.	$H_0 : \sigma^2_E = \sigma^2_C$	يختلف تباين تحصيل المجموعة التجريبية عنه لدى المجموعة الضابطة في المجتمع.	$H_1 : \sigma^2_E \neq \sigma^2_C$
لا يختلف معامل ارتباط الذكاء بالتحصيل لدى الذكور عنه لدى الإناث في المجتمع.	$H_0 : \rho_M = \rho_F$	يختلف معامل ارتباط الذكاء بالتحصيل لدى الذكور عنه لدى الإناث في المجتمع.	$H_1 : \rho_M \neq \rho_F$
لا يختلف متوسط تحصيل أفراد المجموعة الأولى عنه بالنسبة للمجموعة الثانية وعنه بالنسبة للمجموعة الثالثة.	$H_0 : \mu_1 = \mu_2 = \mu_3$	يختلف متوسط تحصيل أفراد المجموعة الأولى عنه بالنسبة للمجموعة الثانية وعنه بالنسبة للمجموعة الثالثة.	$H_0 : \mu_1 \neq \mu_2 \neq \mu_3$

لاحظ أن الفرضية البديلة في الأمثلة السابقة تُسمى فرضية غير متّجهة Non-Directional أو غير محدّدة الاتجاه، ويسمى الاختبار الإحصائي المستخدم لاختبار مثل هذه الفرضيات باختبار الذيلين Two-Tailed Test. وفي المقابل، قد يضطر الباحث أحياناً إلى تحديد اتجاه الفرضية البديلة، وعندها تُسمى الفرضية البديلة بالفرضية المتّجهة Directional كالقول مثلاً أن متوسط أوزان الأطفال حديثي الولادة يقل عن (3) كغم، ويُعبّر عنها بالرموز على النحو: ($H_1: \mu<3$)، وفي مثل هذه الحالة، يُسمى الاختبار الإحصائي المستخدم لاختبار الفرضية باختبار الذيل الواحد One-Tailed Test. ومما لا شك فيه أن الفرضية غير المتّجهة هي دائماً أفضل من الفرضية المتّجهة حتى لو كان الباحث متأكداً من اتجاه الفرضية سواء كان بالزيادة أو النقصان. وفي حال كانت الفرضية البديلة متّجهة، فإننا ننصح الباحث بأن يبدأ بصياغة الفرضية البديلة أولاً ثم ينتقل إلى صياغة الفرضية الصفرية. فعلى سبيل المثال، لو كان لدى الباحث توقع بزيادة أوزان الأطفال الرضّع في سن معيّن نتيجةً لتناولهم فيتامين معيّن أكثر من الوزن الطبيعي في ذلك العمر وليكن (6) كغم، فإننا نصوغ الفرضية البديلة على النحو الآتي: $H_1: \mu > 6$، وتكون الفرضية الصفرية هنا هي: $H_0: \mu \le 6$.

2- نحسب قيمة الخطأ المعياري الذي يعتمد حسابه على الفرضية موضع الاختبار، ففي حال كنا نختبر الفرضية حول المتوسط الحسابي، فإننا نحسب قيمة الخطأ المعياري للتوزيع العيني للأوساط من خلال القاعدة: $\sigma_{\bar{X}} = \sigma / \sqrt{n}$ إذا كان الانحراف المعياري للتوزيع في المجتمع معلوماً، ومن خلال القاعدة: $s_{\bar{X}} = s / \sqrt{n}$ إذا كان الانحراف المعياري للمجتمع مجهولاً.

3- نحسب القيمة المحسوبة لاختبار الدلالة المستخدم.

5- نحدّد القيم الحرجة لاختبار الدلالة المستخدم من خلال تقسيم التوزيع إلى منطقتي رفض وقبول في حال كانت الفرضية غير متّجهة (اختبار الذيلين)، ونرى

أين تقع القيمة المحسوبة بالنسبة للحدود الحرجة أو لمنطقتي القبول والرفض. فإذا وقعت القيمة المحسوبة في منطقة الرفض فإننا نرفض الفرضية الصفرية ونقبل بالتالي الفرضية البديلة، وإذا وقعت في منطقة القبول فإننا نُعلن فشلنا في رفض الفرضية الصفرية.

وقد يبدو الاهتمام بالفرضية الصفرية بدلاً مـن الفرضـية البديلـة أمـراً مخالفـاً للمنطـق، إذ قـد يتساءل القارئ: لماذا لا نحاول اثبات الفرضيّة البديلة بـدلاً مـن محاولتنـا دحـض الفرضيـة الصـفرية؟! إن الإجابة عن هذا التساؤل في واقع الأمر تأتي من القيود المفروضة على منطق الاستدلال لأننا ببساطة نعتمـد على ما توفّره بيانات عيّنة واحدة فقط من أدلة للاستدلال على معلمـة المجتمـع. هـذا يعنـي أن محاولـة إثبات الفرضيّة تحتّم تكرار إجراء الدراسة على كافة العيّنات الممكنة في المجتمع وهو أمر مستحيل. فعـلى سبيل المثال، لو أراد باحث اختبار الفرضية التي تـنصّ عـلى أن جميـع طلبـة الصـف السـادس الأسـاسي في الأردن موهوبين، وقام باختيار طالب واحد من مجتمع الطلبة المقصود، وتبـيّن أنـه موهـوب، فهـل يكـون بذلك قـد أثبـت الفرضـية؟ بالتأكيـد لا، لأنـه ببسـاطة وجـود طالـب موهـوب لا يعنـي أن جميـع الطلبـة موهوبين، لكن في المقابل، لو تبيّن أن الطالب المذكور غير موهوب يكون الباحث قد أثبت خطأ الفرضية.

خلاصة القول، إنه من الأيسر أن نبيّن خطأ شيئ ما بدلاً من أن نثبت صحّته. لهذا السبب، فإننـا نستخدم تعبير "الفشل في رفض الفرضية الصفرية" بدلاً من اسـتخدامنا لتعبـير "قبـول الفرضـية الصـفرية" عندما لا توفّر بيانات العيّنة أدلة كافية لرفضها.

اختبارات الدلالة Tests of Significance:

هناك عدد من اختبارات الدلالة التي نستخدمها في اختبار الفرضيات. ويعتمد اختيـار الباحـث لاختبار الدلالة المناسب على جملة من العوامل كمستوى القيـاس المسـتخدم في قيـاس متغـيّرات الدراسـة،

وطريقة أو أسلوب المعاينة، وعدد المجموعـات، وعـدد المتغيّرات المسـتقلة. وبـما أن موضوع اختبارات الدلالة هو موضوع طويل، فـإن حديثنا سيقتصـرـ علـى أهـم اختبـارات الدلالـة كاختبـار "t" واختبـار "F" المتعلقين باختبار الفرضيات حول المتوسط الحسـابي، واختبـار مربـع مربـع كـاي (χ²) المتعلق باختبـار الفرضيات حول النسبة. وتجدر الملاحظة إلى أن إجـراءات الاختبارات الثلاثة السابقة تستلزم تحديـد الباحث لما يأتي:

1- **نوع الاختبار (بذيل أو بذيلين):** وهذا يتحـدّد بطبيعـة الفرضيـة البديلة، فإذا كانت الفرضية البديلة غير متّجهة يكون الاختبار بذيلين، أمـا إذا كانت الفرضية البديلة متّجهة فيكون الاختبـار بذيل واحد. ونعني باختبار الذيلين أن الباحث يختبر الفرضية الصفرية باحثاً عن أدلة في بيانات العيّنة تكون فيها القيمة المحسوبة لاختبار الدلالة المسـتخدم أقل مـن القيمة الحرجة لهـذا الاختبار في الجهة اليسرى من المنحنى، أو أكبر من القيمة الحرجة لاختبار الدلالة المستخدم في الجهة اليمنى من المنحنى. وهو بهذا يحدّد قيمتين حرجتين اثنتين أو أنه يقسم مستوى الدلالـة إلى نصفين (α/2) (أنظر الشكل 6-1 (أ)). أمـا إذا كان الاختبار بذيل واحد، فـإن الباحـث يختبـر الفرضية الصفرية باحثاً عن أدلة في بيانات العيّنة تكون فيها القيمة المحسـوبة لاختبـار الدلالـة أقل من القيمة الحرجة أو إلى يسـارها في حـال كانت الفرضية الصفرية تُشـير إلى أن معلمـة المجتمع أكبر من قيمة معيّنة (أنظر الشكل 6-1 (ب))، أو تكون فيها القيمة المحسوبة لاختبار الدلالة أكبر من

القيمة الحرجة أو إلى يمينها في حال كانت الفرضية الصفرية تُشـير إلى أن معلمة المجتمع أقل من قيمة معيّنة (أنظر الشكل 6-1 (ج)).

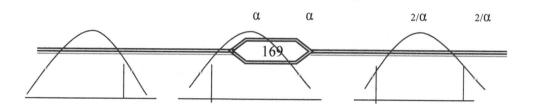

(ﻫ) (ﺝ) (أ)

شكل (6-1)
اختبار الذيلين واختبار الذيل الواحد

2- **مستوى الدلالة (α) Level of Significance**: وينبغـي تحديـده مسبقاً لـدى صياغة فرضيات الدراسـة أو أسـئلتها كـالقول (α=0.05) أو (α=0.01) مـثلاً. ومسـتوى الدلالـة يعنـي احـتمال الحصول على فروق تعود للصدفة، أو أنه الحدّ الأدنى للاحتمال الذي يسمح لنا بـرفض الفرضية الصفرية. لاحظ هنا أنه كلما قلّ مستوى الدلالة يـزداد مسـتوى الثقـة في القـرار الـذي يتخـذه الباحـث لدى رفضه للفرضية الصفرية. وبما أن الباحـث يـرفض الفرضية الصفرية أو يفشل في رفضها بناءً على نتيجة الاختبار الذي يجريه، فهو بهذا المعنى لا يعرف فيما إذا كان قـراره صائبـاً أو خاطئاً لأن إجراءات الاختبار الذي يجريه تقـوم عـلى لغـة الاحـتمال. وفي واقع الأمر هنـاك أربعة

احتمالات ممكنة تبعاً للعلاقة بين واقع الفرضية ونوع القرار كما يوضّحها الشكل (6-2):

خاطئة	صحيحة	واقع الفرضية القرار
قرار سليم (1-β)	الخطأ من النوع الأول (α) Type I Erreor	رفض
الخطأ من النوع الثاني (β) Type II Error	قرار سليم (1-α)	قبول

شكل (6-2)

الاحتمالات الممكنة لنتيجة اختبار الفرضية تبعاً للعلاقة بين واقع الفرضية
ونوع القرار

ويتّضح من الشكل السابق أن الباحث قد يرفض الفرضية الصفرية وهي في واقع الأمر صحيحة في الوقت الذي يجب أن لا تُرفض، وهنا يكون الباحث قد ارتكب خطأ من النوع الأول Type I Error (α) الذي يزداد احتمال ارتكابه كلما ازداد مستوى الدلالة الـذي يختبر عنده الباحث الفرضية ويقل كلما قلّ مستوى الدلالة. أما إذا فشل الباحث في رفض الفرضية الصفرية وهـي في واقع الأمر خاطئة في الوقت الذي يجب فيه أن تُرفض فإنه يكون بذلك قد ارتكب خطأ مـن النوع الثاني Type II Error (β) والذي يزداد احتمال ارتكابه عنـدما يقـل مسـتوى الدلالـة الـذي يختبر عنده الباحث الفرضية ويقل احتمال ارتكابه كلما ازداد مستوى الدلالة، أو نتيجـة عـدم توفّر أدلة كافية تؤدي إلى رفض الفرضية الصفرية، إذ أننا نحتـاج إلى أدلـة أكـثر إقناعاً لرفض الفرضية الصفرية في حال استخدام مستوى دلالة

أصغر. فعلى سبيل المثال يمكن للباحث أن يرفض الفرضية الصفرية عند مستوى دلالة مقداره (0.05) لكنه قد يفشل في رفضها عند مستوى دلالة مقداره (0.01) لأن الأدلة المتوفرة لا تكفـي لذلك. نلاحظ مما سبق أن اختيار الباحث لمسـتوى دلالـة صـغير بهـدف التقليـل مـن احتمال ارتكابه للخطأ من النوع الأول يكون على حساب زيادة احتمال ارتكابه للخطأ من النوع الثاني والعكس أيضاً صحيح، وتبعاً لذلك تقل قوة الاختبار الإحصائي (1-β). أما في حال رفض الباحث الفرضية الصفرية وهـي في واقع الأمـر خاطئـة، أو في حـال فشـل الباحـث في رفض الفرضية الصفرية وهي في واقع الأمر صحيحة، فإن قرار الباحث يكون سـليماً بـاحتمال معيّن. وربما يتساءل القارئ عن خطورة ارتكابه للخطأ من النوع الأول مقارنة بخطورة ارتكابه للخطأ مـن النوع الثاني. وهنا نشير إلى أهمية الموازنة بين النوعين علماً بأن خطورة احتمال ارتكاب الباحث للخطأ من النوع الأول أكبر مـن خطورة احتمال ارتكابه للخطأ مـن النوع الثاني. فإذا أشـار

الباحث مثلاً إلى وجود فروق ذات دلالة إحصائية بين متوسطي أداء المجموعتين (التجريبية والضابطة) تعود للمعالجة، وكانت هذه الفروق ليست أكثر من أخطاء تعود للصدفه فإن هذه الإشارة أخطر مما لو أشار الباحث إلى عدم وجود فروق ذات دلالة إحصائية بين متوسطي أداء المجموعتين علماً بأن هناك فروق حقيقية بين المتوسطين. ولتوضيح ذلك تأمل المثال التالي: لنفترض أن مدير التربية والتعليم في منطقة تعليمية ما كلّف أحد الباحثين بإجراء دراسة للكشف عن فاعلية استخدام الحاسوب في التدريس في موضوعٍ معيّن في صفٍ ما مقارنة بالطريقة الاعتيادية، وقدّم للباحث كافة التسهيلات الممكنة لتنفيذ هذه الدراسة، وأخبر الباحث بأن المديرية ستتحمل نفقات باهظة تترتب على حوسبة التعليم فيما لو أشارت نتائج الدراسة إلى أفضلية

الطريقة المحوسبة في التدريس. ولنفترض أن نتائج الدراسة أشارت إلى أفضلية الطريقة المحوسبة مقارنة بالطريقة الاعتيادية (رفض الباحث الفرضية الصفرية التي تشير إلى عدم اختلاف متوسط تحصيل الطلبة في المجموعتين التجريبية والضابطة أو مجموعة الطريقة المحوسبة ومجموعة الطريقة الاعتيادية)، علماً بأن هذا الفرق في واقع الأمر لا يعدو عن كونه خطأ من أخطاء المعاينة يعود للصدفة؛ بمعنى أن الباحث ارتكب خطأ من النوع الأول لدى رفضه للفرضية الصفرية وهي في واقع الأمر صحيحة. في مثل هذه الحالة، فإن المديرية ستتحمل تكاليف باهظة تترتب على هذه النتيجة، حيث أنها ستقوم بتزويد المدارس بالحواسيب وعقد ورش عمل ودورات تدريبية للمعلمين...الخ. أما في حال توصّل الباحث إلى عدم وجود فرق جوهري بين أداء الطلبة في المجموعتين مع أن هناك فرق جوهري بين الطريقتين لم تستطع المعالجة الكشف عنه؛ بمعنى أن الباحث ارتكب خطأ من النوع الثاني لدى فشله في رفض الفرضية الصفرية وهي في واقع الأمر خاطئة، فإنه لن يترتب على هذه النتيجة أية خسائر وكأن الدراسة لم تُجرى مطلقاً، ولن يعلم أحد بأن الباحث قد اتخذ قراراً خاطئاً!!

هنا لا بدّ من الإشارة إلى خطأ شائع بين معظم الباحثين المبتدئين يتلخص في اعتقادهم بأن رفض الباحث للفرضية الصفرية يعني إثباته للفرضية البديلة!! وهنا نذكّر بأن رفض الفرضية الصفرية أو الفشل في رفضها هو مؤشر واحد فقط على قبول الفرضية أو دحضها، فإذا رفض الباحث الفرضية الصفرية واستنتج أن المجموعتين تختلفان عن بعضهما اختلافاً جوهرياً في خاصية معيّنة، فهذا لا يعني أن سبب الاختلاف بين المجموعتين هو السبب الذي يفترضه الباحث، وقد يكون هناك أسباب أخرى كثيرة وراء هذا الاختلاف. وفي المقابل، إذا فشل الباحث في رفض

الفرضية الصفرية، فهذا لا يعني أن فرضية الباحث خاطئة إذ قد يكون الاختبار الإحصائي المستخدم غير مناسب أو أن حجم العيّنة غير كافٍ أو أن أداة جمع البيانات غير مناسبة...الخ. فلو أراد باحث مثلاً الكشف عن أثر طريقة التعلّم التعاوني مقارنة بالطريقة الاعتيادية، وكانت مدة التجربة يوم واحد فقط، فقد لا تكشف النتائج عن وجود فروق ذات دلالة إحصائية بين المجموعتين، وهذا بدوره لا يعني أن طريقة التعلّم التعاوني ليست فاعلة لأن مدة التجربة ليست كافية للكشف عن أثر المعالجة.

3- **درجات الحريّة (df) Degrees of Freedom:** وتتحدّد بعاملين اثنين هما عدد الأفراد وعدد المجموعات. كما أنها تختلف تبعاً لاختلاف الإحصائي المستخدم، ففي الدراسات الارتباطية التي تسعى للكشف عن العلاقة بين متغيّرين اثنين مثلاً، فإن درجات الحريّة تكون (n-2) أو عدد الأفراد - 2. ومفهوم درجات الحرية يعني عدد المشاهدات حرة التغيّر إذا عُرفت المشاهدات الأخرى وعُرفت قيمة الإحصائي. فلو أردنا مثلاً أن نذكر خمسة أرقام فإن أمامنا خمسة اختيارات أو خمس درجات حرية كأن نقول (7، 13، 40، 15، 2)، أما إذا أردنا أن نذكر خمسة أرقام علماً بأن متوسط هذه الأرقام هو (10) مثلاً فإن أمامنا حرية اختيار أربعة أرقام فقط أو

أن درجات الحرية هنا هي (4) فقط لأن ذكرنا للأرقام (1، 8، 6، 9) مثلاً يحتّم علينا أن نذكر الرقم (26) حتى نحقق المطلب الثاني الذي يشير إلى أن متوسط الأرقام الخمسه هو (10). هذا يعني أننا في الحالة الثانية أحرار في ذكر أربعة أرقام فقط لكننا مقيّدين برقم معيّن بعد أن نذكر الأرقام الأربعة، أو أننا خسرنا درجة حرية واحدة بسبب الشرط أو القيد الذي فُرض علينا وهو تحديد قيمة المتوسط.

أنواع اختبارات الدلالة Types of Significance Tests:

تختلف اختبارات الدلالة تبعاً لاختلاف البيانات والفرضيات التي نخضعها للاختبار. وقبل البدء بالحديث عن أهم اختبارات الدلالة وأكثرها شيوعاً، لا بدّ من التذكير بأهمية اختيار الباحث لاختبار الدلالة المناسب، إذ أن استخدام الباحث لاختبار إحصائي غير مناسب يؤدي إلى نتائج مضللة. ويبدأ الباحث عادة بتحديد نوع الاختبار قبل اختياره للاختبار نفسه، إذ أن هناك نوعان من اختبارات الدلالة يُسمى الأول اختبارات الدلالة المعلمية Parametric Significance Tests، ويُسمى الثاني اختبارات الدلالة اللامعلمية أو غير المعلمية Nonparametric Significance Tests. وتُعد الاختبارات المعلمية أكثر قوة من نظيرتها غير المعلمية وهي المفضّلة في كثير من المواقف. ونقصد بالقول "أكثر قوة" أي أنها تمكّن الباحث من رفض الفرضية الصفرية وهي في واقع الأمر خاطئة أكثر من نظيرتها الاختبارات اللامعلمية، أو بمعنى آخر أنها تقلّل من احتمال ارتكاب الباحث للخطأ من النوع الثاني مقارنة بالاختبارات اللامعلمية. كما تتميّز الأساليب المعلمية على الأساليب اللامعلمية في إمكانية اختبار عدد من الفرضيات التي لا يمكن اختبارها باستخدام الأساليب اللامعلمية، بمعنى أن هناك بعض الأساليب المعلمية لا يوجد لها مناظر في الجانب اللامعلمي. ويتطلب استخدام الاختبارات المعلمية تحقق أربعة افتراضات هي:

1- **سوية التوزيع Normality**: وهو افتراض أساسي تقوم عليه معظم الاختبارات الإحصائية مثل الإحصائي "t" والإحصائي "F". ويُقصد بسوية التوزيع أن يكون توزيع المتغير في مجتمع الدراسة الذي سُحبت منه العيّنة سوياً. وفي حال انتهاك هذا الافتراض تكون نتائج الدراسة موضع شك. ومع أن معظم المتغيّرات التي نتعامل معها في البحث التربوي تتوزع اعتدالياً في المجتمع، إلا أنه يجدر بالباحث التحقق من ذلك

إحصائياً. وفي حال تبيّن لدى الباحث أن المتغيّر لا يتوزع اعتدالياً، أو راوده شك في ذلك، فينبغي عليه اللجوء إلى أحد الأساليب الإحصائية اللامعلمية أو ما يُسمى بالاختبارات حرة التوزيع Distribution-free Tests، أو زيادة حجم العيّنة إذ أنه يقل أثر انتهاك هذا الافتراض عملياً كلما ازداد حجم العيّنة.

2- **تجانس التباين Homogeniety of Variance**: وهو الافتراض الثاني من حيث الأهمية، والذي ينبغي على الباحث التحقق منه قبل استخدام أساليب الإحصاء المعلمي. ونعني بتجانس التباين أن يكون تباين المشاهدات على المتغيّر التابع داخل المجموعات Within Groups Variance لا يختلف من مجموعة لأخرى. ويتهدّد صدق النتائج، وبخاصة اختبار "F" (تحليل التباين)، في حال انتهاك الباحث لهذا الافتراض، لأن التباين داخل المجموعات في هذا الأسلوب هو عبارة عن متوسط التباينات داخل المجموعات المختلفة للتجربة، وكلما اختلف التباين داخل المجموعات من مجموعة لأخرى فإنه لا معنى لمتوسط التباينات وهو هنا أكبر مما يجب أن يكون عليه، مما يترتب على ذلك أن تكون قيمة الإحصائي "F" ليست ذات دلالة إحصائية مع العلم أن هناك فروق حقيقية بين متوسطات المجموعات.

3- **الاتصال وتساوي الفترات Continuity & Equal Intervals of Measures**: ويُقصـد بـذلك التحقـق من أن المتغيّر التابع الذي سيخضع للتحليل هو متغيّر متصل، ويقع في مستوى القياس الفتري أو النسبي من مستويات القياس مما يمكّن من إجراء العمليات الحسـابية عـلى المشـاهدات. ومـرة أخرى، بما أن معظم المتغيّرات التابعة التـي نتعامـل معهـا في البحـث التربـوي تقـع في المسـتوى الفتري، فإن هذا الافتراض يتحقق في أغلب الأحيان. أما إذا كان المتغيّر التابع لا يُقـاس بالمسـتوى الفتري على الأقل

كأن يكون في مستوى التراتيب مثلاً، فلا يجوز استخدام أسـاليب الإحصـاء البـارامتري (المعلمـي) لتحليل البيانات في مثل هذه الحالة.

4- **استقلالية المشاهدات Independence of Observations**: ويعني أن حدوث أي مشـاهدة لا يـؤثر بأي شكل من الأشكال على المشاهدات الأخرى. فلو سـأل باحـث مـثلاً (20) فـرداً مجتمعـين في غرفة واحدة سؤالاً معيناً، فإننا نتوقع أن لا تكون المشاهدات مستقلة عن بعضها بعضاً وسـتتأثر استجابات الأفراد بعضها ببعض. وبشكل عام، يمكـن ضـمان اسـتقلالية المشـاهدات إذا اسـتخدم الباحث أسلوب المعاينة العشوائية التي تضمن أن يكون لكل عنصر في المجتمـع الفرصـة نفسـها في أن يكون عنصراً من عناصر العيّنة، ولا يؤثر اختيار أي فـرد مـن أفـراد مجتمـع الدراسـة عـلى اختيار أي فردٍ آخر. بالإضافة لـذلك، ينبغـي عـلى الباحـث أن يضـبط إجـراءات جمـع البيانـات للتأكد من استقلاليتها.

يتّضح مما سبق أن انتهاك فرض واحد أو أكثر من الفروض السابقة وبشكل واضـح، يفـرض عـلى الباحث اللجوء إلى أحد أساليب الإحصاء اللامعلمـي التـي تتحـرّر مـن هـذه الفـروض. فـإذا تبـيّن مـثلاً أن

التوزيع ملتوٍ بشكل واضح، أو أن مستوى القياس المستخدم هو مستوى التراتيب أو المستوى الاسمي فلا ملاذ من استخدام أحد الأساليب اللامعلمية. وجدير بالذكر أن مميزات أساليب الإحصاء المعلمي تبرّر استخدامها حتى في حال تبيّن انتهاك بسيط لافتراض سوية التوزيع كأن لا يكون التوزيع سوياً بشكل تام، أو في حال كان تباين المشاهدات داخل المجموعات ليس متجانساً تماماً. ولهذا السبب نجد أن معظم البحوث المنشورة في الدوريات المتخصصة تستخدم أساليب الإحصاء المعلمي إلا في بعض الحالات التي لا يمكن فيها استخدامها كأن يكون مستوى القياس المستخدم هو المستوى الرتبي أو الاسمي، أو في حال كانت المشاهدات غير مستقلة عن بعضها بعضاً وبشكل

واضح. وسنتناول فيما يأتي أهم الأساليب الإحصائية التي يحتاجها الباحث في الميدان التربوي كاختبار "t" واختبار "F" وهي أساليب معلمية، واختبار مربع كاي (χ^2) وهو أسلوب لامعلمي.

أولاً- اختبار "ت" "t" Test:

ويُستخدم بغرض اختبار دلالة الفرق الملاحظ بين متوسطين اثنين عند مستوى دلالة إحصائية معيّن. ومع أن اختبار "t" يستلزم أن لا يقل حجم العيّنة عن (30) حتى يتحقق افتراض سوية التوزيع حيث يقترب شكل التوزيع من السواء كلما ازداد حجم العيّنة، إلا أنه يمكن استخدام هذا الاختبار عندما يقل حجم العيّنة عن (30) لأن الاختبار نفسه يأخذ هذا الأمر بعين الاعتبار.

ويقوم اختبار "t" على مقارنة الفرق الملاحظ بين متوسطين اثنين ($\bar{X}_2 - \bar{X}_1$) بالفرق المتوقع الذي يعود للصدفة من خلال حساب النسبة بين هذين الفرقين. وهذا يعني أن بسط هذه النسبة هو الفرق الحقيقي الملاحظ بين المتوسطين، ومقامها هو الفرق المتوقع الذي يعود للصدفة إذا كانت الفرضية الصفرية صحيحة والذي نعبّر عنه بالخطأ المعياري للفرق بين المتوسطين. وتعتمد قيمة المقام أو الخطأ المعياري على حجم العيّنة والتباين، إذ أنه كلما قلّ حجم العيّنة وازداد التباين نتوقع أن يكون الفرق بين المتوسطين راجع للصدفة وليس فرقاً حقيقياً. وبعد استخراج قيمة "t" المحسوبة الناتجة من نسبة الفرق المُلاحظ بين المتوسطين إلى الفرق المتوقع بينهما، نقوم بمقارنة هذه

القيمة بقيمة "t" الحرجة Critical Value أو القيمة المجدولة Tabulated Value (ملحق 4) عند مستوى دلالة معيّن ودرجات حريّة معيّنة، فإذا زادت القيمة المحسوبة عن القيمة الحرجة فإننا نرفض الفرضية الصفرية التي تشير إلى عدم اختلاف المتوسطين عن بعضهما

بعضاً، ونقبل الفرضية البديلة التي تشير إلى اختلاف المتوسطين عن بعضهما بعضاً اختلافاً جوهرياً ذي دلالة إحصائية عند مستوى دلالة معيّن. وسنتناول فيما يأتي ثلاثة أنواع أو ثلاثة استخدامات لاختبار "t" هي:

1- اختبار "ت" لعيّنة واحدة One Sample "t" Test:

ويُعنى باختبار الفرق بين متوسط مجموعة واحدة ومتوسط مفترض للمجتمع أو قيمة مفترضة في الفرضية الصفرية. وإذا كان الانحراف المعياري للمجتمع معلوماً، فإننا نحسب قيمة "t" المحسوبة من خلال القاعدة:

$$t = \overline{X} - \mu / \sigma_{\overline{X}} \text{ .... (3-6)}$$

حيث:

$\overline{X}$: متوسط العيّنة

μ : متوسط المجتمع أو المتوسط المفترض في الفرضية الصفرية

$\sigma_{\overline{X}}$: الخطأ المعياري محسوباً من خلال الانحراف المعياري للمجتمع

مثال (6-1):

أراد باحث الكشف عن اختلاف متوسط أداء أبناء الأسر المفكّكة على مقياس مقنّن للاكتئاب متوسط الأداء عليه (80) والانحراف المعياري له (10)، فقام بتطبيق المقياس على عيّنة مكوّنة من (25) فرداً من أبناء الأسر المفكّكة حيث بلغ متوسط درجاتهم على المقياس (85). لاختبار الفرضية التي تشير إلى عدم اختلاف متوسط أداء أبناء الأسر المفكّكة على مقياس الاكتئاب عن المتوسط العام للمقياس فإننا نقوم بالخطوات الآتية:

- في الخطوة الأولى نصوغ الفرضية الصفرية والفرضية البديلة على النحو:

$H_0 : \mu = 80$ (لا يختلف متوسط درجات أبناء الأسر المفكّكة على مقياس الاكتئاب عن المتوسط العام للدرجات على المقياس)

$H_1 : \mu \neq 80$ (يختلف متوسط درجات أبناء الأسر المفكّكة على مقياس الاكتئاب عن المتوسط العام للدرجات على المقياس)

ونحدّد نوع الاختبار وهو هنا بذيلين طالما أنه لا يوجد توقّع معيّن لدى الباحث، كما نحدّد مستوى الدلالة (α) وليكن (0.05)، ونحسب درجات الحرية (df) وهي هنا (n-1 = 25-1 = 24)، ثم نجد قيمة "t" الحرجة (ملحق 4) وهي (±2.064). (لاحظ هنا أننا أخذنا القيمتين الموجبة والسالبة لأن الفرضية غير متّجهة أو أن الاختبار بذيلين).

- وفي الخطوة الثانية نقوم بحساب قيمة الخطأ المعياري. وطالما أن تباين المجتمع معلوم فإن قيمة الخطأ المعياري هي:

$$\sigma_{\overline{X}} = \sigma / \sqrt{n}$$
$$= 10 / \sqrt{25}$$
$$= 2.0$$

- أما في الخطوة الثالثة فنقوم بحساب قيمة "t" المحسوبة وهي:

$$t = \overline{X} - \mu / \sigma_{\overline{X}}$$
$$= 85-80/2$$

$$= 2.5$$

- وأخيراً في الخطوة الرابعة فإننا نقارن القيمة المحسوبة بالقيمة الحرجة. وبما أن القيمة المحسوبة تقع إلى يمين القيمة الحرجة (في منطقة الرفض اليمنى) (أنظر الشكل 6-3)، فإننا نرفض الفرضية الصفرية التي تُشير إلى عدم اختلاف متوسط درجات أبناء الأسر المفكّكة على مقياس الاكتئاب عن المتوسط العام للدرجات، ونقبل الفرضية البديلة التي تُشير إلى اختلاف متوسط درجات أبناء الأسر المفكّكة على مقياس الاكتئاب عن المتوسط العام للدرجات اختلافاً جوهرياً ذو دلالة إحصائية عند مستوى دلالة يقل عن (0.05).

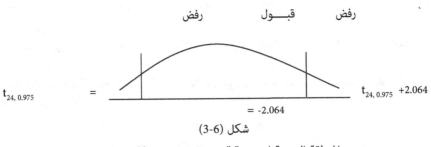

شكل (6-3)

المنطقة الحرجة لتوزيع "t" عند α = 0.05 و df = 24

أما في حال كانت الفرضية البديلة متّجهة، كأن نقول أن الباحث يتوقع أن يزيد متوسط درجات أبناء الأسر المفكّكة على مقياس الاكتئاب عن المتوسط العام للدرجات على المقياس في المثال السابق، فإن إجراءات اختبار الفرضية تكون على النحو الآتي:

- نصوغ الفرضية الصفرية والفرضية البديلة (لاحظ هنا أننا نبدأ بصياغة الفرضية البديلة ثم ننتقل إلى صياغة الفرضية الصفرية) وهما على النحو:

$H_0 : \mu \leq 80$ (لا يزيد متوسط درجات أبناء الأسرالمفكّكة على مقياس الاكتئاب عن المتوسط العام للدرجات على المقياس)

$H_1 : \mu > 80$ (يزيد متوسط درجات أبناء الأسرالمفكّكة على مقياس الاكتئاب عن المتوسط العام للدرجات على المقياس)

ونحدّد نوع الاختبار وهو هنا بذيل واحد وهو الذيل الأيمن لأن الباحث يتوقع أن يزيد متوسط درجات أبناء الأسر المفكّكة على مقياس الاكتئاب عن المتوسط العام للدرجات على المقياس، كما نحدّد مستوى الدلالة (α) وليكن (0.05)، ونحسب

درجات الحرية (df) وهي هنا نفسها كما في المثال السابق وهي ($n-1 = 25-1 = 24$)، ثم نجد قيمة "t" الحرجة (ملحق 4) وهي (1.711).

- وفي الخطوة الثانية نقوم بحساب قيمة الخطأ المعياري. وطالما أن تباين المجتمع معلوم فإن قيمة الخطأ المعياري هي نفسها كما في المثال السابق وهي:

$$\sigma_{\overline{X}} = \sigma / \sqrt{n}$$

$$= 10 / \sqrt{25}$$

$$= 2.0$$

- أما في الخطوة الثالثة فنقوم بحساب قيمة "t" المحسوبة وهي نفسها كما في المثال السابق:

$$t = \overline{X} - \mu / \sigma_{\overline{X}}$$

$$= 85-80/2$$

$$= 2.5$$

- وفي الخطوة الرابعة والأخيرة، نقارن القيمة المحسوبة بالقيمة الحرجة للإحصائي. وبما أن القيمة المحسوبة تقع إلى يمين القيمة الحرجة (في منطقة الرفض اليمنى) (أنظر الشكل 6-4)، فإننا نرفض الفرضية الصفرية التي تُشير إلى أن متوسط درجات أبناء الأسر المفكّكة على مقياس الاكتئاب يقل عن أو يساوي المتوسط العام للدرجات، ونقبل الفرضية البديلة التي تُشير إلى أن متوسط درجات أبناء الأسر المفكّكة على مقياس الاكتئاب يزيد عن المتوسط العام للدرجات.

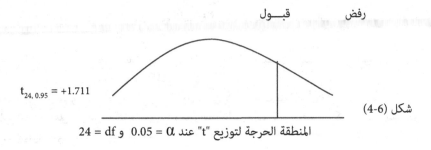

قبول
رفض
$t_{24,\ 0.95} = +1.711$

شكل (4-6)

المنطقة الحرجة لتوزيع "t" عند $\alpha = 0.05$ و $df = 24$

أما إذا كان تباين المجتمع مجهولاً، فإننا نسير في الإجراءات السابقة نفسها، إلا أننا نستبدل الانحراف المعياري للمجتمع بالانحراف المعياري للعيّنة الذي يُعدّ أفضل تقدير له، ثم نحسب قيمة "t" المحسوبة من خلال القاعدة:

$$t = \overline{X} - \mu / S_{\overline{X}} \text{ .... } \textbf{(4-6)}$$

لاحظ هنا أن الرموز في القاعدة (4-6) هي نفسها كما في القاعدة السابقة (3-6) باستثناء أننا رمزنا للخطأ المعياري بالرمز $\left(S_{\overline{X}}\right)$ بدلاً من $\left(\sigma_{\overline{X}}\right)$ وذلك للدلالة على أننا اعتمدنا في حسابنا للخطأ المعياري على الانحراف المعياري للمجتمع في القاعدة (3-6)، بينما اعتمدنا على الانحراف المعياري للعيّنة في القاعدة (4-6).

مثال (2-6):

أراد باحث الكشف عن اختلاف اتجاهات طلبة كلية العلوم التربوية نحو مادة الإحصاء عن القيمة الوسطى (3) على مقياس خماسي التدريج (1، 2، 3، 4، 5) للاتجاهات نحو الإحصاء، فقام باختيار (30) طالباً بصورة عشوائية من طلبة كلية العلوم التربوية في جامعة ما وطبّق عليهم المقياس، وبلغ متوسط اتجاهات أفراد العيّنة على المقياس (2.7)، كما بلغ الانحراف المعياري (1). لاختبار الفرضية التي تُشير إلى عدم اختلاف اتجاهات طلبة كلية العلوم التربوية نحو مادة الإحصاء عن النقطة الوسطى للمقياس فإننا نقوم بالخطوات الآتية:

- نصوغ الفرضيتين الصفرية والبديلة على النحو:

$H_0 : \mu = 3$ (لا يختلف متوسط اتجاهات طلبة كلية العلوم التربوية نحو مادة الإحصاء عن النقطة الوسطى على مقياس الاتجاهات)

$H_1 : \mu \neq 3$ (يختلف متوسط اتجاهات طلبة كلية العلوم التربوية نحو مادة الإحصاء عن النقطة الوسطى على مقياس الاتجاهات)

ونحدّد نوع الاختبار وهو هنا بذيلين طالما أنه لا يوجد توقّع معيّن لدى الباحث، كما نحدّد مستوى الدلالة (α) وليكن (0.01)، ونحسب درجات الحرية (df) وهي

هنا (n-1 = 30-1 = 29)، ومنها نجد قيمة "t" الحرجة (ملحق 4) وهي (±2.756).

- وفي الخطوة الثانية نقوم بحساب قيمة الخطأ المعياري. وطالما أن تباين المجتمع مجهول فإننا نقدّره من خلال الانحراف المعياري للعيّنة وهو (1)، ويكون الخطأ المعياري:

$$S_{\overline{X}} = S/\sqrt{n}$$

$$= 1 / \sqrt{30}$$

$$= 0.18$$

- أما في الخطوة الثالثة فنقوم بحساب قيمة "t" المحسوبة وهي:

$$t = \overline{X} - \mu / S_{\overline{X}}$$

$$= 2.7 - 3 / 0.18$$

$$= -1.67$$

- وأخيراً في الخطوة الرابعة، فإننا نقارن القيمة المحسوبة بالقيمة الحرجة للإحصائي "t". وبما أن القيمة المحسوبة تقع في منطقة القبول (أنظر الشكل 6-5) فإننا نفشل في رفض الفرضية الصفرية، ونستنتج أن متوسط اتجاهات طلبة كلية العلوم التربوية نحو مادة الإحصاء لا يختلف اختلافاً جوهرياً عن القيمة الوسطى على المقياس وهي (3) بمستوى دلالة يقل عن (0.01).

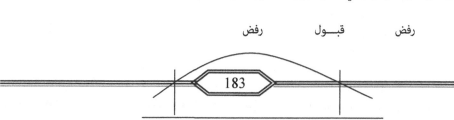

رفض
قبول
رفض

$t_{29,\ 0.995} = -2.756$ $t_{29,\ 0.995} = +2.756$

شكل (5-6)

المنطقة الحرجة لتوزيع "t" عند $\alpha = 0.01$ و $df = 29$

وفي حال كانت الفرضية البديلة متّجهة، كأن نقول أن الباحث يتوقع أن يقل متوسط اتجاهات طلبة كلية العلوم التربوية في الجامعة نحو مادة الإحصاء عن القيمة الوسطى على المقياس وهي (3)، فإن خطوات اختبار الفرضية تسير على النحو الآتي:

- نصوغ الفرضية الصفرية والفرضية البديلة (لاحظ هنا أننا نبدأ بصياغة الفرضية البديلة ثم ننتقل إلى صياغة الفرضية الصفرية) وهما على النحو التالي:

$H_0 : \mu \geq 3$ (لا يقل متوسط اتجاهات طلبة كلية العلوم التربوية نحو مادة الإحصاء عن القيمة الوسطى على مقياس الاتجاهات وهي 3)

$H_1 : \mu < 3$ (يقل متوسط اتجاهات طلبة كلية العلوم التربوية نحو مادة الإحصاء عن القيمة الوسطى على مقياس الاتجاهات وهي 3)

ونحدّد نوع الاختبار وهو هنا بذيل واحد لأن الباحث يتوقع أن يقل متوسط اتجاهات طلبة كلية العلوم التربوية في الجامعة نحو مادة الإحصاء عن النقطة الوسطى على المقياس وهي (3)، كما نحدّد مستوى الدلالة (α) وليكن (0.01)، ونحسب درجات الحرية (df) وهي نفسها كما في المثال السابق وهي (n-1 = 1-30 = 29)، ثم نجد قيمة "t" الحرجة (ملحق 4) وهي (-2.462). لاحظ هنا أن القيمة الحرجة تقع في الجهة اليسرى من التوزيع لأن الباحث يتوقع أن يقل متوسط اتجاهات الطلبة عن قيمة معيّنة.

- وفي الخطوة الثانية نقوم بحساب قيمة الخطأ المعياري. وطالما أن تباين المجتمع مجهول فإننا نقدّره من خلال الانحراف المعياري للعيّنة وهو (1)، وتكون قيمة الخطأ المعياري كما هـو الحـال في المثـال السـابق وهي:

$$S_{\overline{x}} = s / \sqrt{n}$$
$$= 1 / \sqrt{30}$$
$$= 0.18$$

- أما في الخطوة الثالثة فنقوم بحساب قيمة "t" المحسوبة وهي القيمة ذاتها كما في المثال السابق:

$$t = \overline{X} - \mu / S_{\overline{x}}$$
$$= 2.7{-}3/0.18$$
$$= -1.67$$

- وأخيراً في الخطوة الرابعة فإننا نقارن القيمة المحسوبة بالقيمـة الحرجـة للإحصـائي "t". وبمـا أن القيمـة المحسوبة تقع إلى يمين القيمة الحرجة (في منطقة القبول) (أنظر الشكل 6-6) فإننا نفشل في رفض الفرضية الصفرية، ونستنتج أن متوسط اتجاهات طلبة كلية العلوم التربويـة لا يقـل عـن القيمـة الوسـطى لمقيـاس الاتجاهات وهي (3).

رفض   قبـــول

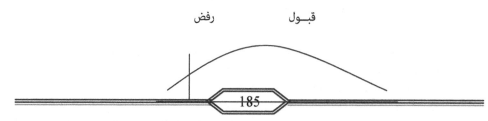

$$t_{29, 0.99} = -2.462$$

شكل (6-6)

المنطقة الحرجة لتوزيع "t" عند $\alpha = 0.01$ و $df = 29$

2- اختبار "ت" للعيّنات المستقلة The "t" Test for Independent Samples:

تناولنا في البند السابق اختبار الفرضية حول متوسط مجتمع واحد فيما يُسمى بلغـة تصميم البحث "تصميم المجموعة الواحدة"، ووظفنا اختبار "t" لعيّنة واحدة لاختبار الفرضية حول متوسط المجتمع، إلا أن هذا التصميم هو أقل تصاميم

البحث المختلفة صدقاً. ولهذا السبب، يلجأ معظم الباحثين إلى استخدام تصاميم بحث أكثر رقياً كتصاميم المجموعتين. وفي هذا البند سنتعرّف على أسلوب آخر لاختبار الفرضية المتعلقة بالكشـف عن دلالة الفرق بين متوسطي مجموعتين مستقلتين، عندما يكون لـدى الباحث عيّنتين مـن مجتمعـين مستقلين كاختبار دلالة الفرق بين متوسطي تحصيل مجموعتين من الطلبة؛ واحدة تم تدريسها بالطريقـة (أ)، والثانية تم تدريسها بالطريقة (ب)، أو دلالة الفرق بين متوسطي اتجاهات الطلبة الـذكور والطالبـات الإناث نحو المشاركة السياسية للمرأة. ومع أن الصورة العامة للإحصائي "t" التي تُستخدم لاختبار الفرق بين متوسطي عيّنتين مستقلتين لا تختلف عنها لدى الحديث عن الإحصائي "t" للمجموعة الواحدة، حيث أننا في كلتا الحالتين نقوم بمقارنة الفرق الملاحظ (الحقيقي) بين متوسطين اثنين بالفرق المتوقع الـذي يعـود للصدفة من خلال حساب النسبة بين هذين الفرقين، إلا أننا هنا نحتاج إلى إضافة تعديل بسيط إلى الصورة السابقة يتعلق بحساب الخطأ المعياري المحسوب للفرق بين متوسطي عينتين مستقلتين. وبشكل عام، فإن القاعدة المستخدمة لحساب قيمة "t" لدى اختبار الفرق بين متوسطي عيّنتين مستقلتين هي:

$$t = \overline{X}_1 - \overline{X}_2 / S_{\overline{X}_1 - \overline{X}_2} \ \dots\dots\dots (5-6)$$

حيث:

$\overline{X}_1$: متوسط العيّنة الأولى

$\bar{X}_2$: متوسط العيّنة الثانية

$S_{\bar{X}_1-\bar{X}_2}$: الخطأ المعياري للفرق بين متوسطي العيّنتين

لاحظ هنا أن قيمة الخطأ المعياري في العلاقة السابقة تعتمد على عاملين اثنين هما تباين المشاهدات في كل عيّنة وحجم كل منهما. ولهذا فإننا نأخذ بعين الاعتبار هذين العاملين لدى حساب الخطأ المعياري الذي يُحسب من خلال القاعدة:

$$S_{\bar{X}_1-\bar{X}_2} \sqrt{s^2{}_w / n_1 + s^2{}_w / n_2} \quad \text{.......... (6-6)}$$

حيث:

$S_{\bar{X}_1-\bar{X}_2}$: الخطأ المعياري للفرق بين المتوسطين

s^2_w : التباين الموزون (Pooled Variance) للعيّنتين

n_1 : حجم العيّنة الأولى

n_2 : حجم العيّنة الثانية

أما بالنسبة للتباين الموزون، فيُحسب من خلال القاعدة:

$$s_w^2 = (df_1 s_1^2 + df_2 s_2^2)/(df_1 + df_2) \quad \text{.......... (7-6)}$$

حيث:

s_w^2 : التباين الموزون للعيّنتين

df_1 : درجات الحرية للعيّنة الأولى وهي هنا $(1-n_1)$

df_2 : درجات الحرية للعيّنة الثانية وهي هنا $(1-n_2)$

s_1^2 : تباين العيّنة الأولى

s_2^2 : تباين العيّنة الثانية

مثال (3-6):

أراد باحث أن يختبر الفرق بين المهارات الحسابية لدى طلبة الصف الثالث الأساسي الذكور مقارنة بها لدى الطالبات الإناث، فقام لهذا الغرض باختيار (10) طلاب من الذكور و(15) طالبة من الإناث، وقدم لهم اختبار تحصيل في المهارات الحسابية تم إعداده لهذا الغرض. وقد بلغ المتوسط الحسابي والانحراف المعياري لدرجات الطلبة الذكور (35) و(5) على الترتيب، بينما بلغ المتوسط الحسابي والانحراف المعياري لدرجات الإناث (31) و(4) على الترتيب أيضاً. هل هناك ما يشير إلى اختلاف متوسطي أداء أفراد العيّنتين من الذكور والإناث اختلافاً جوهرياً ذي دلالة إحصائية عند مستوى دلالة مقداره (0.05)؟ للإجابة عن التساؤل السابق فإننا نقوم بما يأتي:

- نصوغ الفرضيتين الصفرية والبديلة على النحو الآتي:

$H_0 : \mu_1 = \mu_2$ (لا تختلف المهارات الحسابية لدى الذكور عنها لدى الإناث)

$H_1 : \mu_1 \neq \mu_2$ (تختلف المهارات الحسابية لدى الذكور عنها لدى الإناث)

ونحدّد نوع الاختبار وهو هنا بذيلين طالما أنه لا يوجد توقّع معيّن لدى الباحث، ثم نحسب درجات الحرية (df) وهي هنا $(n_1 + n_2 - 2 = 10 + 15 - 2 = 23)$، ومنها نجد قيمة "t" الحرجة (ملحق 4) وهي (± 2.069) عند مستوى دلالة مقداره (0.05).

- وفي الخطوة الثانية نقوم بحساب قيمة التباين الموزون وهو:

$$s_w^2 = (df_1 \, s_1^2 + df_2 \, s_2^2) \, / \, df_1 + df_2$$

$$= (9 * 25 + 14 * 16) \, / \, (9 + 14)$$

$$= (225 + 224) \, / \, 23$$

$$= 449 \, / \, 23$$

$$= 19.52$$

ثم نحسب قيمة الخطأ المعياري وهو هنا:

$$s_{\overline{X}_1 - \overline{X}_2} = \sqrt{s^2{}_w / n_1 + s^s{}_w / n_2}$$

$$= \sqrt{(19.52 / 10) + (19.52 / 15)}$$

$$= 1.80$$

- أما في الخطوة الثالثة فنقوم بحساب قيمة "t" المحسوبة وهي:

$$t = \overline{X}_1 - \overline{X}_2 / s_{\overline{X}_1 - \overline{X}_2}$$

$$= 35 - 31 / 1.80$$

$$= 2.22$$

- وفي الخطوة الرابعة فإننا نقارن القيمة المحسوبة بالقيمة الحرجة للإحصائي "t". وبما أن القيمة المحسوبة تقع في منطقة الرفض (أنظر الشكل 6-7) فإننا نرفض الفرضية الصفرية، ونستنتج أن المهارات الحسابية لدى الذكور تختلف عنها بالنسبة للإناث، أو أن الفرق بين متوسطي أداء الذكور والإناث على اختبار المهارات الحسابية هو فرق جوهري ذو دلالة إحصائية بمستوى يقل عن (0.05).

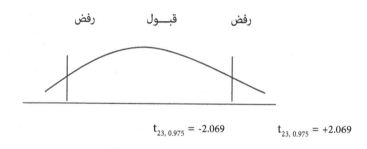

$$t_{23, 0.975} = -2.069 \qquad t_{23, 0.975} = +2.069$$

شكل (6-7)

المنطقة الحرجة لتوزيع "t" عند α = 0.05 و df = 23

3- اختبار "ت" للعيّنات المترابطة The "t" Test for Correlated Samples:

ناقشنا في البند السابق اختبار الفرضية حول الفرق بين متوسطي عيّنتين مستقلتين فيما يُطلق عليه تصميم المجموعتين المستقلتين، وهو الموقف البحثي المألوف والأكثر شيوعاً بين الباحثين، والذي يقوم

على اختيار الباحث لمجموعتين مستقلتين؛ واحدة يُخضعها للمعالجة وتُسمى بالمجموعة التجريبية، والثانية لا تخضع للمعالجة وتُسمى بالمجموعة الضابطة. أما الآن فسنعرض تصميماً بحثياً آخر يتضمن استخدام الباحث لمجموعة واحدة فقط يُسمى تصميم المجموعة الواحدة المتكرّر، أو تصميم المجموعة الواحدة القبلي - البعدي كبديل لتصميم المجموعتين السابق. ويتميز تصميم المجموعة الواحدة القبلي - البعدي One Group Pre-test Post-test Design على تصميم المجموعتين بتوفير الوقت والجهد، بالإضافة إلى أن الباحث في تصميم المجموعة الواحدة لا يحتاج إلى التأكد من تكافؤ المجموعتين كما هو الحال في تصميم المجموعتين. وبشكل عام، يُطلق على هذا التصميم تصميم القياسات المتكرّرة Repeated Measures Design. وتجدر الإشارة إلى

وجود تصميم آخر شبيه بتصميم القياسات المتكرّرة يُسمى أسلوب "الأفراد المتماثلين" Matched Subjects الذي يقوم على توزيع الباحث لأزواج من أفراد العيّنة المتماثلين بالنسبة لسمة أو عامل معيّن على مستويي التجربة (المجموعة التجريبية والمجموعة الضابطة) بهدف ضبط أثر ذلك العامل في التجربة، كأن يقوم بتوزيع أزواج متماثلة في درجة الذكاء على مجموعتي التجربة، فيعيّن فرداً درجة ذكائه (120) في المجموعة الأولى (التجريبية) وفرداً آخر مناظر له في درجة الذكاء في المجموعة الثانية (الضابطة) وهكذا. وسواء كان التصميم المستخدم هو تصميم القياسات المتكرّرة أو تصميم الأزواج المتماثلة، فإن الأفراد هنا في هذين التصميمين غير مستقلين عن بعضهم بعضاً، بمعنى أنه يوجد علاقة تناظر بين أفراد المجموعتين.

أما بالنسبة للصورة العامة لاختبار "t" هنا، فهي لا تختلف كثيراً عن الصورة التي قدمناها لدى الحديث عن اختبار "t" لعيّنة واحدة. والفرق الوحيد بين الصورتين هو أننا نحسب قيمة "t" المحسوبة هنا من خلال قسمة متوسط الفروق بين درجات الأزواج المتماثلة، أو الفروق بين درجات أفراد المجموعة على الاختبار القبلي ودرجاتهم على الاختبار البعدي على الخطأ المعياري لمتوسط الفروق كما هو مبيّن في العلاقة التالية:

$$t = \bar{D} / S_{\bar{D}} \quad \text{.......... (8-6)}$$

حيث:

$\overline{D}$: متوسط الفروق بين الأزواج المتماثلة أو الفروق بين درجات الاختبارين القبلي والبعدي

$S_{\overline{D}}$: الخطأ المعياري لمتوسط الفروق بين الأزواج المتماثلة أو الفروق بين درجات الاختبارين القبلي والبعدي.

ويُحسب الخطأ المعياري لمتوسط الفروق من خلال العلاقة:

$$S_{\overline{D}} = s_D / \sqrt{n} \quad .... (9\text{-}6)$$

حيث:

$S_{\overline{D}}$: الخطأ المعياري لمتوسط الفروق بين الأزواج المتماثلة أو الفروق بين درجات الاختبارين القبلي والبعدي

s_D : الانحراف المعياري للفروق بين الأزواج المتماثلة أو الفروق بين درجات الاختبارين القبلي والبعدي

n : عدد أفراد العيّنة

مثال (4-6):

أراد باحث الكشف عن أثر برنامج تدريبي للاسترخاء يساعد في خفض أعراض صعوبة التنفس عند مرضى الربو، فقام لهذا الغرض بقياس شدة أعراض صعوبة التنفس لدى عيّنة مكوّنة من خمسة أفراد من مرضى الربو من خلال عدد الجرعات التي يتناولها المريض خلال اليوم الواحد، ثم عرّض الأفراد للبرنامج التدريبي لمدة أسبوع، وقام بقياس شدة الأعراض في نهاية الأسبوع وحصل على القياسات التالية:

الفرد	عدد الجرعات قبل المعالجة	عدد الجرعات بعد المعالجة	الفرق في عدد الجرعات (D)

أحمد	9	4	-5
محمد	4	1	-3
محمود	5	5	0
حمد	4	0	-4
حمدان	5	1	-4
			$\overline{D} = -16/5 = -3.2$ $s_D = 1.92$

هل هناك ما يُشير إلى أثر للبرنامج التدريبي في خفض أعراض صعوبة التنفس عند مرضى الربو؟ اختبر الفرضية مستخدماً مستوى دلالة مقداره (0.05).

لاختبار الفرضية فإننا نسير وفق الخطوات الآتية:

- نصوغ الفرضية الصفرية والفرضية البديلة على النحو الآتي:

$H_0 : \mu_1 = \mu_2$ (لا يختلف متوسط الأعراض المرضية قبل المعالجة عن متوسط الأعراض بعد المعالجة)

$H_1 : \mu_1 \neq \mu_2$ (يختلف متوسط الأعراض قبل المعالجة عن متوسط الأعراض بعد المعالجة)

ونحدّد نوع الاختبار وهو هنا بذيلين طالما أنه لا يوجد توقّع معيّن لدى الباحث، ثم نحسب درجات الحرية (df) وهي هنا (n-1 = 5-1 = 4)، وبعدها نحدّد قيمة "t" الحرجة (ملحق 4) عند مستوى دلالة مقداره (0.05) فنجدها (±2.776) (أنظر الشكل 6-8).

- وفي الخطوة الثانية نقوم بحساب قيمة "t" المحسوبة حيث نبدأ بحساب الفروق بين الاختبارين القبلي والبعدي وهو هنا الفرق في عدد الجرعات (D) ونحسب متوسط الفروق، ثم نحسب الانحراف المعياري للفروق (s_D) (أنظر االعمود الرابع في الجدول أعلاه). بعد ذلك نحسب قيمة الخطأ المعياري لمتوسط الفروق وهو هنا:

$$S_{\overline{D}} = s_D / \sqrt{n}$$

$$= 1.92/ \sqrt{5}$$

$$= 0.86$$

- أما في الخطوة الثالثة فنقوم بحساب قيمة "t" المحسوبة وهي:

$$t = \overline{D} / S_{\overline{D}}$$

$$= -3.2/0.86$$

$$= -3.72$$

- وفي الخطوة الرابعة فإننا نقارن القيمة المحسوبة بالقيمة الحرجة للإحصائي "t". وبما أن القيمة المحسوبة تقع إلى يسار قيمة "t" الحرجة أو في منطقة الرفض

(أنظر الشكل 6-8) فإننا نرفض الفرضية الصفرية التي تُشير إلى عدم اختلاف متوسط الأعراض المرضية قبل المعالجة عن متوسط الأعراض بعد المعالجة، أي أننا نستنتج وجود أثر ذي دلالة إحصائية بمستوى يقل عن (0.05) للبرنامج التدريبي في خفض أعراض صعوبة التنفس لدى مرضى الربو.

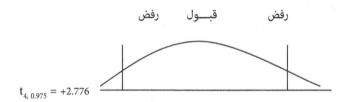

$t_{4,\,0.975} = +2.776$

$t_{4,\,0.975} = -2.776$

شكل (6-8)

المنطقة الحرجة لتوزيع "t" عند $\alpha = 0.05$ و $df = 4$

ثانياً- اختبار "ف" The "F" Test:

ويشار له بالعربية باختبار "ف" وبالإنجليزية اختبار "F" الذي يعود الفضل في اقتراحه إلى عالم الرياضيات الإنجليزي السير رونالد فيشر Sir Ronald Fisher. وهو من أكثر اختبارات الدلالة شيوعاً حيث

يُستخدم للكشف عن دلالة الفروق بين أكثر من متوسطين، ويُسمى تحليل التبـاين ANalysis Of VAriance واختصاراً (ANOVA). وكما هو الحال بالنسبة لاختبار "t" فإن الباحث هنا في اختبار "F" معني بالكشف عما إذا كانت الفروق بين أوساط مجموعات الدراسة هي فروق حقيقية أم أنها تعود للصدفة أو أخطاء المعاينة. ويقوم اختبار "F" على حساب النسبة الفائية F-Ratio أو قيمة "F" المحسوبة من خلال تجزئة التباين الكلي بين

المشاهدات إلى جزئين اثنين هما التباين بين المجموعات Between Groups Variance أو التباين الذي يُعزى للمعالجة، والتباين داخل المجموعات Within Groups Variance أو ما يُسمى بتباين الخطأ Error Variance، وقسمة الأول (التباين بين المجموعات) على الثاني (التباين داخل المجموعات)، ثم مقارنة القيمة المحسوبة لـ "F" بقيمتها الحرجة أو المجدولة عند مستوى دلالة معيّن (α) ودرجات حرية معيّنة (df). ويعتمد حساب درجات الحرية هنا على عدد مجموعات الدراسة وعدد أفرادها. وبطبيعة الحال تزداد قيمة "F" كلما ازداد التباين بين المجموعات (بسط النسبة) وقلّ تباين الخطأ (مقام النسبة).

ولعل القارئ هنا يتساءل: لماذا لا نستخدم اختبار "t" لاختبار الفرق بين كل زوج من المتوسطات على حده؟ وللإجابة عن هذا التساؤل يكفي القول أن استخدام عدد من اختبارات "t" بين كل زوج من المتوسطات يضخّم قيمة ألفا (α) الأمر الذي ينعكس على زيادة احتمال رفض الباحث للفرضية الصفرية وهي في واقع الأمر صحيحة، أو زيادة احتمال ارتكاب الباحث للخطأ من النوع الأول، وهو أمر غير مرغوب فيه بلا شك. بالإضافة لذلك، فإن استخدام الباحث لاختبار "t" عدد من المرات هو أمر متعب، إذ يحتاج الباحث على سبيل المثال إلى إجراء (10) اختبارات منفصلة إذا كان لديه (5) مجموعات، ويحتاج إلى إجراء (36) اختباراً منفصلاً إذا كان لديه (9) أوساط أو مجموعات وهكذا. وبشكل عام، فإن عدد الاختبارات التي يحتاج الباحث إلى إجرائها يُحسب من خلال القاعدة: (عدد المجموعات) (عدد المجموعات-1)/2.

ويشتمل أسلوب تحليل التباين على أشكال متعدّدة تختلف عن بعضها بعضاً تبعاً لعدد المتغيّرات التابعة والمتغيّرات المستقلة ومستويات المتغير أو المتغيرات المستقلة. فإذا اشتمل تصميم البحث

على متغيّر تابع واحد ومتغيّر مستقل واحد بأكثر من مستويين فإننا نُسمي الأسلوب أسلوب تحليل التباين الأحادي 1-Way

ANOVA. وإذا اشتمل التصميم على متغيّر تابع واحد وأكثر من متغيّر مستقل واحد فإننا نُسمي الأسلوب أسلوب تحليل التباين العاملي Factorial ANOVA الذي ينطوي على أشكال مختلفة تبعاً لعدد المتغيّرات المستقلة كتحليل التباين الثنائي أو الثلاثي...الخ. أما إذا اشتمل التصميم على أكثر من متغيّر تابع بينها علاقة من نوع ما، فإننا نُسمي الأسلوب "تحليل التباين متعدّد المتغيّرات التابعة" Multivariate ANOVA، وهو أيضاً ينطوي على أشكال مختلفة كتحليل التباين الأحادي متعدّد المتغيّرات التابعة 1-Way MANOVA، وتحليل التباين الثنائي متعدّد المتغيرات التابعة 2-Way MANOVA وهكذا، وهو موضوع خارج عن إطار الهدف من هذا الكتاب.

1- تحليل التباين الأحادي

One-Factor Analysis of Variance (1-Way ANOVA) :

وهو أسلوب نستخدمه للكشف عن دلالة الفروق بين عدد من الأوساط (أكثر من متوسطين) تمثّل مستويات (Levels) المتغيّر المستقل أو مجموعات المقارنة. والمثال التالي يوضّح آلية اختبار الفرضية حول الفرق بين أكثر من متوسطين باستخدام تحليل التباين الأحادي.

مثال (6-5):

أراد باحث الكشف عن أثر ثلاثة أساليب (I، II، III) في علاج المخاوف المرضية من الأماكن المرتفعة، فقام لهذا الغرض باختيار (15) فرداً عشوائياً من مجتمع الأفراد الذين يعانون من هذا النوع من المخاوف، وقام بتعيينهم عشوائياً على المستويات الثلاثة للتجربة بواقع (5) أفراد لكل أسلوب. وبعد انتهاء التجربة قام الباحث برصد عدد المرات التي يُظهر فيها المريض مخاوف مرضية من الأماكن المرتفعة، وحصل على النتائج الموضحة في الجزء العلوي من الجدول التالي:

III	II	I
4	2	1
4	3	2
4	4	2
5	5	2
7	6	3
$\Sigma X_3 = 24$	$\Sigma X_2 = 20$	$\Sigma X_1 = 10$
$\Sigma X_3^2 = 122$	$\Sigma X_2^2 = 90$	$\Sigma X_1^2 = 22$
$\Sigma X = \Sigma X_1 + \Sigma X_2 + \Sigma X_3 = 10 + 20 + 24 = 54$		
$\Sigma X^2 = \Sigma X_1^2 + \Sigma X_2^2 + \Sigma X_3^2 = 22 + 90 + 122 = 234$		
$N = n_1 + n_2 + n_3 = 5 + 5 + 5 = 15$		

اختبر الفرضية التي تُشير إلى عدم اختلاف الأساليب الثلاثة في علاج المخاوف المرضية مستخدماً مستوى دلالة مقداره (0.05).

لاختبار الفرضية فإننا نسير وفق الخطوات الآتية:

- نصوغ الفرضيتن الصفرية والبديلة على النحو التالي:

$H_0 : \mu_1 = \mu_2 = \mu_3$ (لا تختلف الأساليب الثلاثة عن بعضها بعضاً في علاج المخاوف المرضية)

$H_1 : \mu_1 \neq \mu_2 \neq \mu_3$ (يختلف علاج المخاوف المرضية باختلاف أسلوب العلاج)

ونحدّد نوع الاختبار وهو هنا بذيلين طالما أنه لا يوجد توقّع معيّن لدى الباحث، ثم نحسب درجات الحريّة لبسط النسبة الفائية (بين المجموعات) وهي عبارة عن (عدد المجموعات – 1)، ودرجات الحريّة لمقام النسبة الفائية (داخل المجموعات) وهي هنا عبارة عن (عدد الأفراد الكلي – عدد المجموعات)، كما نحسب درجات الحريّة الكلي وهي عبارة عن (عدد الأفراد – 1). وفي مثالنا الحالي تكون درجات الحرية بين المجموعات (درجات حريّة البسط) هي: (3-1 = 2)، ودرجات الحريّة داخل

المجموعات (درجات حريّة المقام) وهي: (15-3 = 12)، أما درجات الحريّة الكلي فهي: (15-1 = 14). بعد ذلك نجد قيمة "F" الحرجة (ملحق 5) من خلال النظر في العمود الثاني الذي يمثّل درجات الحريّة للبسط، والصف الثاني عشر الذي يمثّل درجات الحريّة للمقام وعند مستوى دلالة مقداره (0.05) فنجدها (3.88).

- وفي الخطوة الثانية نقوم بحساب المجاميع اللازمة وهي مجموع المشاهدات الكلي (ΣX) ومجموع مربعات المشاهدات الكلي (ΣX^2)، وعدد المشاهدات الكلي (N) استعداداً لإجراء الحسابات اللاحقة (أنظر الصفوف الثلاثة الأخيرة في الجدول أعلاه).

- وفي الخطوة الثالثة نقوم بحساب التباين الكلي (مجموع المربعات الكلي) الذي نرمز له بالرمز (SS_{total}) باستخدام القاعدة التالية:

$$SS_{totat} = \Sigma X^2 - (\Sigma X)^2/N \text{ .... } (10\text{-}6)$$

حيث:

ΣX^2 : مجموع مربعات المشاهدات الكلي

ΣX : مجموع المشاهدات الكلي

N : عدد المشاهدات الكلي

وبهذا يكون مجموع المربعات الكلي:

$$SS_{total} = \sum X^2 - (\sum X)^2/N$$

$$= 234 - (54)^2/15$$

$$= 234 - 2916/15$$

$$= 234 - 194.4$$

$$= 39.6$$

- وفي الخطوة الرابعة نحسب مجموع المربعات بين المجموعات الذي نرمز له بالرمز ($SS_{between}$) باستخدام القاعدة:

$$SS_{between} = (\sum X_1)^2/n_1 + (\sum X_2)^2/n_2 + (\sum X_3)^2/n_3 - (\sum X)^2/N \quad .... \quad (11-6)$$

حيث:

$\sum X_1$: مجموع مربعات المشاهدات في المجموعة الأولى

$\sum X_2$: مجموع مربعات المشاهدات في المجموعة الثانية

$\sum X_3$: مجموع مربعات المشاهدات في المجموعة الثالثة

n_1 : عدد المشاهدات في المجموعة الأولى

n_2 : عدد المشاهدات في المجموعة الثانية

n_3 : عدد المشاهدات في المجموعة الثالثة

N : عدد المشاهدات الكلي

$\sum X$: مجموع المشاهدات الكلي

ويكون مجموع المربعات بين المجموعات:

$$SS_{between} = (\sum X_1)^2/n_1 + (\sum X_2)^2/n_2 + (\sum X_3)^2/n_3 - (\sum X)^2/N$$

$$= (10)^2/5 + (20)^2/5 + (24)^2/5 - (54)^2/15$$

$$= 100/5 + 400/5 + 576/5 - 2916/15$$

$$= 20 + 80 + 115.2 - 194.4$$

$$= 215.2 - 194.4$$

= 20.8

- أما في الخطوة الخامسة فنقوم بحساب مجموع المربعات داخل المجموعات (SS_{within}) مـن خـلال طـرح مجموع المربعات بين المجموعـات ($SS_{between}$) مـن مجمـوع المربعـات الكـلي (SS_{total})، ويكـون مجمـوع المربعات داخل المجموعات:

$$SS_{within} = SS_{total} - SS_{between}$$

= 39.6-20.8

= 18.8

- وفي الخطوة السادسة نحسب متوسط المربعات بين المجموعات أو التباين بـين المجموعـات ($MS_{between}$) من خلال قسـمة مجمـوع المربعـات بـين المجموعـات ($SS_{between}$) عـلى درجـات الحريـة بـين المجموعـات ($df_{between}$)، كـما نحسب متوسط

المربعات داخل المجموعات أو التباين داخل المجموعات (MS_{within}) من خلال قسمة مجموع المربعات داخل المجموعات (SS_{within}) على درجات الحرية داخل المجموعات (df_{within}) كما يأتي:

$$MS_{between} = SS_{between}/df_{between} = 20.8/2 = 10.40$$

$$MS_{within} = SS_{within}/df_{within} = 18.8/12 = 1.57$$

- وفي الخطوة السابعة والأخيرة نحسب قيمة "F" من خلال قسمة متوسط المربعات بين المجموعات ($MS_{between}$) على متوسط المربعات داخل المجموعات (MS_{within}) كما يأتي:

$$F = MS_{between}/MS_{within} = 10.40/1.57 = 6.62$$

ونقارن قيمة "F" المحسوبة (6.62) بالقيمة الجدولية أو الحرجة لـ "F" (3.88)، وبما أن القيمة المحسوبة أكبر من القيمة الحرجة فإننا نرفض الفرضية الصفرية التي تُشير إلى عدم اختلاف الأساليب الثلاثة في علاج المخاوف المرضية ونستنتج وجود فروق إجمالية بين أوساط مستويات المعالجة الثلاثة، أو بمعنى آخر وجود أثر لأسلوب العلاج بمستوى دلالة يقل عن (0.05). وقد جرت العادة أن نقوم بتلخيص نتائج الحسابات التي حصلنا عليها في الخطوات السابقة في جدول خاص يُسمى جدول تحليل التباين كما يأتي:

مصدر التباين	مجموع المربعات	د.ح	متوسط المربعات	قيمة "F"
بين المجموعات	20.8	2	10.40	6.62
داخل المجموعات	18.8	12	1.57	
المجموع	39.6	14		

لاحظ أننا توصلنا في المثال السابق إلى رفض الفرضية الصفرية واستنتجنا وجود فروق إجمالية بين أوساط مستويات المعالجة الثلاثة. وهذا يعني أن هناك متوسط واحد على الأقل يختلف اختلافاً جوهرياً عن بقية الأوساط، لكن في المقابل لم يكشف لنا التحليل عن مصادر هذه الفروق، أي أننا لا نعرف فيما إذا كان هذا

الفرق الإجمالي ناتج عن اختلاف متوسط المجموعة الأولى عن متوسط المجموعة الثانية، أم اختلاف متوسط المجموعة الأولى عن متوسط المجموعة الثالثة، أم اختلاف متوسط المجموعة الثانية عن متوسط المجموعة الثالثة، أو بمعنى آخر لا نعرف أي الفروق الثلاثة الذي أحدث الفروق الإجمالية التي أدت إلى رفض الفرضية الصفرية. وحتى نتعرف مصادر الفروق الإجمالية بين أوساط المجموعات نقوم بمتابعة التحليل من خلال إجراء تحليل آخر يُسمى بالمقارنات البعدية Post Hoc Comparisons. وباختصار، إذا كشف تحليل التباين عن وجود فروق جوهرية بين أوساط المجموعات المختلفة فلا بدّ من متابعة التحليل بإجراء المقارنات البعدية.

وتقوم المقارنات البعدية على مقارنة كل زوج من الأوساط فيما يُسمى بالمقارنات الثنائية، فلو كان لدينا ثلاثة أوساط كما في المثال السابق فإننا نحتاج إلى عقد ثلاث مقارنات حيث نقارن المتوسط الأول بالمتوسط الثاني، ثم المتوسط الأول بالمتوسط الثالث، وأخيراً المتوسط الثاني بالمتوسط الثالث. وربما يتساءل القارئ، ماذا لو قمنا بإجراء هذه المقارنات باستخدام اختبار "t"؟ ألا يفي بالغرض؟ نعود ونذكّر القارئ بأننا لا نستخدم اختبار "t" لأنه يفاقم احتمال ارتكابنا للخطأ من النوع الأول. وهنا علينا أن نميّز بين ما يُسمى بمستوى الدلالة الاختباري Test-wise Alpha Level وهو مستوى الدلالة الذي نختبر كل فرضية عنده، ومستوى الدلالة التجريبي Experiment-wise Alpha Level وهو الاحتمال الكلي لارتكاب الباحث للخطأ من النوع الأول والذي يتراكم نتيجة اختبار الفرضيات كلاً على حده، وهو أكثر أهمية من سابقه لأنه كلما ازداد عدد المقارنات الثنائية التي يجريها الباحث يزداد احتمال ارتكابه للخطأ من النوع الأول وهو أمر غير مرغوب فيه كما أسلفنا سابقاً. ولحسن الحظ قدّم الإحصائيون أساليب مختلفة للمقارنات الثنائية تمكّن من ضبط مستوى الدلالة التجريبي وتساعد الباحث في تحديد مصادر الفروق بين

الأوساط المختلفة. ومن هذه الأساليب اختبار "توكي" Tukey's Honestly Significant Difference (HSD) Test، واختبار "شيفي" Scheffe Test اللذان سنعرضهما فيما يأتي:

(أ) اختبار "توكي" Tukey's Test: ويقوم على حساب قيمة "توكي" الحرجة وهي أقل فرق ممكـن أن يكـون ذي دلالة إحصائية ويُسمى Honestly Significant Difference (HSD)، ثم مقارنة الفروق بـين كـل زوج مـن الأوساط بهذه القيمة، فإذا كان الفرق المطلق بين أي زوج من الأوساط أكبر من أو مساوياً للقيمة الحرجة فإننا نرفض الفرضية الصفرية التي تُشير إلى تساوي المتوسطين ونعتبر هذا الفرق فرقاً معنوياً. ويتطلـب اختبار "توكي" تساوي عدد المشاهدات في المجموعـات المختلفـة أو مسـتويات المعالجـة. وتُحسب قيمـة "توكي" الحرجة من خلال القاعدة:

$$HSD = q \sqrt{MS_{within} / n} \quad \dots \dots \dots (12\text{-}6)$$

حيث:

HSD : قيمة توكي الحرجة

q : القيمة الحرجة أو المجدولـة (ملحـق 5) وتعتمـد علـى مسـتوى الدلالـة المسـتخدم في اختبار الفرضية في تحليل التباين وعدد المجموعات ودرجـات الحريـة المتصلة بالتباين داخل المجموعات (df_{within}).

n : عدد المشاهدات في مجموعة واحدة (تـذكّر أن عـدد المشـاهدات في المجموعـات هـو نفسـه، وهذا شرط يتطلبه استخدام اختبار "توكي").

MS_{within} : التباين داخل المجموعات المحسوب في اختبار تحليل التباين.

ولتوضيح إجراءات استخدام اختبار "توكي"، دعنا نعـود إلى مثالنـا السـابق الـذي اختبرنـا فيـه الفـروق بـين أوساط ثلاثة مستويات للمعالجة (أساليب علاج المخاوف المرضية)، حيث تبيّن مـن الحسـابات السـابقة أن التباين داخل المجموعات (MS_{within}) هو (1.57)، وأن عدد المشاهدات في المجموعة الواحدة (n) هو (5)،

أما بالنسبة للقيمة الجدولية (q) فنجد أنها (3.77) (أنظر ملحق 6 عند مستوى الدلالة (α) المستخدم في اختبار "F" وهو (0.05) وعدد مجموعات الدراسة (K) وهو (3) ودرجات الحرية المتصلة بالتباين داخل المجموعات (df_{within}) وهو (12)). وبعد أن أصبحت جميع القيم المطلوبة لحساب قيمة "توكي" الحرجة متوفرة، نقوم بحساب هذه القيمة كما يأتي:

$$HSD = 3.77 \sqrt{1.57/5}$$
$$= 3.77 \, (0.56)$$
$$= 2.11$$

ثم بعد ذلك نقوم بتنظيم أوساط المجموعات المختلفة في جدول يبيّن قيم هـذه الأوسـاط والفـروق بينهـا كما في الجدول التالي، ونقارن كل فرق من الفروق في الجدول بقيمة "توكي" الحرجة (HSD).

III	II	I	الأسلوب	المتوسط
2.8*	2	-	I	2
0.8	-		II	4
-			III	4.8

* الفرق جوهري ذي دلالة إحصائية بمستوى يقل عن (0.05).

ولدى النظر إلى الفروق المطلقة بين أوساط المجموعات الثلاث نلاحظ أن أقصىـ فـرق كـان بـين متوسطي الأسلوب الأول (I) والأسلوب الثالث (III) الذي بلغ (2.8) وهـو أكـبر مـن قيمـة "توكي" الحرجـة (HSD) وهي (2.11). أما بالنسبة للفروق الأخرى فهي أقـل مـن قيمـة "تـوكي" الحرجة. ونسـتنتج مـن هـذا أن اختلاف الأسلوب الثالث عن الأسلوب الأول في علاج المخاوف المرضية هـو سـبب الفروق الإجمالية التـي كشف عنها تحليل التباين.

(ب) اختبار شيفي Scheffe´ Test: ويختلف عن سابقه اختبار "توكي" من حيث أن هذا الاختبار يتحرّر من افتراض تساوي أعداد المشاهدات في المجموعات المختلفة الذي يقوم عليه اختبار "توكي"، ويُستخدم في حال اختلاف أعداد المشاهدات في المجموعات المختلفة. ويقوم اختبار "شيفي" على إجراء سلسلة من المقارنات بين أزواج الأوساط للمجموعات المختلفة مبتدئاً بأكبر فرق بين أي متوسطين من الأوساط ثم الذي يليه وهكذا، حيث يتم حساب نسبة فائية "F" يُطلق عليها قيمة "شيفي" الفائية لتمييزها عن النسبة الفائية المستخدمة في تحليل التباين، ومقارنة هذه النسبة المحسوبة بالقيمة الحرجة لـ "F" المستخدمة في تحليل التباين. وتُحسب نسبة شيفي الفائية باستخدام القاعدة التالية:

$$F_{scheffe'} = (\bar{X}_1 - \bar{X}_2)^2 / MS_{within}(1/n_1 + 1/n_2)\ (K-1)\ \ldots\ldots\ldots\ (13\text{-}6)$$

حيث:

$\bar{X}_1$: متوسط المجموعة الأولى.

$\bar{X}_2$: متوسط المجموعة الثانية.

MS_{within} : متوسط المربعات داخل المجموعات وهو متوسط المربعات نفسه المستخدم في تحليل التباين.

n_1 : عدد أفراد المجموعة الأولى.

n_2 : عدد أفراد المجموعة الثانية.

K : عدد المجموعات.

دعنا الآن نطبق القاعدة السابقة لاختبار الفروق بين أوساط المجموعات الثلاث، ونبدأ في المجموعتين الأولى والثالثة لأن الفرق بين متوسطيهما هو أكبر فرق، ثم ننتقل بعدها إلى المجموعة الأولى والثانية لأن الفرق بينهما يأتي في المرتبة الثانية وهكذا.

$$F_{scheffe'} = (\overline{X_1} - \overline{X_2})^2/MS_{within}(1/n_1+1/n_3) \; (K-1)$$

$$= (2-4.8)^2/1.57(1/5+1/5) \; (3-1)$$

$$= 7.84/1.26 = 6.22$$

ونقارن نسبة "شيفي" المحسوبة ($F_{scheffe'}$) وهي هنا (6.22) بالقيمة الحرجـة لـ "F" مـن تحليل التبـاين السابق وهي (3.88)، وبما أن نسبة شيفي المحسوبة أكبر من قيمة "F" الحرجة، فإننا نستنتج أن الفرق بين متوسطي المجموعتين الأولى والثالثة هـو فرق جوهري ذو دلالة إحصائية عنـد مسـتوى دلالـة مقـداره (0.05). وبعدها نختبر الفرق بين المجموعة الأولى والثانية بنفس الأسلوب كما يأتي:

$$F_{scheffe'} = (\overline{X_1} - \overline{X_2})^2/MS_{within}(1/n_1+1/n_2) \; (K-1)$$

$$= (2-4)^2/1.57(1/5+1/5) \; (3-1)$$

$$= 4/1.26$$

$$= 3.17$$

وبما أن نسبة "شيفي" المحسوبة هنا أقل من قيمة "F" الحرجة وهي (3.88)، فإننا نستنتج أن هـذا الفـرق بين متوسطي المجموعتين الأولى والثانية ليس ذو دلالة إحصائية. كما نستنتج أيضاً أن أي فرق أقل من هـذا الفرق لن يكون ذو دلالة إحصائية، بمعنى أنه لا يوجد حاجة للكشـف عـن دلالـة الفـرق بـين متوسطي المجموعتين الثانية والثالثة لأنه أصغر من الفرق بين متوسطي المجموعتين الأولى والثانية، وبما أن الفـرق بين متوسطي المجموعتين الأولى والثانية ليس فرقاً جوهرياً فإن الفرق بـين متوسطي المجموعتين الثانيـة والثالثة هو أيضاً ليس فرقاً جوهرياً.

2- تحليل التباين العاملي Factorial ANOVA:

وهو من أكثر الأساليب الإحصائية شيوعاً بين الباحثين نظراً لما يتمتع به هذا الأسلوب مـن مزايـا تمكّن الباحث من الكشف عن الأثر الرئيس Main Effect لكل متغيّر (عامل) مـن المتغيّرات المسـتقلة عـلى حده في المتغيّر التابع، بالإضافة

إلى الكشف عن أثر التفاعلات Interaction Effect الممكنة بين المتغيّرات (العوامل) المستقلة في المتغيّر التابع. وهناك تصاميم مختلفة تندرج تحت هذا الأسلوب تختلف عن بعضها بعضا تبعا لعدد المتغيّرات التابعة وعدد المتغيّرات المستقلة التي يشتمل عليها التصميم وعدد مستويات كلٍ منها. فإذا اشتمل التصميم مثلاً على متغيّر تابع واحد ومتغيّرين مستقلين اثنين؛ الأول بمستويين والثاني بثلاثة مستويات فإننا نُسمي التحليل تحليل التباين الثنائي 2-Way ANOVA ذي التصميم العاملي (3X2). أما إذا اشتمل التصميم على متغيّر تابع واحد وثلاثة متغيّرات مستقلة مثلاً؛ الأول بمستويين والثاني بثلاثة مستويات والثالث بأربعة مستويات فإننا نُسمي التحليل تحليل التباين الثلاثي 3-Way ANOVA ذي التصميم العاملي من نوع (4X3X2) وهكذا. وإذا كان أحد المتغيرات متغيّر تجريبي (خضع للمعالجة) ولنقل بمستويين بينما كان المتغيّر الثاني غير تجريبي (لم يخضع للمعالجة) وله ثلاثة مستويات، فقد جرت العادة لدى وصف التصميم أن نبدأ بمستويات المتغيّر التجريبي كأن نقول هنا تصميم عاملي من نوع (3X2).

وسيقتصر الحديث في هذا البند على التصاميم العاملية الثنائية (تحليل التباين الثنائي) فقط والتي تتلخص في الكشف عن أثر متغيّرين مستقلين في متغيّر تابع واحد، إذ كلما ازداد عدد المتغيّرات المستقلة يزداد تعقيد التحليل. وننوه هنا إلى أنه يندر أن نجد دراسات تتناول تصاميم عاملية تشتمل على أكثر من ثلاثة متغيّرات مستقلة علماً بأن البرمجيات الإحصائية مجهزة لمعالجة مثل هذه الحالات. وعلى أية حال، ننصح الباحث الذي يشتمل تصميم دراسته على أكثر من ثلاثة متغيّرات مستقلة ومتغيّر تابع واحد أن يلجأ إلى استخدام أسلوب تحليل الانحدار المتعدّد Multiple Linear Regression (MLR) الذي يُعدّ المظلة الكبرى التي تنطوي على أسلوب تحليل التباين. وبشكل عام يقوم أسلوب تحليل التباين الثنائي على اختبار ثلاث فرضيات في تحليل واحد بحيث يتم حساب قيمة "F" المحسوبة للآثار

الرئيسة لكل متغيّر من المتغيّرين المستقلين على حده، بالإضافة إلى حساب قيمـة "F" المحسـوبة لآثر التفاعل بين المتغيّرين المستقلين من خلال قسـمة التبـاين بـين المجموعـات ($MS_{between}$) عـلى التبـاين داخل المجموعات (MS_{within}) كما هو الحال في اختبـار تحليـل التبـاين الأحـادي، ثـم مقارنـة هـذه القـيم المحسوبة بالقيم الحرجة لـ "F" (ملحق 5)، فإذا تجـاوزت أي مـن القـيم المحسـوبة القيمـة الحرجـة ذات العلاقة فإننا نرفض الفرضية الصفرية ونستنتج وجود أثر.

مثال (6-6):

أراد باحث الكشف عن أثر طريقة التدريس (العامل A)، وحجم الصف (العامل B) في التحصـيل في مـادة الرياضيات لدى طلبة الصف السادس الأساسي. وقام لهذا الغرض باختيار (30) طالبـاً عشـوائياً مـن طلبـة الصف السادس الأساسي، ثم وزّعهم عشوائياً على ستة مستويات للتجربة؛ مستويان اثنان لطريقة التدريس (I، II) بواقع (15) طالباً لكل طريقة، وثلاثة مستويات لحجم الصف (صـغير، متوسـط، كبـير) بواقـع (10) طلاب لكل مجموعة. وبعد انتهاء التجربة، خضـع جميـع الأفـراد في المجموعـات السـت لاختبـار تحصـيل، والجدول التالي يبيّن درجات الأفراد على هذا الاختبار.

المجموع	كبير (3)	متوسط (2)	صغير (1)	حجم الصف (B) الطريقة (A)
	3	7	1	I
	1	7	6	
	1	11	1	
$A_1 = 60$	6	4	1	
	4	6	1	
	$A_1B_3 = 15$	$A_1B_2 = 35$	$A_1B_1 = 10$	
	SS = 18	SS = 26	SS = 20	
	0	0	0	II
	2	0	3	
	0	0	7	
$A_2 = 30$	0	5	5	
	3	0	5	
	$A_1B_3 = 5$	$A_1B_2 = 5$	$A_1B_1 = 20$	
	SS = 8	SS = 20	SS = 28	
N = 30 G = 90 $\sum X^2 = 520$	$B_3 = 20$	$B_2 = 40$	$B_1 = 30$	المجموع

حيث تُشير الرموز في الجدول أعلاه إلى:

SS : مجموع المربعات.

G : المجموع العام للمشاهدات.

$\sum X^2$: المجموع العام لمربعات المشاهدات.

والآن نسير في خطوات اختبار الفرضية كما يلي:

- نصوغ الفرضية الصفرية والفرضية البديلة (لاحظ هنا أن الباحث معني باختبار ثلاث فرضيات صفرية؛ اثنتان تتعلقان بالآثار الرئيسة لكل متغيّر من المتغيّرين المستقلين وثالثة تتعلق بأثر التفاعل بين المتغيّرين المستقلين)، وهذه الفرضيات هي:

1- $H_0: \mu_{AI} = \mu_{AII}$

2- $H_0: \mu_{B1} = \mu_{B2} = \mu_{B3}$

3- لا يوجد تفاعل بين المتغيّرين (A) و (B)، أي أن أثر أحداهما لا يعتمد على أثر الثاني.

وتكون الفرضيات البديلة المقابلة للفرضيات الصفرية السابقة على النحو:

1- $H_1: \mu_{AI} \neq \mu_{AII}$

2- $H_1: \mu_{B1} \neq \mu_{B2} \neq \mu_{B3}$ (واحد من الأوساط الثلاثة على الأقل يختلف عن المتوسطين الآخرين).

3- يوجد تفاعل بين المتغيّرين (A) و (B)، أي أن أثر أحداهما يعتمد على أثر الثاني.

- نحسب مجموع المربعات الخاصة بالكشف عن الآثار الرئيسة كما يلي:

$$SS_{total} = \Sigma X^2 - G^2/N$$
$$= 520-(90)^2/30$$
$$= 520-270$$
$$= 250$$

ثم نحسب مجموع المربعات داخل المجموعات (SS_{within}) كما يلي:

$$SS_{within} = \Sigma\Sigma SS$$
$$= 20+26+18+28+20+8$$
$$= 120$$

وبعدها نحسب مجموع المربعات بين المجموعات وهو عبارة عن مجموع المربعات الكلي مطروحاً منه مجموع المربعات داخل المجموعات:

$$SS_{between} = SS_{total} - SS_{within}$$

$$= 250 - 120$$

$$= 130$$

- نحسب مجموع المربعات الخاص بالكشف عن أثر التفاعل بين المتغيرات ونبدأ بالمتغيّر (A) كما يلي:

$$SS_A = \sum A^2/bn - G^2/N$$

حيث يُشير الرمز (bn) إلى عدد الأفراد في كل مستوى من مستويات المتغيّر (B).

$$= (60)^2/15 + (30)^2/15 - (90)^2/30$$

$$= 240 + 60 - 270$$

$$= 30$$

ثم ننتقل إلى المتغيّر (B) كما يلي:

$$SS_B = \sum B^2/an - G^2/N$$

حيث يُشير الرمز (an) إلى عدد الأفراد في كل مستوى من مستويات المتغيّر (A).

$$= (30)^2/10 + (40)^2/10 + (20)^2/10 - (90)^2/30$$

$$= 90 + 160 + 40 - 270$$

$$= 20$$

وأخيراً ننتقل إلى التفاعل كما يأتي:

$$SS_{AxB} = SS_{between} - SS_A - SS_B$$

$$= 130 - 30 - 20$$

$$= 80$$

- نحسب درجات الحريّة الخاصة بكل مجموع مربعات تم حسابه في الخطوة السابقة مبتدئين بحساب درجات الحرية الكلي (df_{total}) وهي عبارة عن عدد الأفراد الكلي مطروحاً منها (1):

$$df_{total} = N-1$$
$$= 30-1$$
$$= 29$$

ثم ننتقل إلى درجات الحرية بين المجموعات ($df_{between}$) وهي عبارة عن عدد خلايا التصميم (ab) مطروحاً منها واحد.

$$df_{between} = ab-1$$
$$= 6-1$$
$$= 5$$

وأخيراً نحسب درجات الحريّة داخل المجموعات (df_{within}) وهي عبارة عن درجات الحرية الكلي مطروحاً منها درجات الحرية بين المجموعات:

$$df_{within} = df_{total}-df_{between}$$
$$= 29-5$$
$$= 24$$

كما نحسب درجات الحريّة الخاصة بكل عامل من العوامل (المتغيّرات المستقلة) وهي عبارة عن مستويات المتغيّر مطروحاً منها واحد. وبذلك تكون درجات الحريّة الخاصة بالعامل (A) هي:

$$df_A = a-1$$
$$= 2-1$$
$$= 1$$

أما درجات الحريّة الخاصة بالعامل (B) فهي:

$$df_B = b-1$$
$$= 3-1$$
$$= 2$$

أما درجات الحريّة الخاصة بالتفاعل بين العاملين (A) و (B) فهي عبارة عن حاصل ضرب درجات الحريّة للعامل (A) في درجات الحريّة للعامل (B)، وبذلك تكون:

$$df_{AxB} = (df_A)\ (df_B)$$
$$= (1)\ (2)$$
$$= 2$$

- والآن نكون قد أجرينا كافة الحسابات اللازمة لحساب متوسطات المربعات الخاصّة بالآثار الرئيسة للمتغيّرات المستقلة وأثر التفاعل بينها. ولحساب متوسطات المربعات ما علينا إلى ان نقسم مجموع المربعات (SS) على درجات الحريّة الخاصة به (df). وبذلك تكون متوسطات المربعات بين المجموعات لكلٍ من الآثار الرئيسة ولآثر التفاعل على النحو الآتي:

$$MS_A = SS_A/df_A = 30/1 = 30$$

$$MS_B = SS_B/df_B = 20/2 = 10$$

$$MS_{AxB} = SS_{AxB}/df_{AxB} = 80/2 = 40$$

ومتوسطات المربعات داخل المجموعات هي:

$$MS_{within} = SS_{within}/df_{within} = 120/24 = 5$$

- بعد ذلك نحسب قيم "F" المحسوبة الخاصة بالآثار الرئيسة لكل عامل من العوامل المستقلة، وأثر التفاعل بينها من خلال قسمة متوسطات المربعات بين المجموعات التي تم حسابها في الخطوة السابقة على متوسط المربعات داخل المجموعات، وهي بالنسبة للعامل (A):

$$F = MS_A/MS_{within} = 30/5 = 6.0$$

وبالنسبة للعامل (B):

$$F = MS_B/MS_{within} = 10/5 = 2.0$$

أما بالنسبة للتفاعل بين العاملين (A) و (B) فهي:

$$F = MS_{AxB}/MS_{within} = 40/5 = 8.0$$

- وأخيراً نقارن هذه القيم المحسوبة بالقيم الحرجة المناظرة لها باستخدام جدول توزيع "F" (ملحق 5). ومن خلال الجدول يتبيّن أن القيمة الحرجة لآثر العامل (A) عند درجات حريّة مقدارها (1، 24) ومستوى دلالة مقداره (0.05) هي (4.26)، بينما للعامل (B) عند درجات حرية مقدارها (2، 24) ومستوى دلالة مقداره (0.05) فهي (3.40)، ولأثر التفاعل بين العاملين عند درجات حريّة

(2، 24) هي أيضاً (3.40). ومن خلال المقارنة يتبيّن أن قيمة "F" المحسوبة الخاصة بالعامل (A) وهي (6.0) تزيد عن القيمة الحرجة الخاصة بالأثر الرئيس لهذا العامل، بينما تقل القيمة المحسوبة الخاصة بالعامل (B) وهي (2.0) عن القيمة الحرجة الخاصة بهذا العامل. أما بالنسبة لأثر التفاعل بين العاملين، فيلاحظ أن القيمة المحسوبة وهي (8.0) أكبر من القيمة الحرجة الخاصة بأثر التفاعل بين العاملين. ولهذا نستنتج وجود أثر رئيس للعامل (A)، وعدم وجود أثر رئيس للعامل (B)، ووجود أثر لتفاعل العاملين. وقد جرت العادة أن نلخص النتائج السابقة في جدول خاص نسميه جدول تحليل التباين الثنائي كما يأتي:

مصدر التباين	مجموع المربعات	د.ح	متوسط المربعات	قيمة "F"
A	30	1	30	*6.0
B	20	2	10	2.0
AxB	80	2	40	*8.0
داخل المجموعات	120	24	5	
المجموع	250	29		

* قيمة "F" ذات دلالة إحصائية عند مستوى دلالة يقل عن (0.05).

ثالثاً- اختبار مربع كاي (χ^2):

تركّز البحث في البندين السابقين على اختبار الفرضية حول المتوسط الحسابي باستخدام اختبار "t" أو اختبار "F"، إلا أن كثير من الدراسات في العلوم الإنسانية تدور حول أسئلة تتعلق بالنسبة Proportion كالدراسات التي تتناول المقارنة بين نسبة الأمية أو البطالة أو التدخين أو الانتحار...الخ في المجتمعات المختلفة. لهذا سنتناول في هذا البند اختبار مربع كاي "χ^2" الذي يُستخدم لاختبار الفرضية حول نسبة واحدة فيما يُسمى باختبار مربع كاي لحسن المطابقة، أو الفرق بين نسبتين فيما يُسمى باختبار مربع كاي للاستقلالية.

1- اختبار مربع كاي لحسن المطابقة Chi-square Goodness of Fit Test:

ويُسمى أيضاً باختبار مربع كاي أحادي الاتجاه. وهو اختبار مصمّم للكشف عـن مـدى مطابقـة التوزيع التكراري لمتغيّر مـا في العيّنة (التوزيـع التجريبـي) للتوزيـع التكراري للمتغيّر نفسه في المجتمـع (التوزيع النظري). فعلى سبيل المثال، قد يهتم أحد البـاحثين بالكشـف عـما إذا كانت نسبة الـذكور في الجامعة لا تختلف عن نسبة الإناث، أو بمعنى آخر يريد الباحث اختبار مدى مطابقـة التوزيـع التجريبـي لمتغير جنس الطالب في الجامعة بـالتوزيع النظري لهـذا المتغيّر في المجتمع باعتبار أن نسبة الـذكور لا تختلف عن نسبة الإناث في المجتمع كأن تكون (0.50). وقد يهتم باحث آخر باختبار الفرضية التـي تُشير إلى عدم اختلاف نسبة البطالة في الأردن مثلاً في هذا العام عنها في السنة السـابقة ولـتكن (0.15). أو قـد يهتم باحث ثالث باختبار الفرضية التـي تُشير إلى عدم اختلاف نسبة الوفيات الناتجة عن حوادث السـير في الأردن في هذا العام مقارنة بالعام الماضي ولتكن (0.20). لاحظ هنا أن نوع البيانـات التـي تشـملها هـذه الأمثلة وغيرها لا تتعدى عملية العد البسيط (التكرارات)، بمعنى أن البيانـات هنا تقـع في المسـتوى الأدنى من مستويات القياس وهو المستوى الإسمي.

ويقوم اختبار "χ^2" لحسن المطابقة على تصنيف الأفراد في العيّنة في فئات المتغيّر المقصود فيما يُسمى بالتكرار الملاحظ Observed Frequency والذي نرمـز لـه بـالرمز (f_o)، ومقارنتـه بـالتكرار المتوقع Expected Frequency في المجتمع والذي نرمـز لـه بـالرمز (f_e). أو حسـاب النسـبة الملاحظـة Observed Proportion في العيّنة والتي نرمـز لهـا بـالرمز (p) ، ومقارنتهـا بالنسـبة المتوقعـة Expected Proportion في المجتمع والتي نرمز لها بالرمز (π) من خلال حساب قيمة "χ^2" المحسوبة ومقارنتها بالقيمة الحرجة لمربع كاي عند درجات حرية معيّنة (df)

وهي في هذه الحالة عبارة عن (عدد فئات المتغيّر-1)، ومستوى دلالة معيّن (α). والقاعدة المستخدمة لحساب قيمة مربع كاي في حال استخدام التكرارات هي:

$$\chi^2 = \Sigma(f_o - f_e)^2/f_e \text{ .... } (14\text{-}6)$$

حيث:

χ^2 : قيمة مربع كاي المحسوبة

f_o : التكرار الملاحظ (التجريبي) في العيّنة

f_e : التكرار المتوقع (النظري) في المجتمع

مثال (6-7):

أراد باحث التعرف إلى البرنامج التلفزيوني المفضّل لدى الأطفال، فتوجّه إلى (90) طفلاً وسألهم عن البرنامج التلفزيوني المفضّل لديهم، فاختار (20) طفلاً منهم البرنامج (A)، واختار (30) منهم البرنامج (B)، فيما اختار (40) منهم البرنامج (C). هل يختلف تفضيل الأطفال للبرامج التلفزيونية باختلاف البرنامج اختلافاً جوهرياً ذو دلالة إحصائية بمستوى يقل عن (0.05)؟

للإجابة عن هذا السؤال نقوم بما يأتي:

- نصوغ الفرضية الصفرية والفرضية البديلة على النحو:

H_0 : لا يختلف تفضيل الأطفال لبرنامج تلفزيوني معيّن باختلاف البرنامج.

H_1 : يختلف تفضيل الأطفال للبرامج التلفزيونية باختلاف البرنامج.

- نحدّد قيمة "χ^2" الحرجة عند درجات حرية مقدارها (عدد فئات المتغيّر-1) وهي هنا (3-1 = 2)، ومستوى دلالة مقداره (0.05)، فنجدها (5.99) (أنظر ملحق 7 عند df = 2، و α = 0.05).

- نحسب قيمة "χ^2" المحسوبة، وهنا نحتاج إلى تنظيم التكرارات السابقة في جدول على النحو الآتي:

البرنامج	التكرار	
	الملاحظ	المتوقع
A	20	30
B	30	30
C	40	30

لاحظ هنا أننا نتوقع أن تتساوى التكرارات في خلايا العمـود الثالـث الـذي يُشـير إلى التكرار المتوقع إذا لم يكن هناك فروق في تفضيل الأطفال لبرنامج تلفزيوني معيّن على حساب البرامج الأخـرى. بعـد ذلك نقـوم بالعمليات الحسابية كما يأتي:

$$\chi^2 = \Sigma(f_o - f_e)^2 / f_e$$

$$= (20\text{-}30)^2/30 + (30\text{-}30)^2/30 + (40\text{-}30)^2/30$$

$$= 100/30 + 0 + 100/30$$

$$= 3.33 + 3.33$$

$$= 6.67$$

- وفي الخطوة الرابعة، نقارن قيمة "χ^2" المحسوبة (6.67) بقيمـة "χ^2" الحرجة (5.99). وبمـا أن القيمـة المحسوبة أكبر من القيمة الحرجة فإننا نرفض الفرضية الصفرية التي تُشـير إلى عـدم اخـتلاف التكرارات الملاحظة عن التكرارات المتوقعة، ونستنتج وجود فروق ذات دلالة إحصائية بين التكرار الملاحظ والتكرار المتوقع لصالح البرنامج (C) ثم البرنامج (B) فالبرنامج (A). لكن ماذا لو كان مستوى الدلالة (0.01) بـدلاً من (0.05)؟ هل ما زالـت الفـروق بـين التكرارات الملاحظة ذات دلالة إحصائية؟ إذا نظرنـا إلى القيمـة الحرجة لـ "χ^2" (ملحق 7) عند درجات حريـة مقدارها (2) ومسـتوى دلالـة مقـداره (0.01) سـنجد أنهـا (9.21)، وعليه فإننا

نفشل في رفض الفرضية الصفرية لأن قيمة "χ^2" المحسوبة أقل من القيمة الحرجة، ونستنتج عـدم وجـود فروق بين التكرارات الملاحظة والمتوقعة عند مستوى دلالة مقداره (0.01)، أي أنه لا يوجد تفضيل لبرنامج معيّن على حساب البرامج الأخرى.

أما في حالة النسبة، فإن الأمر لا يختلف إذ أننا بدلاً من التعامل مع التكرارات فإننا نتعامـل مـع النسب. ولهذا فإن القاعدة تُصبح:

$$\chi^2 = n\sum(p-\pi)^2/\pi \quad \ldots\ldots\ldots \quad (15\text{-}6)$$

حيث:

χ^2	:	قيمة مربع كاي المحسوبة
n	:	عدد أفراد العيّنة
p	:	النسبة الملاحظة في العيّنة
π	:	النسبة المتوقعة في المجتمع

ولمزيد من التوضيح، تأمل المثال التالي:

مثال (6-8):

في محاولة لتقصي آراء الناخبين في مبـدأ الصـوت الواحـد في الانتخابـات النيابيـة في الأردن، قامـت وزارة الداخلية باستطلاع آراء (100) ناخب تم اختيارهم بطريقة عشوائية من بـين (25000) ناخبـاً مسجّلين في دائرة انتخابية معيّنة حيث أيّد (65) ناخباً هذا المبدأ. هل تختلف نسبة المؤيدين لمبدأ الصـوت الواحـد عن نسبة الرافضين له في المجتمع؟

- نصوغ الفرضيتين الصفرية والبديلة على النحو التالي:

$H_0 : \pi = 0.50$ (لا تختلف نسبة المؤيدين لمبدأ الصوت الواحد في المجتمع عن 0.50)

$H_1 : \pi \neq 0.50$ (تختلف نسبة المؤيدين لمبدأ الصوت الواحد في المجتمع عن 0.50)
(لاحظ هنا أننا نتوقع أن ينقسم الأفراد بين مؤيد ورافض بنسبة 0.50)

- نحدّد قيمة "χ^2" الحرجة عند مستوى دلالة معيّن وليكن (0.01) ودرجات حرية مقدارها (1) من خلال النظر في جدول توزيع "χ^2" (ملحق 7)، فنجدها في تقاطع الصف الأول الذي يدلّ على درجات حريّة مقدارها (1) لأنه يوجد لدينا هنا فئتين اثنتين هما المؤيدون والمعارضون، والعمود أسفل $\alpha = 0.01$، وبذلك تكون قيمة "χ^2" الحرجة هي (6.63).

- نحسب نسبة المؤيدين وهي ($p = 65/100 = 0.65$) مما يعني أن نسبة الرافضين (p-1) هي (0.35). بعد ذلك نحسب قيمة "χ^2" باستخدام القاعدة (6-15) وتكون:

$$\chi^2 = n \sum (p-\pi)^2/\pi$$

$$= 100\ [(0.65-0.50)^2/0.50+(0.35-0.50)^2/0.50]$$

$$= 100\ [(0.15)^2/0.50+(-0.15)^2/0.50]$$

$$= 100\ [0.045+0.045]$$

$$= 9$$

- نقارن قيمة "χ^2" المحسوبة بالقيمة الحرجة فنجد أن القيمة المحسوبة تزيد عن القيمة الحرجة، فنرفض الفرضية الصفرية التي تُشير إلى عدم اختلاف نسبة المؤيدين لمبدأ الصوت الواحد عن (0.50)، ونستنتج أن الفرق بين نسبة المؤيدين لمبدأ الصوت الواحد والمعارضين له هو فرق جوهري ذو دلالة إحصائية بمستوى يقل عن (0.01).

2- اختبار مربع كاي للاستقلالية Chi-square Test of Independence:

ويُسمى اختبار مربع كاي ثنائي الاتجاه لأن المسألة تتضمن متغيّرين اثنين. وهو مصمم للكشف عن دلالة العلاقة بين متغيّرين تصنيفيين كالعلاقة بين جنس الفرد (ذكر، أنثى) والمهنة المفضّلة (معلم، طبيب، مهندس) مثلاً. ويقوم هذا الاختبار على تحديد قيمة "χ^2" الحرجة من خلال النظر في جدول توزيع "χ^2" (ملحق 7) عند مستوى دلالة معيّن ودرجات حريّة معيّنة يتم حسابها من خلال القاعدة الآتية:

$$df_{\chi^2} = (R-1)*(C-1) \text{ .... } (16\text{-}6)$$

حيث:

df_{χ^2} : درجات الحرية لاختبار مربع كاي للاستقلالية.

R : عدد الصفوف أو عدد فئات المتغيّر الأول.

C : عدد الأعمدة أو عدد فئات المتغيّر الثاني.

وبعدها نقوم بحساب التكرار المتوقع في كل خلية من خلال القاعدة التالية:

$$f_e = (\Sigma R * \Sigma C)/n \text{ .... } (17\text{-}6)$$

حيث:

f_e : التكرار المتوقع في الخلية.

ΣR : مجموع التكرارات في الصف الذي تقع فيه الخلية.

ΣC : مجموع التكرارات في العمود الذي تقع فيه الخلية.

n : عدد أفراد العيّنة.

ثم نقوم بحساب قيمة "χ^2" المحسوبة باستخدام القاعدة (6-14)، ونقارن القيمة المحسوبة بالقيمة الحرجة لـ "χ^2"، فإذا كانت القيمة المحسوبة أكبر من القيمة الحرجة فإننا نرفض الفرضية الصفرية التي تُشير إلى عدم وجود علاقة بين المتغيّرين، أما إذا قلّت القيمة المحسوبة عن القيمة الحرجة فإننا نفشل في رفض

الفرضية الصفرية. والمثال التالي يوضّح إجراءات اختبار الفرضية حول العلاقة بين متغيّرين باستخدام اختبار "χ^2".

مثال (6-9):

أراد باحث الكشف عن العلاقة بين جنس الفرد (ذكر، أنثى) والمهنة المفضّلة لدى الفرد (معلم، طبيب، محامي، مهندس)، فتوجّه لـ (200) فرداً وسألهم عن المهنة المفضّلة لديهم من بين المهن الأربعة السابقة. وتوزّعت إجابات الأفراد كما في الجدول أدناه (لاحظ أن التكرار الملاحظ هو الرقم الداكن اللون خارج الأقواس).

المهنة / الجنس	معلم	طبيب	محامي	مهندس	المجموع
ذكر	**10** (30)	**50** (36)	**15** (24)	**45** (30)	120
أنثى	**40** (20)	**10** (24)	**25** (16)	**5** (20)	80
المجموع	50	60	40	50	200

هل هناك علاقة بين متغيّري الجنس والتفضيل المهني عند مستوى دلالة مقداره (0.01)؟

للإجابة عن هذا السؤال فإننا نسير في إجراءات اختبار الفرضية كما يأتي:

- نصوغ الفرضيتين الصفرية والبديلة على النحو التالي:

$H_0 : \rho = 0$ (لا يوجد علاقة بين الجنس والتفضيل المهني).

$H_1 : \rho \neq 0$ (يوجد علاقة بين الجنس والتفضيل المهني).

- نحدّد قيمة "χ^2" الحرجة عند مستوى الدلالة المعلن وهو (0.01) ودرجات حرية مقدارها (عدد فئات المتغيّر الأول-1) (عدد فئات المتغيّر الثاني-1) وهي هنا (2-1) (4-1) = 3، ثم ننظر في جدول توزيع "χ^2" (ملحق 7) في تقاطع العمود الذي

يُشير إلى مستوى الدلالة (0.01) والصف الذي يُشير إلى درجات حرية مقدارها (3) فنجد أن قيمة "χ^2" الحرجة هي (11.34).

- نحسب التكرار المتوقع لكل خلية من خلايا الجدول السابق من خلال ضرب مجموع التكرارات في الصف الذي تقع فيه الخلية في مجموع التكرارات في العمود الذي تقع فيه الخلية ونقسم حاصل الضرب على حجم العيّنة كما تُشير القاعدة (6-17)، وقد قمنا بحساب هذه التكرارات ووضعناها بداخل الأقواس بمحاذاة التكرار الملاحظ في خلايا الجدول أعلاه. فعلى سبيل المثال يكون التكرار المتوقع في الخلية الواقعة في الصف الأول والعمود الأول: (120*50)/200 = 30 وهكذا نستمر في حساب بقية التكرارات المتوقعة في خلايا الجدول. بعد ذلك نقوم بحساب قيمة "χ^2" المحسوبة عل النحو الأتي:

$$\chi^2 = \sum(f_o-f_e)^2/f_e$$

$$= (10-30)^2/30 + (50-36)^2/36 + (15-24)^2/24$$

$$+ (45-30)^2/30 + (40-20)^2/20 + (10-24)^2/24$$

$$+ (25-16)^2/16 + (5-20)^2/20$$

$$= 74.13$$

- نقارن قيمة "χ^2" المحسوبة بالقيمة الحرجة فنجد أن القيمة المحسوبة تزيد عن القيمة الحرجة، فنرفض الفرضية الصفرية التي تُشير إلى عدم وجود علاقة بين متغيّري الجنس والتفضيل المهني، ونستنتج وجود علاقة بين المتغيّرين عند مستوى دلالة يقل عن (0.01).

الوحدة السابعة
إعداد تقرير البحث
Preparation of a Research Report

مع أن مرحلة إعداد تقرير البحث هي المرحلة الأخيرة في عملية البحث والتي تلي مرحلة تحليل البيانات، إلا أنه يتعيّن على الباحث قبل البدء بإعداد تقرير البحث أن يتحقق من صحة التحليل سواء تـمّ ذلـك يـدوياً، أو باسـتخدام إحـدى الـرزم الإحصائية المحوسبة مـن خـلال التأكـد مـن صحة المـدخلات والمخرجات.

وإذا ما قام الباحث بتحليل بياناته يدوياً، فينبغي عليه التحقق من صحة الحسابات مـن خـلال التأكد من صحة تعويض الأرقام في القوانين الرياضية ذات العلاقة. أمـا إذا اسـتخدم الباحث الحاسوب في عملية التحليل، فيتعيّن عليه طباعة ملفات البيانات المخزّنة في ذاكرة الحاسوب بعد إدخالها وتدقيقها كلها أو نسبة معيّنة منها من خلال مقارنتها بالبيانات الأصلية. وفي كل الأحوال، يتعيّن على الباحث أن يتحقـق من معقولية النتائج سواء كان التحليل يدوياً أو باستخدام الحاسوب. فعلى سبيل المثال، لا يمكن أن يكون الانحراف المعياري أو مجموع المربعات في تحليل التباين سالباً، ولا يمكن أن تكون قيمـة معامـل ارتبـاط بيرسون أو سبيرمان أكبر من (1)، ولا يمكن أن يكون الانحراف المعياري لتوزيع ما (5 أو أقل) إذا كان مـدى التوزيع (36)، ولا يمكن أن يكون متوسط توزيع مـا أقل مـن (20) أو أكـبر مـن (80) إذا كانـت أصغـر مشاهدة في التوزيع هي (20) وأكبر مشاهدة فيه هي (80) مثلاً، كما لا يمكن أن تكون قيمة "t" المحسوبة (45) مثلاً علماً بأن الفرق المُلاحظ بين متوسطي المجموعتين التجريبيـة والضابطة هـو (2). وإذا مـا تبـيّن عدم معقولية

النتيجة، فإن من المرجّح أن يكون الباحث قد ارتكب خطأ ما أثناء التعويض في القوانين الرياضية، أو لدى إدخاله للبيانات في ذاكرة الحاسوب.

هذا من ناحية، ومن الناحية الثانية يتعيّن على الباحث أيضاً أن ينظّم البيانات بشكل مناسب، وأن يحتفظ بأكثر من نسخة منها في أماكن مختلفة تحسّباً لأي طارئ، إذ يبقى الاحتمال قائماً أن يضطر الباحث إلى إعادة التحليل برمته أو متابعته على الأقل، وقد يحتاج الباحث للبيانات الأصلية إذا قرّر أن يجري دراسة أخرى في وقت لاحق باستخدام البيانات نفسها.

ولعل الأمر الأكثر أهمية من النتائج نفسها هو طريقة تفسيرها، إذ أن النتائج ليست أكثر من قيم رقمية صمّاء قد تكون أو لا تكون ذات دلالة إحصائية، والفيصل في الأمر ليس دلالة النتائج أو عدمها وإنما مهارة الباحث في تفسيرها. ويمكن القول أن التفسير السليم للنتائج يدور في فلك ثلاثة محاور هي الغرض من الدراسة وفرضيات الدراسة ونتائج الدراسات السابقة. فينبغي على الباحث أن يفسّر النتائج في ضوء الغرض من الدراسة، وأن يُبقي غرض الدراسة حاضراً في ذهنه أثناء مرحلة إعداد تقرير البحث. وعليه أيضاً أن يبيّن فيما إذا كانت نتائج الدراسة تؤيد أو تدحض الفرضية والأسباب المحتملة التي أدت إلى ذلك. كما عليه أن يبيّن فيما إذا كانت النتائج تتفق أو تتعارض مع نتائج الدراسات السابقة والأسباب المحتملة لذلك.

وعلى الباحث أن يتذكر أن رفضه للفرضية الصفرية لا يعني أنه أثبت أي شيئ وإنما لا يتعدى الأمر أن البيانات التي حصل عليها في ظروف معيّنة مكّنته من رفض الفرضية الصفرية فقط في مجتمع الدراسة المعني لمتغيّر تابع معيّن، وقد لا يتوفر ذلك في مجتمعات أخرى أو متغيّرات تابعة أخرى. وهذا يعني أنه ينبغي على الباحث أن لا يعمّم نتائج دراسته إلا في حدود الدراسة ذاتها ولا يخرج عن ذلك الإطار. أما إذا لم يتمكّن الباحث من رفض الفرضية الصفرية، فهذا أمر

طبيعي طالما أنه قام بكافة الإجراءات البحثية اللازمة. ونذكّر الباحثين هنا، وبخاصة المبتدئين منهم، أن الفشل في رفض الفرضية الصفرية لا يعني أن الفرضية البحثية خاطئة. وحتى لو كانت كذلك، فهذه النتيجة بحد ذاتها لا تقل أهمية عن توصل الباحث لرفض الفرضية الصفرية.

كما تجدر الإشارة إلى أهمية مناقشة الباحث للنتائج التي توصّل لها في ضوء العوامل المهدّدة لصدق البحث الداخلي والخارجي، وضرورة وصف هذه العوامل بالتفصيل. وإذا ما تسرّب عدد من أفراد الدراسة أثناء تنفيذ التجربة، فينبغي الإشارة إلى الأسباب التي أدت إلى ذلك وكيفية تأثر النتائج بذلك وبخاصة إذا كان عدد المتسربين كبيراً. وبشكل عام، إذا أحسن الباحث التخطيط لدراسته ونفّذها على نحو سليم ولم يتوصل إلى رفض الفرضية الصفرية، فربما تكون النتيجة التي توصّل لها هي النتيجة الصحيحة دون علمه بذلك.

وتجدر الإشارة أيضاً إلى ضرورة توخي الحذر لدى تفسير الباحث لنتائج غير متوقعة كملاحظته لعلاقة ارتباطية غير متوقعة بين بعض المتغيّرات. ونعني بهذا ضرورة التزام الباحث بالفرضية التي انطلق منها وعدم الالتفاف عليها ومحاولة تحريفها أو استبدالها لتلائم النتائج التي توصّل لها. ولا يخفى أن الاختبار الحقيقي للفرضية ينبع من قدرتها على تفسير ما سيحدث مستقبلاً والتنبؤ به، وليس ما يحدث الآن. هذا هو جوهر البحث العلمي الذي يعني فيما يعني أنه قابل للتكرار والانتقال؛ فالتوصل إلى نتيجة ما غير متوقعة قد يكون مبرّراً كافياً لإجراء دراسة أخرى.

ويتعيّن على الباحث أيضاً لدى تفسيره للنتائج أن يتذكّر الفرق بين الدلالة الإحصائية Statistical Significance للنتائج ودلالتها العملية Practical Significance، إذ أن التوصل إلى نتائج ذات دلالة إحصائية لا يعني بالضرورة أنها ذات دلالة عملية. والدلالة الإحصائية ليست أكثر من حصول الباحث على

نتيجة معيّنة باحتمال معيّن كأن نقول (95%) مثلاً؛ بمعنى أن احتمال الحصول على نتيجة مماثلة يعود للصدفة فقط بنسبة (0.05%). وهذا يعني أن الفرق الملاحَظ بين المجموعتين مثلا قد يعكس فرقاً حقيقياً لكنه ليس شرطاً أن يكون ذو أهمية، إذ يمكن أن تكون قيمة "t" المحسوبة كبيرة وذات دلالة إحصائية نتيجة لصغر حجم الخطأ (مقام العلاقة) والناتج عن كبر حجم العيّنة مع أن الفرق المُلاحظ بين المتوسطين هامشياً كأن يكون نقطة واحدة فقط، إلا أنه لا يعني الكثير من الناحية العملية كإعادة النظر في المنهاج على سبيل المثال!! وقد تعكس الدلالة الإحصائية لمعامل الارتباط الملاحَظ بين المتغيّرين علاقة حقيقية بين المتغيّرين لكنه ليس شرطاً أن يكون لمعامل الارتباط هذا أهمية من الناحية العملية؛ إذ يمكن أن يكون لمعامل ارتباط صغير الحجم دلالة إحصائية وبخاصة إذا كان حجم العيّنة كبيراً مع أنه في واقع الأمر لا يعني شيئاً من الناحية العملية.

إرشادات عامة في إعداد تقرير البحث:

فيما يأتي مجموعة من الإرشادات التي تساعد الباحث لدى إعداده للتقرير النهائي للبحث:

- استخدم صيغة الماضي في كتابة تقرير البحث كالقول "تم اختيار أفراد الدراسة بطريقة ... ".
- توخى الموضوعية وتجنّب الذاتية لدى كتابة تقرير البحث.
- تجنّب استخدام صيغة المبالغة كالقول "يا لها من نتائج رائعة"، أو التعابير المشحونة انفعالياً كالقول "إن الآلاف من الأطفال الأبرياء هم ضحايا للمنهاج المستخدم في المدارس". وينبغي أن يتذكر الباحث أن تقرير البحث ليس رواية أو قصة!!

- تجنّب استخدام الصياغة المتحيّزة لموقف معيّن كالقول "هدفت الدراسة الحالية إلى إثبات..."!!
- تجنّب التحريف أو التشويه لدى وصف الدراسات السابقة ذات الصلة بموضوع الدراسة، وصفها بشكل موضوعي.
- تجنّب استخدام ضمير الأنا لدى الكتابة كالقول "وقمت، وجمعنا،...الخ)، واستخدم صيغة المبني للمجهول بدلاً من ذلك كالقول "وقد تبيّن أن..." أو "وقد تمّ اختيار الأفراد بالطريقة العشوائية الطبقية...".
- احرص على استخدام لغة وتراكيب واضحة وبسيطة ومباشرة ومختصرة بعيداً عن الإطالة والتكرار المملّ.
- تأكد من خلو التقرير من الأخطاء اللغوية والنحوية والمطبعية، واحرص على استخدام تراكيب لغوية سليمة وعلامات ترقيم مناسبة.
- تجنّب استخدام المختصرات الغامضة كالقول مثلاً "The American Psychological Ass."، أو مختصرات من نوع "shouldn't, isn't, won't". هذا ويُستثنى من ذلك بعض المختصرات المتعارف عليها مثل "IQ, GPA, APA,..."، وبعض المختصرات التي سبق أن قام الباحث بتعريفها بهدف التوضيح وسهولة العرض وتجنّب التكرار. وقد جرت العادة أن يُستخدم مختصر المصطلح مباشرة داخل قوسين بعد الإشارة إلى المصطلح كاملاً وذلك لدى استخدام المصطلح للمرة الأولى، ثم يشار إلى مختصر المصطلح فقط دون الإشارة إلى المصطلح نفسه في حال تكرار المصطلح أثناء كتابة تقرير البحث.
- تجنّب استخدام الألقاب في الكتابة كالقول "ويشير الدكتور الشايب..."، ونقول بدلاً من ذلك "ويشير الشايب...".

- ينبغي الإشارة إلى الاسم الأخير أو اسم العائلة للمؤلف في متن تقرير البحث في حال الاقتباس كالقول "ويشير الشايب..."، والإشارة إلى الاسم كاملاً في قائمة المراجع بحيث يُذكر الاسم الأخير أو اسم العائلة أولاً ثم الاسم الأول بينهما فاصلة كالقول مثلاً "الشايب، عبدالحافظ".

- اكتب الرقم لغةً وليس رقماً إذا جاء في بداية الجملة كالقول "ست مدارس من مدارس العيّنة كانت للإناث" وليس "6 مدارس...."، أو إذا قل الرقم عن عشرة كالقول "وقد تم اختيار خمس مدارس..." وليس "وقد تم اختيار 5 مدارس". وفيما عدا ذلك، يُشار للرقم بصورة رقمية كالقول "وقد بلغ مجموع أفراد العينة 300 طالباً وطالبة".

ومع توفر أكثر من نظام لنمط الكتابة والإخراج والتنظيم والتوثيق، يتعيّن على الباحث اختيار نظام واحد مناسب والالتزام به أثناء كتابة تقرير البحث. ويُعدّ نظام رابطة علم النفس الأمريكية American Psychological Association (APA) من أكثر النظم استخداماً وشيوعاً، حيث تُلزم معظم الجامعات طلبة الدراسات العليا فيها باستخدامه في كتابة رسائل الماجستير وأطروحات الدكتوراه، كما أنه النظام الأكثر استخداماً في الدوريات والمجلات المتخصصة في الميدان التربوي. ومع أن بعض الجزئيات المتعلقة بتنظيم وتبويب وإخراج تقرير البحث تختلف باختلاف صورة البحث التي قد تكون رسالة ماجستير أو أطروحة دكتوراه، أو بحثاً في دورية، أو ورقة في مؤتمر، إلا أن الطابع العام للنظام هو نفسه. وفيما يأتي شرح موجز للهيكل العام لكل صورة من الصور الثلاث السابقة:

أولاً- رسائل الماجستير وأطروحات الدكتوراه Theses and Dissertations:

يتضمن تقرير البحث المقدّم لنيل درجة علمية (ماجستير أو دكتوراه) العناصر الآتية:

- الصفحات التمهيدية وتتضمن صفحة الغلاف Title Page، صفحة الشكر Acknowledgment Page، فهرس المحتويات Table of Content، قائمة الجداول List of Tables، قائمة الأشكال List of Figures، قائمة الملاحق List of Appendices، الملخص Abstract. وتتضمن صفحة الغلاف عنوان الدراسة، اسم الباحث، اسم المشرف/المشرفين، الدرجة العلمية، اسم وبلد الجامعة أو الكلية التي تمنح الدرجة، السنة. وبالنسبة لعنوان الدراسة، فينبغي أن يكون مختصراً ومحدّداً وواضحاً بحيث لا يزيد عدد كلماته عن (15) كلمة ما أمكن، وبحيث يعكس الغرض من الدراسة بوضوح. ويمكن اتباع قاعدة بسيطة لاختصار العنوان تقوم على حذف الكلمات غير الضرورية مثل "دراسة للكشف عن..." أو "التحقق من..." أو "دراسة تجريبية للكشف عن...". كما يمكن التحقق من وضوح العنوان بعد الانتهاء من صياغته من خلال إجابة الباحث عن سؤال يوجهه لنفسه وهو "هل يمكن معرفة ما تدور حوله الدراسة إذا قرأت العنوان في أحد الفهارس؟" فإذا كانت الإجابة بنعم، فمن المرجح أن يكون العنوان واضحاً، وبعكس ذلك فهناك حاجة لإعادة النظر فيه. لاحظ أن العنوان الجيد هو الذي يتضمن المتغيّرات المستقلة والتابعة، ومجتمع الدراسة في بعض الأحيان. ومن الأمثلة على عناوين مناسبة "أثر استراتيجية التدريس القائمة على التقويم التكويني في التحصيل في مبحث الرياضيات للمرحلة الثانوية في الأردن"، أو "أثر برنامج التسريع في التكيّف الاجتماعي لدى تلاميذ المرحلة الأساسية في الأردن"، أو "مدى اختلاف مفهوم الذات باختلاف الجنس والمستوى الاقتصادي الاجتماعي لدى تلاميذ المرحلة الأساسية في مصرـ". أما بالنسبة لصفحة الشكر، فتتضمن تعبير الباحث عن شكره وتقديره للأشخاص الذين أسهموا بشكل فاعل في إنجاز الرسالة أو

الأطروحة. لاحظ هنا أننا نقول الأشخاص الذين أسهموا بشكل فاعل وليس أي شخص، إذ لا يتسع المقام لشكر جميع الأشخاص الذين يدين لهم الباحث طوال حياته!! وبالنسبة لفهرس المحتويات، فهو فهرس يربط بين كل عنصر من عناصر التقرير ورقم الصفحة في التقرير. وكذلك الحال بالنسبة لقائمة الجداول التي تشتمل على رقم وعنوان كل جدول من الجداول التي يتضمنها تقرير الدراسة والصفحة في ذلك التقرير. أما بالنسبة لقائمة الأشكال، فهي تربط بين رقم وعنوان كل شكل من الأشكال التي يتضمنها تقرير الدراسة إن وجدت والصفحة في ذلك التقرير. وكذلك بالنسبة لقائمة الملاحق التي تربط بين رقم وعنوان كل ملحق من ملاحق الدراسة التي يتضمنها التقرير مثل أدوات الدراسة والصفحة في ذلك التقرير. وبالنسبة للملخص، فيتضمن في العادة مشكلة الدراسة وأفراد الدراسة وأداة/أدوات الدراسة وتصميم الدراسة وإجراءاتها وأسلوب تحليل البيانات وأبرز النتائج وأهم التوصيات، بحيث لا يزيد عدد كلماته عن (350) كلمة. ويبدأ الملخص في العادة بعبارة "هدفت الدراسة الحالية إلى (غرض الدراسة) لدى (أفراد الدراسة). ولتحقيق أغراض الدراسة تم استخدام/تطوير (أداة/أدوات الدراسة)، واستخدم تصميم (التصميم)، بحيث تم تطبيق (الأداة/ الأدوات) من خلال (الإجراءات)، وقد كشف الإحصائي (أسلوب تحليل البيانات) عن (أبرز النتائج)، وبناءً عليه يوصي الباحث (أبرز التوصيات)".

- الفصل الأول: ويتناول خلفية الدراسة وأهميتها، ويتضمن عناوين فرعية تشمل المقدمة Introduction، مشكلة الدراسة وأسئلتها Statement of the Problem، أهمية الدراسة Significance of the Problem، تعريف المصطلحات Definition of Terms، محدّدات الدراسة Limitation of the Study. وتجدر الملاحظة إلى إمكانية استفادة الباحث من مخطّط البحث

الذي أعدّه مسبقاً وتمت الموافقة عليه من قبل المشرف والقسم الأكاديمي، والـذي يشـتمل عـلى جميع هذه العناصر مع مراعاة إدخال بعض التعديلات الطفيفة المتعلقة بصيغة الفعل بحيث يتم تغيير صيغة المستقبل المستخدمة في المخطّط إلى صيغة الماضي لتناسب تقرير البحث. ومن باب التذكير بهذه العناصر، نشير إلى أن المقدمة تتضمن وصفاً لمشكلة الدراسة ومتغيّراتها والعلاقة بين تلك المتغيّرات في إطار خلفية نظرية مختصرة ومركّزة تقود إلى صياغة واضحة لفرضيات الدراسة وأسئلتها. أما أهمية الدراسة، فتتضمن تبريراً مقبولاً لإجراء الدراسة في ظل أهميتها. وبالنسبة لتعريف المصطلحات، فتتضمن التعريف بالمصطلحات التي قد تبدو غامضة أو لا يوجد اتفاق حولها، وبخاصة تلك الواردة في عنوان الدراسة، وبصورة إجرائية قابلة للقياس أي بدلالة الإجراءات المستخدمة في الدراسة، كأن نقول "يُقصد بالتحصيل العلامة المتحققة على اختبار التحصيل في مادة الرياضيات للصف السابع الأساسي والذي تم تصميمه لأغراض الدراسة الحالية". أما بالنسبة لمحدّدات الدراسة، فهي الاعتبارات التي نأخذها بالحسبان لدى تفسير وتعميم النتائج وتشمل في العادة أفراد الدراسة وأدواتها ومكانها وزمانها.

- الفصل الثاني: ويتناول الأدب النظري والدراسات السابقة، ويشتمل على تأطير نظري للمشكلة بحيث يتناولها من كافة الجوانب، ووصف وتحليل للدراسات السابقة المتعلقة بمشكلة الدراسة. وهنا نؤكد على أن مراجعة الدراسات السابقة حول المشكلة هي مهارة يتفاوت الباحثون في امتلاكها، وهي ليست سلسلة من ملخّصات للدراسات التي تناولت المشكلة أو الحواشي المبتورة، أو عبئاً ثقيلاً على كاهل الباحث يسعى للتخلص منه بأي شكل كما يعتقد معظم طلبة الدراسات العليا، وإنما هي تحليل واعٍ ودقيق

للعلاقات وأوجه التشابه والاختلاف بين تلك الدراسات، تنمّ عن فهم متبصر للمشكلة، وتحتاج إلى مهارة فائقة في الربط والصياغة. كما نذكر بأن عملية مراجعة الأدب السابق حول المشكلة تأخذ شكل المحقنة أو الحرف اللاتيني (V) الذي يشير إلى البدء بالأقل أهمية فالأكثر أهمية وهكذا. ونعود ونذكّر إلى أن هذه العملية يجب أن تنتهي بخلاصة مركّزة حول الأدب السابق وموقع الدراسة الحالية بينها.

- الفصل الثالث: ويشتمل على الطريقة والإجراءات التي تتضمن أفراد الدرسة أو مجتمع الدراسة وعينتها، حيث يقوم الباحث بوصف المجتمع الذي سُحبت منه العيّنة من حيث حجمه وخصائصه المتعلقة بجميع المتغيّرات التي ترتبط بأداء الأفراد على المتغيّر التابع، بالإضافة إلى وصف لأسلوب المعاينة المستخدم. كما يشمل هذا الفصل وصفاً لجميع أدوات الدراسة المستخدمة لجمع البيانات عن أفراد الدراسة بحيث يتضمن وظيفة الأداة المستخدمة وبيانات كافية عن خصائصها السيكومترية (الصدق والثبات). وإذا استخدم الباحث أداة من تطويره، فيتعيّن عليه وصف هذه الأداة بشكل أكثر تفصيلاً بحيث يشير إلى الخطوات التفصيلية التي مرّت بها عملية تطوير الأداة بدءاً بصياغة الفقرات ومروراً بتجريبها والتحقق من دلالات صدقها وثباتها وآلية التصحيح وتفسير الدرجات، ووصولاً إلى الصورة النهائية للأداة التي غالباً ما تُرفق كملحق من ضمن ملاحق الدراسة. كما يتضمن هذا الفصل وصفاً لتصميم الدراسة وبخاصة إذا كان المنهج تجريبياً، حيث يحتاج الباحث هنا إلى تبرير اختيار تصميم معيّن والإشارة إلى مهدّدات الصدق وآلية ضبطها في الدراسة. أما في حال لم يكن المنهج تجريبياً، فلا بأس أن يتم الحديث عن التصميم ضمن الحديث عن إجراءات الدراسة. ويتضمن هذا الفصل أيضاً وصفاً مفصّلاً لكل خطوة

من خطوات إجراءات الدراسة مرتّبة زمنياً بحيث تسمح لأي باحث آخر أن يُعيد التجربة، كآلية تعيين الأفراد على مجموعات الدراسة، وآلية تعيين مستويات المعالجة على المجموعات، وزمن وظروف الاختبار القبلي إن وُجد، وأية عوامل أو أحداث تخللت سير التجربة والتي يمكن أن يكون لها أثر محتمل في نتائج الدراسة، وأية مقترحات من شأنها أن توفّر ضبطاً أفضل في المستقبل. وتجدر الإشارة إلى إمكانية استفادة الباحث من مخطّط البحث فيما يتصل بالعناصر السابقة جميعها علماً بأنه قد يحتاج إلى إدخال بعض التعديلات عليها وبخاصة تلك المتعلقة بالإجراءات لأنها قد تتغيّر أثناء مسيرة البحث.

- الفصل الرابع: ويتناول النتائج التي توصّل لها الباحث بعد تحليل البيانات. ويتضمن فصل النتائج وصفاً للأساليب الإحصائية المستخدمة في تحليل البيانات ومستويات الدلالة التي استخدمها الباحث لاختبار الفرضيات الإحصائية، وما أسفرت عنه عملية التحليل. وقد جرت العادة أن يقوم الباحث بتناول كل فرضية على حده فيما يتصل بالأسلوب الإحصائي المستخدم لاختبارها ومستوى الدلالة يتبعه تعقيب حول ما توصّل له بشأن رفض الفرضية أو الفشل في رفضها. وبطبيعة الحال، يحتاج الباحث هنا بعد توضيح النتائج إلى عرضها باستخدام الجداول الإحصائية والأشكال البيانية بحسب مقتضى الحال مشيراً إلى رقم الجدول أو الشكل بقوله مثلاً "كما يتّضح من الجدول 1" وليس "أنظر جدول المتوسطات"!! أو "أنظر الجدول في الصفحة اللاحقة"!! ويُستحسن أن يبتعد الباحث عن استخدام الجداول والأشكال المعقّدة ويلجأ إلى الجداول والأشكال البسيطة ما أمكن بحيث يمكن فهمها بيسر وسهولة.

- الفصل الخامس: ويتناول مناقشة النتائج والتوصيات والذي يقوم فيه الباحث بتفسير النتائج التي توصّل لها، والاستنتاجات التي تتضمنها النتائج والتوصيات المناسبة التي يوصي بها الباحثين الآخرين في المستقبل. ومع أن هذا الفصل مُخصّص لمناقشة النتائج، إلا أنه في بعض الأحيان قد يكون مدمجاً مع فصل النتائج إذا كانت الدراسة تشتمل على فرضية واحدة فقط. ويقوم تفسير النتائج على مناقشتها من حيث اتفاقها أو تعارضها مع نتائج الدراسات السابقة المتعلقة بالدراسة وبيان أسباب ذلك. ونحذّر هنا من خطأ شائع عند بعض الباحثين الذين يخلطون بين النتائج ومناقشة النتائج من خلال إعادة سرد للنتائج في فصل المناقشة، إذ لا يجوز أن يتعدى تفسير النتائج منطق التفسير فقط. كما نحـذّر أيضاً مـن قضية "التعمـيم الزائـد" Overgeneralization للنتائج عندما يذهب بعض الباحثين إلى إطلاق العنان لخيالهم لـدى تفسير النتائج. فإذا توصّل الباحث مثلاً إلى أفضلية طريقة التدريس (أ) مقارنة بطريقة التـدريس (ب) في الاستيعاب القرائي لدى تلاميذ الصف الأول الأساسي، فإنه لا يجوز بأي شكل مـن الأشكال أن يعمّم الباحث هذه النتيجة على تلاميذ المرحلة الأساسية. ويتعيّن على الباحث أيضاً أن يناقش الجوانب النظرية والعملية للنتائج، وأن يوصي بإجراء دراسات في المستقبل ذات صلة بدراسته للكشف عن قضية لم تحسمها نتائج دراسته، أو إشكالية بحثية برزت بعد إجراء دراسته، أو ربما إعادة الدراسة ذاتها بهدف زيادة إمكانية تعميم النتائج. ومع أن الباحث في هذا الفصل، الـذي يُسمى أحياناً بفصل الباحث، يتحرّر من بعض القيود المفروضة عليه في الفصول السابقة، إلا أننا نعود ونذكّر بأن هذه الحرية ليست مطلقة وإنما لها سقف معيّن. ومع أنه يمكن للباحث في هذا الفصل أن يعبّر عن رأيه في قضية ما قد لا تكون مرتبطة بنتائج التحليل، أو أن

يقترح تعديلاً معيّناً أو إضافة ما للنظرية التي تقوم عليها دراسته، إلا أن ذلك تحكمه قواعد ولا يتعدى سقف معيّن.

- قائمة المراجع: وهي قائمة تتضمن المصادر والمراجـع الأوليّـة التي اسـتخدمها الباحـث فعليـاً في دراسته، يتم ترتيبها أبجدياً من خلال الإشارة إلى اسم العائلة أو الاسم الأخير للمؤلف أو الباحـث ثم الاسم الأول فالأوسط إن وُجد. ونؤكد هنا على أهمية تطابق قائمة المراجع في نهايـة تقريـر البحث مع المراجع المشار لها في متن التقريـر، ونحـذّر مـن الإشارة إلى المراجـع الثانويـة التـي لم يستخدمها الباحث بنفسه مباشرةً. هذا وننصح الباحث أن يتمعن في نظام رابطـة علـم النـفس الأمريكية (APA) للتوثيق والذي سنتناوله بالتفصيل فيما بعد في هذه الوحدة.

- الملاحق: وتتضمن معلومات وبيانات متّصلة بالدراسـة مثل أدوات الدراسة المستخدمة لجمـع البيانات كالاختبارات أو الاستبيانات، وكتب تسهيل مهمة الباحث في جمع البيانات، وبعـض الجداول الطويلة، ومفتاح التصحيح...الخ. ومع أن هذه الملاحق ليست بـذات الأهميـة مقارنة بأجزاء تقرير البحث الأخرى لتبرير وجودها في متن تقرير البحث، أو لأنها طويلة، إلا أنها تبقـى ضرورية. وقد جرت العادة أن يتم ترتيب الملاحـق في نهاية التقريـر حسـب ورودهـا في تقريـر البحث، وأن يقوم الباحث بالإشارة إلى هذه الملاحق في فهرس الملاحق في الصفحات التمهيديـة كما أشرنا سابقاً.

ثانياً- البحوث المنشورة في الدوريات Journal Articles:
تُعد البحوث المنشورة في الدوريات التربوية المتخصّصة مصدراً بالغ الأهمية للباحثين في الميـدان التربوي مقارنة برسائل الماجستير وأطروحات الدكتوراه لأن هذه الأخيرة ليست منشورة وليست في متنـاول اليد لجميع الباحثين.

أضف إلى هذا كثرة البحوث المنشورة في الدوريات مقارنة برسائل الماجستير وأطروحات الدكتوراه التي يقتصر إعدادها على الطلبة في برامج الدراسات العليا في بعض الجامعات. كما تكتسب الدراسات المنشورة في الدوريات أهميتها من إجراءات النشر الصارمة التي تفرضها بعض الدوريات وبخاصة الدوريات العالمية على الباحثين. وتبدأ العملية عادة باختيار الباحث للدوريات المتخصصة التي تنشر بحوثاً تتصل بموضوع دراسته من خلال مراجعته لفهرس الدوريات في المكتبة، ثم استعراض البحوث المنشورة في الأعداد المختلفة لتلك الدوريات. كما يمكن للباحث الذي تتوفر لديه خدمة البحث الآلي أن يجري مسحاً للدراسات ذات الصلة من خلال استخدام إحدى قواعد البيانات المتوفّرة في الجامعات والمؤسسات المعنيّة مثل قاعدة بيانات EBSCO التي تضم مئات الآلاف من الدراسات والبحوث المنشورة في ميادين المعرفة المختلفة. هذا بالإضافة إلى أن الباحث يمكنه الإطلاع على شروط النشر في هذه الدوريات والتي عادة ما تكون موجودة في بداية العدد أو نهايته. فعلى سبيل المثال لا الحصر تشترط مجلة علم النفس التربوي Journal of Educational Psychology الالتزام بنظام رابطة علم النفس الأمريكية APA لدى كتابة تقرير البحث، كما تتطلب شروطاً أخرى من بينها أن يشمل تقرير البحث أو الدراسة ملخصاً بحدود (100) كلمة. وتختلف العناصر التي تتضمنها الدراسات المنشورة في الدوريات المتخصّصة عن تلك العناصر التي سبقت الإشارة لها أعلاه لدى الحديث عن عناصر رسالة الماجستير أو أطروحة الدكتوراه. فعلى سبيل المثال، لا تتضمن الدراسات المنشورة في الدوريات الصفحات التمهيدية التي سبقت الإشارة لها أعلاه باستثناء صفحة العنوان التي تشتمل على عنوان الدراسة واسم الباحث وعنوانه وسنة النشر. أما بالنسبة للمقدمة أو خلفية الدراسة وأهميتها، فهي مختصرة وموجزة مقارنة بخلفية الدراسة في رسالة الماجستير أو أطروحة الدكتوراه. وفي العادة تقتصر خلفية الدراسة على أبرز الدراسات السابقة المتّصلة

بشكل مباشر بفرضيات الدراسة. وبالنسبة لعنصر الطريقة والإجراءات، فهو أيضاً أقصر منه مقارنة برسائل الماجستير وأطروحات الدكتوراه، ويتضمن عادة وصفاً موجزاً لأفراد الدراسة وأدواتها وتصميمها وإجراءاتها. وبالنسبة للنتائج، فتتطلب وصفاً أكثر تفصيلاً من العناصر السابقة لأنه العنصر الذي يهتم به القارئ بشكل أساسي. وعادة لا يتطلب عنصر المناقشة جهداً مقارنة بفصل المناقشة في الرسالة أو الأطروحة. هذا بالإضافة إلى أن معظم الدوريات تتطلب أن يشتمل البحث على ملخصاً باللغة العربية في صفحة مستقلة وفي مقدّمة التقرير، وآخر باللغة الإنجليزية في صفحة أخرى بحدود (100) كلمة لكل منهما باستثناء الدوريات الأجنبية التي لا تتطلب بطبيعة الحال ملخصاً باللغة العربية. أما بالنسبة للمراجع، فهي لا تختلف عما سبق شرحه أعلاه لدى الحديث عن رسائل الماجستير وأطروحات الدكتوراه. وبالنسبة للملاحق، فتقتصر هنا على الأدوات فقط. ومع أن معظم الدوريات لا تتطلب من الباحثين إرفاق الملاحق في تقرير البحث، إلا أن العادة جرت أن يشير الباحث في الهامش إلى كيفية توفير الملاحق من اختبارات أو استبيانات...الخ للقارئ المهتم. ويُستحسن أن يقوم قارئ مستقل، كأن يكون أحد زملاء الباحث في القسم الأكاديمي مثلاً، بقراءة مسوّدة البحث قبل إخراجه بشكله النهائي وإرساله للنشر. وقد جرت العادة أن يقوم أعضاء هيئة تحرير المجلة بمراجعة البحث بشكل مستقل وغفلاً عن اسم الباحث وبشكل مبدئي لاتخاذ قرار فيما يتعلق بجاهزية البحث من حيث أهميته في تقدّم المعرفة في مجال البحث، وسلامة المنهجية، وتوافقه مع شروط النشر في المجلة. وفي حال كان القرار ايجابياً، توصي الهيئة بإرسال البحث إلى عدد من المختصين بهدف تقييمه.

ثالثاً- الأوراق المقدّمة في المؤتمرات واللقاءات

: Papers Read at Conferences and Meetings

وهي الأوراق التي يتم عرضها في المؤتمرات المحلية أوالإقليمية أوالعالمية، واللقاءات الدورية التي تنظّمها بعض الهيئات والمؤسسات والمنظمات الأكاديمية مثل رابطة البحث التربوي الأمريكية American Educational Research Association (AERA)، ورابطة علم النفس الأمريكية (APA). ومع أن هذه الأوراق ليست منشورة في العادة، إلا أنها تُعدّ مساهمة فاعلة في ميادين البحث المختلفة، ويمكن للباحثين الإفادة منها. وعادة لا تتوفر هذه الأوراق بصورة كاملة، وإنما على هيئة ملخّصات لا تقل عن (1000) كلمة. وبالنسبة للصورة العامة لتقرير البحث لمثل هذه الأوراق، فلا تختلف عن صورة تقارير البحوث المنشورة في الدوريات. ويمكن للمشارك في مثل هذه المؤتمرات أن يعرض نتائج دراسة ينوي نشرها في دورية معيّنة قبل نشرها فعلياً. وعلى أية حال، إن الهدف من وراء عقد مثل هذه المؤتمرات واللقاءات هو تبادل المعرفة بشكل أسرع من تبادلها من خلال قراءة البحوث المنشورة.

دليل رابطة علم النفس الأمريكية

: American Psychological Association Guide:

لقد سبقت الإشارة إلى أن نظام رابطة علم النفس الأمريكية (APA) هو الأكثر شيوعاً واستخداماً بين الباحثين لأن معظم الدوريات والجامعات تتطلب من الطلبة والباحثين استخدام هذا النظام سواء كان في إعداد الرسائل والأطروحات أو البحوث. لهذا السبب، سنقوم في هذا الجزء بالتعريف بهذا النظام وتوضيح الأسس التي يقوم عليها مع تقديم الأمثلة.

أولاً- الشكل العام للبحث:

يتطلب نظام (APA) طباعة مخطوط البحث بواسطة الحاسوب بمسافات مزدوجة بين الأسطر باستخدام ورق بحجم (11 X 8.5 إنش)، وبهامش مقداره إنش واحد من جميع الجوانب. كما يتطلب النظام أيضاً أن يتضمن الشكل النهائي لتقرير البحث العناصر الآتية بحسب الحاجة بحيث يكون كل منها على صفحة مستقلة:

- **صفحة الغلاف:** وتتضمن عنوان البحث، اسم الباحث/الباحثين، اسم المؤسسة، على أن تأتي في منتصف الصفحة وفي منتصف السطر. ويُراعى طباعة أرقام الصفحات في أقصى الزاوية العلوية اليسرى من كل صفحة إذا كان البحث باللغة العربية، وفي أقصى الزاوية العلوية اليمنى من كل صفحة إذا كان البحث باللغة الإنجليزية، بالإضافة إلى طباعة كلمة واحدة أو اثنتين من عنوان الدراسة قبل رقم الصفحة بخمس مسافات كما هو موضّح في الشكل (7-1).

الذكاء والتحصيل 1

العلاقة بين الذكاء والتحصيل في الرياضيات
عبدالحافظ الشايب
جامعة آل البيت

شكل (7-1)
مقطع لصفحة الغلاف لبحث بعنوان العلاقة بين التحصيل والذكاء

- **الملخص:** ويتراوح طوله بين (75 – 100) كلمة بحيث يتضمن الفكرة الرئيسية للبحث كـالغرض منه وأبرز النتائج وأهم التوصيات. ويُطبع الملخّص علـى صـفحة مسـتقلة مباشـرةً بعـد صفحة الغلاف بحيث تأتي كلمة "ملخص" أو "Abstract" في منتصف السطر، ثم البدء مباشرة على السطر نفسه بالفقرة الأولى كما هو موضّح في الشكل (2-7)، مع مراعـاة طباعـة العنـاوين الرئيسـية في منتصف السطر، وطباعة جميع حروف العنوان بالحجم الكبير باستثناء أدوات التعريـف (a, the) وأحرف الجر (in, by, for) وحروف العطف (and, but, or) إذا كان البحث باللغة الإنجليزية.

الذكاء والتحصيل   1

ملخص: استهدفت الدراسة الحالية الكشف عن العلاقة بين الذكاء والتحصيل في الرياضيات لدى طلبة المرحلة الأساسية الدنيا في محافظة العاصمة، حيث تكوّنت عيّنة الدراسة من (1200) طالباً وطالبة من الصفوف المختلفة في هـذه المرحلة. وقد أسفرت النتائج عن وجود علاقة طردية ذات دلالة إحصائية بين متغيّري الـذكاء والتحصيل ($r=$ 0.82). كما أشـارت النتـائج إلى اخـتلاف العلاقـة بـين المتغيّـرين عنـد الـذكور ($r= 0.75$) عنهـا بالنسـبة للإنـاث (0.80). ولعـل السـبب في اخـتلاف العلاقـة يعـود إلى .... ويـوصي الباحـث بـإجراء دراسـات مماثلـة في المحافظات الأخرى، ودراسات للكشف عن العلاقة بين الذكاء والتحصيل في مواد دراسية أخرى.

شكل (2-7)
ملخص لبحث بعنوان العلاقة بين الذكاء والتحصيل في الرياضيات

- **المثيرات البصرية:** إذا اشتمل البحـث عـلى أي مثير بصـري كالجـداول أو الأشـكال أو الرسـوم أو الصور، فينبغي أن تكون بصورة بسيطة ما أمكن، وأن يُعطى كل مثير رقماً مثل (جدول 1) يليـه عنوان المثير مثل (نتائج اختبار "ت" للفرق بين متوسطي أداء المجموعتين التجريبية والضـابطة)، على أن يأتي الرقم والعنوان على سطرين مستقلين متتاليين في أقصى يمين الصفحة إذا كان البحث باللغة العربية وفي أقصى يسارها إذا كان البحث باللغة الإنجليزية، ويكونـان في الحـالتين فـوق الجدول وأسفل الشكل أو الرسم أو الصورة.

- **قائمة المراجع:** ينبغي أن تكون قائمة المراجع على صـفحة مسـتقلة مبـاشرة بعـد آخر صـفحة في تقرير البحث تحت عنوان "المراجع" إذا كان البحث باللغـة العربيـة أو "References" إذا كـان البحث باللغة الإنجليزية بحيث يكـون العنوان في منتصـف السـطر في رأس الصـفحة وبهـامش مقداره إنش واحد من الأعلى. وتُطبع المراجع بمسافات مزدوجة بين الأسـطر عـلى أن ترتّـب أبجدياً استناداً إلى الاسم الأخير أو اسم العائلة للمؤلف، أو الاسم الأخـير للمؤلف الأول إذا كـان هناك أكثر من مؤلف. وفي حال عدم وجـود اسـم للمؤلف أو المحـرّر، يُسـتبدل الاسـم بالكلمـة الأولى من العنوان باستثناء الحرف (A) إذا كان المرجع باللغة الإنجليزية مثل (... A Paper).

ثانياً- الاستشهاد في متن البحث:

يجوز استخدام صيغة الفعل الماضي لدى الإشارة للدراسات السابقة مثل: وأشار الشايب (2004) إلى أن معـدّل الطـالب التراكمـي في الجامعـة مشـوّه، أو Loadman (2000) indicated that self-concept is highly correlated with achievement. كما يجوز استخدام صيغة الفعل المضارع التام مثل: ويشير الشـايب (2004) إلى أن معدّل الطالب التراكمي في الجامعة مشـوّه، أو Loadman (2000) indicates that self-concept is highly correlated with achievement.

وإذا لم تبدأ الفقرة باسم المؤلف كما هو الحال في الأمثلة السابقة، يُذكر الاسم الأخير أو اسم العائلة للمؤلف متبوعا بسنة النشر يفصل بينهما فاصلة داخل قوسين في نهاية الاستشهاد قبل علامة التوقف مثل: وقد تبيّن أن معدّل الطالب التراكمي في الجامعة مشوّه (الشايب، 2004). أو It has been found that self-concept is highly correlated with achievement (Loadman, 2000). لاحظ هنا أن الأمثلة السابقة تنطبق على الاستشهاد بالفكرة فقط، أما في حالة الاقتباس الحرفي بشكل مباشر لنص ما يقل عدد كلماته عن أربعين كلمة، فيُشار إلى المؤلف وسنة النشر ورقم الصفحة المقتبس منها بالإضافة إلى استخدام علامة التنصيص "..." للدلالة على الاقتباس الحرفي مثل: ويرى الشايب (2007) أن "المعدّل التراكمي يعتريه قدر كبير من التشويه" (ص. 71)، أو According to Jones (1998), "Students often had difficulty using APA style, especially when it was their first time" (p. 199). أو مثل: وقد تبيّن أن " المعدّل التراكمي يعتريه قدر كبير من التشويه " (الشايب، 2007، ص 71). أو It has been found that "students often had difficulty using APA style" (Jones, 1998, p. 199). أما إذا كان عدد كلمات النص المقتبس حرفياً أربعين كلمة فأكثر، فينبغي تمييز النص المقتبس من خلال طباعته بصورة مميّزة عن طباعة بقية المخطوط بحيث تبدأ الطباعة في بداية السطر وبهامش مقداره خمس مسافات من إحدى الحواشي الجانبية بحسب لغة النص، ويُشار إلى رقم الصفحة في نهاية النص المقتبس داخل الأقواس كما هو موضّح في الشكل (7-3).

Jones 's (1998) study found the following: Students often had difficulty using APA style, especially when it was their first time citing sources. This difficulty could be attributed to the fact that many students failed to purchase a style manual or to ask their instructors for help. (p. 199)

شكل (7-3)

مقطع لشكل الاقتباس الحرفي لنص معيّن

ويُراعى لدى الاقتباس في متن البحث من مصدر باللغة الإنجليزية طباعة الحرف الأول من اسم المؤلف الأخير بالحجم الكبير مثل: Jones. وفي حال الإشارة إلى عنوان المصدر، فينبغي طباعة الحروف الأولى في جميع كلمات العنوان (الأفعال، الأسماء، الضمائر، الصفات، الظرف) التي يزيد عدد أحرفها عن ثلاثة أحرف بحجم كبير مثل:There is Nothing to Lose . لاحظ أن الحرف الأول من الكلمة الأولى فقط هو الذي يُطبع بالحجم الكبير في قائمة المراجع مثل: Writing new media. كما يُراعى أيضاً طباعة الحروف الأولى بحجم كبير لكلا الكلمتين في الأسماء المركبة مثل: Natural-Born، أو الكلمات التي تأتي بعد الشرطة أو النقطتين الرأسيتين مثل: Defining Film Rhetoric: The Case of Hitchcock's Vertigo. وينبغي أيضاً طباعة العناوين بخط مائل أو وضع خط تحتها إذا كانت العناوين لكتب مؤلّفة أو كتب محرّرة أو أفلام أو مسلسلات تلفزيونية أو أعمال وثائقية أو ألبومات مثل: *The Closing of the American Mind; The Wizard of Oz; Friends*. أما عناوين الأبحاث المنشورة في الدوريات أو المقالات المنشورة ضمن الكتب المحرّرة أو حوادث معيّنة في مسلسلات تلفزيونية أو عناوين الأغاني، فينبغي طباعتها بين إشارتي تنصيص مثل: "Multimedia

"The One Where Chandler Can't Cry" أو "Narration: Constructing Possible Worlds".

ثالثاً- الاستشهاد بعمل لأكثر من مؤلف:

- **مؤلفان اثنان:** لا يختلف أسلوب التوثيق داخل النص أو في نهايته في حال كان المؤلف واحداً عنه لو كان عدد المؤلفين اثنين إلا بإضافة أداة الربط بين اسمي المؤلفين. ولهذا، إذا كان المرجع لمؤلفين اثنين، فيُشار إلى اسميهما في كل مرة يُستخدم فيها المرجع سواء جاءت الأسماء داخل النص أو في نهايته. ففي حال جاءت الأسماء داخل النص، تُستخدم أداة الربط "و" بين الاسمين ثم السنة داخل قوسين مثل: ويشير الشايب والروسان (2001) إلى أن ثبات علامة الطالب النهائية تتأثر بشكل واضح بثبات مكوّناتها. وإذا كان المرجع باللغة الإنجليزية، فتُستخدم أداة الربط "and" بين الاسمين ثم السنة بين قوسين مثل: Research by Wegner and Petty (1994) showed that emotional intelligence is highly correlated with achievement. أما إذا جاءت الأسماء في نهاية النص فيُشار إلى الاسمين داخل قوسين بحيث يفصل بينهما أداة الربط "و" ثم فاصلة ثم السنة كالقول: وقد تبيّن أن ثبات علامة الطالب النهائية تتأثر بشكل واضح بثبات مكوّناتها (الشايب والروسان، 2001). وإذا كان المرجع باللغة الإنجليزية فإننا نقول: It has been found that emotional intelligence is highly correlated with achievement (Wagner & Petty, 1994). لاحظ هنا أننا استخدمنا داخل النص أداة الربط "and" بين الاسمين باللغة الإنجليزية ثم السنة داخل قوسين، بينما استخدمنا في نهاية النص أداة الربط "&" داخل الأقواس بين الاسمين ثم فاصلة وبعدها السنة.

- **ثلاثة إلى خمسة مؤلفين:** في حال كان العدد ثلاثة إلى خمسة مؤلفين، ينبغي الإشارة إلى أسمائهم جميعاً في المرة الأولى التي يُستخدم فيها

المرجع سواء جاءت الأسماء داخل النص أو في نهايته. وفي حـال تكـرار اسـتخدام المرجـع نفسـه فيُشار إلى اسم المؤلف الأول متبوعاً بكلمـة "ورفاقـه" بالعربيـة أو مصـطلح "et al." بالإنجليزيـة. فعلى سبيل المثال، إذا ورد المرجع لأول مرة وكان باللغة العربية، فإننا نقول داخل النص: ويشـير نشواتي والبيلي والطواب ومحمـود والشـايب (1991) إلى أن كـيرك هـو أول مـن عـرّف مفهـوم صعوبات التعلّم. أما إذا جاءت الأسماء في نهاية النص فإننا نقول: وقد تبيّن أن كيرك هو أول مـن عرّف مفهوم صعوبات التعلّم (نشواتي والبيلي والطواب ومحمـود والشـايب، 1991). وإذا تكـرّر استخدام المرجع نفسه فإننا نقول داخل النص: ويذكر نشواتي ورفاقه (1991) أن كيرك هـو أول من عرّف مفهوم صعوبات التعلّم، وفي نهاية النص نقول: وقد تبيّن أن كيرك هـو أول مـن عـرّف مفهوم صعوبات التعلّم (نشواتي ورفاقه، 1991). وكذلك الحال إذا ورد المرجع للمرة الأولى، وكان المرجع باللغة الإنجليزيـة فإننا نقول داخل النـص: Kernis,Cornell, Sun, Berry, and Harlow (1993) indicated that learning disability has been defined by Kirk، وفي نهاية النـص نقـول: It has been found that the definition of learning disability was suggested by Kirk (Kernis, Cornell, Sun, Berry, & Harlow, 1993). أما إذا تكرّر استخدام المرجع نفسـه فإننا نقول داخـل النص: Kernis et al. (1993) indicated that the definition of learning disability was suggested by Kirk، وفي نهايـة النـص نقـول: It has been found that the definition of learning disability was suggested by Kirk (Kernis et al., 1993).

- **ستة مـؤلفين فـأكثر:** إذا زاد عـدد المـؤلفين عـن خمسـة، فيُشار إلى اسـم الباحـث الأول متبوعـاً بمصطلح "ورفاقه" في حال كان المرجع باللغة العربية، أو مصطلح "et al." إذا كان المرجع باللغة الإنجليزية سواء جاءت

الأسماء داخل النص أو في نهايته. فإذا جاءت الأسماء داخل النص وكـان المرجـع باللغـة العربيـة فإننا نقول: يرى نشواتي ورفاقه (1992) أن مصطلح صعوبات التعلم شاع استخدامه بين أوسـاط التربويين في الآونة الأخيرة. أما إذا جاءت الأسماء في نهاية النص فإننا نقول: وقد تبين أن مصـطلح صعوبات التعلّم شاع استخدامه بين أوساط التربويين (نشواتي ورفاقـه، 1992). وبالمثـل في اللغـة الإنجليزيـة، إذ أننـا نقـول في الحالـة الأولى: Hambleton et al. (2005) argued that modern test theory models are more efficient than classical test theory model، ونقول في الحالة الثانيـة: It has been argued that modern test theory models are more efficient than classical test theory model (Hambleton et al., 2005).

رابعاً- الاستشهاد بعمل لمؤلف مجهول:

إذا كان المؤلف مجهولاً، فينبغي الإشارة إلى عنوان المصدر إذا كان الاستشـهاد داخـل الـنص كـأن نقول: ويشير أحد التقارير (البحـث العلمـي في الجامعـات العربيـة، 2004) إلى أن الـدول العربيـة بشـكل إجمالي لا تخصّص أموالاً كافية للبحث العلمي، ونشير بالكلمة الأولى أو أول كلمتـين مـن العنـوان إذا كـان الاستشهاد في نهاية النص كالقول: وقد تبيّن أن شّح الموارد المالية هو من أهم معوّقـات البحـث العلمـي في الوطن العربي (البحث العلمي ، 2004). ويُراعى طباعة عنوان المصدر بخط مائل أو وضع خط تحتهـا كـما هو الحال في المثالين السابقين، كما يُراعى وضع عناوين الدراسات المنشورة أو الفصول بين علامتي تنصـيص كالقول A similar study was done on the format of research papers ("Using APA," 2001). وفي حـالات نادرة يجوز استخدام مصطلح "بلا مؤلف" إذا كان الاقتباس باللغة العربيـة، أو مصـطلح "Anonymous" إذا كان الاقتباس باللغة الإنجليزية، ونعامل هذا المصطلح تماماً كما لو أنه اسم المؤلـف كـالقول: وقـد تبـيّن أن شح

الموارد المالية المخصّصة للبحث العلمي تشكّل عائقاً أمام الباحثين في الوطن العربي (بلا مؤلف، 2003). أما في قائمة المراجع، فيُستخدم مصطلح "بلا مؤلف" أو "Anonymous" بديلاً للمؤلف.

خامساً- الاستشهاد بعمل لمنظمة أو رابطة أو هيئة:

إذا كان المؤلف منظمة أو رابطة أو هيئة، فينبغي التعامل معها معاملة المؤلف كالقول: كما يشير تقرير وزارة التربية والتعليم الأردنية (2006) إلى أن نسبة التسرّب من التعليم العام تختلف باختلاف المحافظة، أو كالقول: According to the Educational Testing Services (ETS) (2001), the TOEFL scores are significantly different from year to another. لاحظ أننا أضفنا الحروف الدالة على الاسم المختصر ـ للمؤسسة بين قوسين لأن المختصر متداول، وباعتبار أن المرجع ورد أول مرة. أما إذا تكـرّر ورود المرجـع لاحقاً فإننا نشير إلى الاسم المختصر فقط كالقول: It has been found the TOEFL scores are significantly different from year to another (ETS, 2001).

سادساً- الاستشهاد بمرجعين أو أكثر:

إذا تمّ الاستشهاد بفكرة معيّنة وردت في أكثر من مرجع، فيُشـار إلى الأسـماء بالترتيـب الأبجدي تماماً كما ترد في قائمة المراجع على أن يفصل بين أسماء المؤلفين فاصلة منقوطة، كالقول باللغة العربيـة مثلاً: (الشايب، 2002؛ الكيلاني، 1997)، وباللغة الإنجليزية: (Hambleton, 2002; Wright, 2001).

سابعاً- الاستشهاد بأكثر من عمل لأكثر من مؤلف يشتركون في الاسم الأخير:

إذا تمّ الاستشهاد بفكرة معيّنة وردت في أكثر مـن مرجـع لأكثـر مـن مؤلـف يشـتركون في الاسـم الأخير، فإننا نستخدم أول حرف من الاسم الأول لكل منهم بالإضافة إلى الاسم الأخير للتمييز بينهم كالقول مثلاً: (ع. الشايب، 2001؛ م. الشايب، 1998)، أو باللغة الإنجليزية: (E. Johnson, 2001; L. Johnson, 1997).

ثامناً- الاستشهاد بأكثر من عمل للمؤلف نفسه وفي السنة نفسها:

إذا تم الرجوع إلى أكثر من مرجع للمؤلف نفسه وفي السنة نفسها، فتُستخدم الحروف الأبجدية (أ، ب، ج) بعد السنة مباشرةً سواء كان ذلك في متن البحث أو في قائمة المراجع للتمييز بين المراجع المختلفة، كأن نقول في اللغة العربية: ويشير الشايب (2006أ) إلى أن الصورة الأردنية لمقياس "ويكمان" للذكاء الانفعالي تتمتع بدلالات صدق مقبولة، وباللغة الإنجليزية نقول: Wright (1996a) indicated that item response theory models could be used interchangeably.

تاسعاً- الاتصال الشخصي:

في حال اقتباس نصّ معين أو الاستشهاد بفكرة معيّنة من خلال مقابلة شخصية أو رسالة بريدية أو إلكترونية أو أية وسيلة اتصال شخصي أخرى مع مصدر معيّن، فينبغي توثيق اسم المصدر، وصفة الاتصال نصاً بالقول "اتصال شخصي"، وتاريخ الاتصال، مع مراعاة عدم الإشارة إلى صفة الاتصال في قائمة المراجع. فعلى سبيل المثال، يكون التوثيق في متن البحث باللغة العربية على النحو: وقد تبيّن أن مفهوم الذات عند الأطفال يختلف باختلاف نمط التنشئة الأسريّة (ع. الشايب، اتصال شخصيـ 16 حزيران، 2005)، أو ويرى ع. الشايب أن مفهوم الذات عند الأطفال يختلف باختلاف نمط التنشئة الأسريّة (اتصال شخصيـ 16 حزيران، 2005). وباللغة الإنجليزية: It has been found that the grade point average is distorted (B. Wright, personal communication, January 5, 2003)، أو B. Wright also claimed that the grade point average is distorted (personal communication, November 3, 2002).

عاشراً- الاستشهاد غير المباشر:

إذا تم الرجوع إلى مصدر ثانوي، فيُشار إلى المصدر الأصلي داخل النص وإلى المصدر الثانوي داخل الأقواس كما في المثال الآتي: ويرى الكيلاني أن الذكاء يرتبط طردياً بالتحصيل (كما ورد في الشايب، 2003، ص. 103)، أو

باللغة الإنجليزية Linicare argued that Rasch model is more powerful than the two parameter model (as cited in Wright, 2004, p.102). أما بالنسبة للتوثيق في قائمة المراجع، فيُشار إلى المصدر الثانوي فقط، حيث يُشار إلى الشايب في الحالة الأولى، وإلى Wright في الحالة الثانية.

حادي عشر- الاستشهاد بمصدر إلكتروني:

في حال الرجوع إلى مصدر إلكتروني، فيُستخدم أسلوب التوثيق نفسه داخل النص كما لو كان من مرجع مثل: ويشير الشايب (2000) إلى أن تقييم أداء أعضاء التدريس يتأثر بالخصائص الشخصية للمدرّس أكثر من تأثره بعملية التدريس نفسها، أو Kennedy (2000) explained that faculty evaluation is highly correlated with carisma. أما إذا كان المؤلف والتاريخ غير معروفين، فيستعاض عن المؤلف بالإشارة إلى العنوان كاملاً أو أول كلمة أو اثنتين منه متبوعاً بالمختصر "د. ت" للدلالة على "دون تاريخ" باللغة العربية أو "n.d." للدلالة على "no date" باللغة الانجليزية كالقول مثلاً: ويُشير أبو زينة إلى أن علم الرياضيات فنّ يمتاز بالتناسق (أبو زينة، د. ت)، أو Another study indicated that students encounter diffeculty in using APA style "Tutoring and APA," n.d.). أما إذا كانت أرقام الصفحات غير معروفة، فيتعيّن الإشارة إلى أية معلومات تساعد الباحثين الآخرين في معرفة أرقام الصفحات التي تم الاقتباس منها. وإذا كان المصدر الإلكتروني يتضمن فقرات مرقّمة، فيُستخدم الرمز "¶" أو المختصر "para." متبوعاً برقم الفقرة مثل: (Hall, 2001, ¶ 5) أو (Hall, 2001, para. 5). أما إذا لم تكن الفقرات مرقّمة، وتتضمن الوثيقة عناوين فرعية، فيُشار إلى العنوان المناسب والفقرة التي يتضمنها ذلك العنوان مثل: According to Smith (1998),... (Mind over Matter section, para. 6). وتجدر الملاحظة إلى أنه لا يُشار إلى أرقام الصفحات في حال الاقتباس من مصدر إلكتروني.

ثاني عشر- الهوامش والحواشي:

يمكن استخدام الهوامش والحواشي في متن البحث من خلال استخدام الأرقام الصغيرة المرفوعة (superscript) مباشرة في نهاية النص الذي يحتاج إلى تفصيلات إضافية مثل: ويُعدّ امتحان الثانوية العامة في الأردن المعيار الوحيد المستخدم للقبول في الجامعات.[1] أو Different models have been emerged in the framework of item response theory.[1] ويراعى ترتيب الأرقام بحسب ظهورها في متن مخطوط البحث، على أن تضاف صفحة منفصلة في نهاية المخطوط خاصة بالهوامش والحواشي تحت عنوان "الهوامش" إذا كان البحث باللغة العربية أو "Notes" إذا كان البحث باللغة الإنجليزية بحيث يأتي العنوان في منتصف السطر في رأس الصفحة.

ثالث عشر- قائمة المراجع:

لقد سبقت الإشارة إلى أن قائمة المراجع تأتي في نهاية البحث وفي صفحة مستقلة معنونة بكلمة "المراجع" إذا كان البحث باللغة العربية، أو "References" إذا كان البحث باللغة الإنجليزية وبدون إشارتي تنصيص أو أقواس وبخط عادي ليس مائلاً أو داكناً، وتأتي في منتصف السطر في رأس الصفحة. ويتطلب نظام APA طباعة المراجع بمسافات مزدوجة بين الأسطر كما هو الحال في باقي المخطوط. وبما أن قائمة المراجع توفّر للقارئ جميع المعلومات الضرورية الخاصة بأي مرجع استخدمه الباحث في بحثه، فيتعيّن على الباحث أن يتأكد من مطابقة المراجع الواردة في متن البحث مع المراجع الواردة في قائمة المراجع تطابقاً تاماً. وهناك قواعد أساسية يتطلبها نظام APA في أسلوب تنظيم قائمة المراجع نلخّصها فيما يأتي:

- ينبغي أن يأتي كل مرجع في سطر مستقل يبدأ ببداية السطر. وفي حال زاد طول المرجع عن سطر واحد، نبتعد مسافة نصف إنش من الجهة

اليمنى في السطر اللاحق إذا كان البحث باللغة العربية، ونصف إنش من الجهة اليسرى إذا كان البحث باللغة الإنجليزية، وهكذا حتى الانتهاء من طباعة المرجع ثم الانتقال إلى المرجع الـذي يليه.

- يتطلب النظام البدء بالاسم الأخير أو اسم العائلة للمؤلف متبوعاً بفاصلة ثم الاسم الأول فالأوسط إذا كان المرجع باللغة العربية كالقول (جروان، فتحي). أو الاسم الأخير أو اسم العائلة للمؤلف متبوعاً بفاصلة ثم الحرف الأول من الاسم الأول للمؤلف يليه نقطة ثم الحرف الأول مـن الاسـم الأوسـط يليـه نقطة وبـالحجم الكبير إذا كـان المرجـع باللغة الإنجليزيـة كالقول (.Cronbach, L. J)، يلي ذلك سنة النشر بين قوسين ثم نقطة. وهذا ينطبق علـى جميـع الحالات باستثناء الحالة التي يزيد فيها عدد المؤلفين عن ستة، إذ في هذه الحالة يُشار إلى أسـماء أول ستة مؤلفين ثم يُستخدم مصطلح "وآخرون" باللغة العربية أو ".et al" باللغة الإنجليزية بعد اسم المؤلف السادس.

- ينبغي تنظيم قائمة المراجع أبجدياً اعتماداً على الاسم الأخير أو اسم العائلة للمؤلف. وإذا كان العمل لأكثر من مؤلف فتُعطى الأولوية للاسم الأخير أو اسم العائلة للمؤلف الأول. وفي حـال اشتراك المؤلف الأول مع مؤلفين آخرين مختلفين، فتُعطى أولويـة تنظيم المراجع بعد المؤلف الأول للمؤلف الثاني (الاسم الأخير أو اسم العائلة له)، وإذا كان المؤلفان الأول والثاني مشتركان بالاسم، فتنتقل الأولوية للمؤلف الثالث وهكذا.

- إذا كان هناك أكثر من مرجع للمؤلف نفسه أو المؤلفين أنفسهم بنفس ترتيب الأسماء، فتُنظّم المراجع وفقاً لأقدمية سنة النشر.

- إذا اشترك المؤلف الأول مع مؤلفين آخرين مختلفين في أكثر مـن عمـل، فتُنظّم المراجع أبجدياً اعتماداً على الاسم الأخير أو اسم العائلة للمؤلف

الأول بطبيعة الحال، ثم يُعتمد على الاسم الأخير أو اسم العائلة للمؤلف الثاني.

- إذا لم يكن المرجع الأجنبي دورية كأن يكون كتاباً أو مقالاً أو تقريراً أو موقعاً إلكترونياً، فيُطبع الحرف الأول فقط من الكلمة الأولى من العنوان بحجم كبير سواء كانت في العنوان الرئيس أو العنوان الفرعي أو الكلمة الأولى التي تأتي بعد النقطتين الرأسيتين أو الكلمة الأولى التي تأتي بعد الشَرطة (-) أو الأسماء. ويُراعى عدم طباعة الحرف الأول من الكلمة الثانية في الأسماء المركّبة بحجم كبير.
- إذا كان المرجع دورية أجنبية، فيُطبع الحرف الأول من كل كلمة رئيسية في اسم الدورية بالحجم الكبير، ويُطبع اسم الدورية أو عنوان الكتاب بخط مائل.

وفيما يأتي أمثلة تطبيقية على قواعد التوثيق في قائمة المراجع باستخدام نظام APA في الحالات المختلفة:

(أ) **المؤلف/المؤلفون:** يشتمل الجدول (7-1) على أمثلة على قواعد التوثيق في قائمة المراجع بالنسبة للمؤلف/ المؤلفين في الحالات المختلفة.

جدول (7-1)

أمثلة على قواعد التوثيق في قائمة المراجع بالنسبة للمؤلف/المؤلفين في قائمة المراجع

الحالة	مثال
مؤلف واحد	Berndt, T. J. (2002). Friendship quality and social development. *Current Directions in Psychological Science, 11,* 7-10. الشايب، عبدالحافظ. (2007). تفاعل متغيّري جنس المدرّس وجنس الطالب كمصدر تحيّز في تقييم الطلبة لفاعلية التـدريس الجـامعي. المجلـة الأردنيـة في العلـوم التربوية، جامعة اليرموك، 3(1)، 33-40.
مؤلفين اثنين	Wegener, D. T., & Petty, R. E. (1994). Mood management across affective states: The hedonic contingency hypothesis. *Journal of Personality & Social Psychology, 66,* 1034-1048. الشايب، عبدالحافظ والروسان، أكرم. (2000). أثر علامة الورقة البحثية في بنية العلامة الكلية في جامعة آل البيت. مجلة المنارة، جامعة آل البيت، 5(3)، 225-242.
ثلاثـة إلى سـتة مؤلفين	Kernis, M. H., Cornell, D. P., Sun, C. R., Berry, A., & Harlow, T. (1993). There's more to self-esteem than whether it is high or low: The importance of self-esteem. *Journal of Personality and Social Psychology, 65,* 1190-1204. نشـواتي، عبدالمجيـد والبـيلي، محمـد والطـواب، سـيد ومحمـود، نبيـل والشـايب، عبدالحافظ. (1991). صعوبات التعلم لدى طلبة المرحلة الابتدائية في دولة الإمارات العربية المتحدة. مجلة كلية التربية، جامعة الإمارات العربية المتحدة، (7)، 77-125.
أكـثر مـن سـتة مؤلفين	Harris, M., Karper, E., Stacks, G., Hoffman, D., DeNiro, R., Cruz, P., et al. (2001). Writing labs and the Hollywood connection. *Journal of Film and Writing, 44*(3), 213-245.
المؤلـف منظمة أو هيئــة أو مؤسسة...الخ	American Psychological Association (2003). APA formatting and style guide. Washington, Dc: American Psychological Association. وزارة التربيـة والتعلـيم. (2004). مسـتقبل التعلـيم في الأردن. عـمّان: وزارة التربيـة والتعليم.

المؤلف مجهول	Merriam-Webster's collegiate dictionary (10th ed.). (1993). Springfield, MA: Merriam-Webster. علم النفس الإكلينيكي. (1999). عمّان: دار وائل للنشر.
ترتيب المراجع عندما يكون هناك أكثر من عمل لمؤلف واحد في سنوات نشر مختلفة (الأولوية لأقدمية سنة النشر)	Berndt, T. J. (1981). Friends' influence on students' achievement. *Journal of Educational Psychology, 14*, 67-79. Berndt, T. J. (1999). Friends' influence on students' adjustment to school. *Educational Psychologist, 34*, 15-28. الشايب، عبدالحافظ. (2006). مدى اختلاف امتلاك طلبة الماجستير في كليات العلوم التربوية في الجامعات الأردنية لمهارات البحث التربوي باختلاف مسار برنامج الماجستير. المجلة الأردنية في العلوم التربوية، جامعة اليرموك، *1*(4)، 67-71. الشايب، عبدالحافظ. (2007). تقدير ثبات علامات عيّنة من المواد في جامعة آل البيت. مجلة جامعة دمشق للعلوم التربوية، جامعة دمشق، *23*(2)، 255-271.
ترتيب المراجع عندما يكون المؤلف نفسه منفرداً في عمل معيّن، ومشترك مع غيره في موقع آخر (الأولوية للعمل المنفرد)	Berndt, T. J. (1999). Friends' influence on students' adjustment to school. *Educational Psychologist, 34*, 15-28. Berndt, T. J., & Keefe, K. (1995). Friends influence on adolescents' adjustment to school. *Child Development, 66*, 1312-1329. الشايب، عبدالحافظ. (2002). مدى تحقق أهداف تدريس الرياضيات في الصف الثالث الأساسي في الأردن. مجلة أبحاث اليرموك، سلسلة العلوم الإنسانية والاجتماعية، جامعة اليرموك، *18*(2أ)، 253-267. الشايب، عبدالحافظ والروسان، أكرم. (2000). أثر علامة الورقة البحثية في بنية العلامة الكلية في جامعة آل البيت. مجلة المنارة، جامعة آل البيت، *5*(3)، 225-242.

| ترتيـب المراجـع عنـدما يكـون للمؤلـف نفسـه أكـثر مـن عمـل وفي سـنة النشـر نفسـها (تُضـاف الأحـرف بعـد السنة مباشرة) | Berndt, T. J. (1981a). Age changes and changes over time in presocial intentions and behavior between friends. *Developmental Psychology, 17*, 408-416.

Berndt, T. J. (1981b). Effects of friendship on prosocial intentions and behavior. *Child Development, 52*, 636-643.
الشـايب، عبدالحافظ. (2007أ). تقدير ثبات علامـات عيّنـة مـن المـواد في جامعـة آل البيت. مجلة جامعة دمشق للعلوم التربوية، جامعة دمشق، الجمهوريـة العربيـة السورية، 23(2)، 255-271.

الشـايب، عبـدالحافظ. (2007ب). تفاعـل متغـيري جنـس المـدرّس وجنـس الطالـب كمصدر تحيّـز في تقييـم الطلبـة لفاعليـة التـدريس الجـامعي. المجلـة الأردنيـة في العلوم التربوية، جامعة اليرموك، 3(1)، 33-40. |
| ترتيـــب المراجـــع عندما يكون المؤلف نفسـه مشـترك مـع مــؤلفين آخـرين مختلفـــين (يؤخـــذ بالاعتبار اسم العائلة للمؤلف الثاني) | Wagner, D. T., Kerr, N. L., Fleming, M. A., & Petty, R. E. (2000). Flexible corrections of juror judgments: Implications for jury instructions. *Psychology, Policy, & Law, 6*, 629-645.

Wagner, D. T., Petty, R. E., & Klein, D. J. (1996). Effects of mood on high elaboration attitudes change: The mediating role of likelihood judgments. *European Journal of Social Psychology, 24*, 25-43.

همشري، عمر وبوعزة عبدالمجيد. (1998). واقع استخدام أعضاء هيئة التدريس في جامعة السـلطان قـابوس لمصادر المعلومات. دراسات، العلوم التربوية، 25(1)، 159-179.

همشري، عمر وعليان، ربحي. (1997). المرجع في علم المكتبات والمعلومات. عمّان: دار الشروق. |

(ب) **البحوث المنشورة في الدوريات العلمية:** يقـوم الشـكل الأسـاسي لتنظيم البحـوث المنشـورة في الدوريات العلمية في قائمة المراجع على البـدء بـاسم العائلـة أو الاسـم الأخـير للمؤلف متبوعاً بالحروف الأولى من الاسم الأول فالأوسط، ثم سنة النشر

بين قوسين يليها نقطة، ثم عنوان البحث بحيث يُطبع الحـرف الأول مـن الكلمـة الأولى أو أيـة كلمة إذا كانت اسماً بحجم كبير، ثم اسم الدوريـة بحيث تُطبع الحـروف الأولى مـن كلماتهـا بالحجم الكبير، ثم رقم العـدد والمجلّد، ثم أرقـام الصـفحات التـي يشـغلها البحـث في العـدد. ويُراعى طباعة اسم الدورية ورقم العدد والمجلّد بخط مائـل أو بوضع خـط تحتهـا. ويوضّـح الجدول (7-2) أمثلة تطبيقية على قواعد توثيق البحوث المنشورة في الدوريات العلمية في قائمـة المراجع في الحالات المختلفة.

جدول (7-2)

أمثلة على قواعد توثيق البحوث المنشورة في الدوريات في قائمة المراجع

مثال	الحالة
Harlow, H. F. (1983). Fundamentals for preparing psychology journal articles. *Journal of Comparative and Physiological Psychology*, 55, 893-896.	البحوث المنشورة في الـــدوريات ضـمن مجلـدات مستمرّة الترقيم
Scruton, R. (1996). The eclipse of listening. *The New Criterion, 15* (30), 5-13. الشايب، عبدالحافظ والروسان، أكرم. (2000). أثر علامة الورقة البحثيـة في بنيـة العلامـة الكليـة في جامعة آل البيت. مجلة المنارة، جامعة آل البيت، 5(3)، 225-242.	البحوث المنشورة في الـــدوريات ضـمن أعـداد غير مستمرة الترقيم

(ج) **الكتب:** يقوم الشكل الأساسي لتنظيم الكتب في قائمة المراجع على البدء باسم العائلة أو الإسـم الأخـير للمؤلف متبوعاً بالحروف الأولى من الاسم الأول فالأوسط، ثم سنة النشر بين قوسين يليها نقطة، ثم عنـوان الكتاب بخط مائل مع مراعاة طباعة الحـرف الأول مـن الكلمـة الأولى فقـط سـواء في العنـوان الـرئيس أو العنوان الفرعي بالحجم الكبير، ثم المدينة ونقطتان رأسيتان ثم دار النشر. وفي حال كان اسم المدينـة غـير مألوف أو يختلط مع أسماء مـدن أخـرى، فيضـاف اسـم الولايـة أو البلـد. ويوضّـح الجـدول (7-3) أمثلـة تطبيقية على قواعد توثيق الكتب في قائمة المراجع في الحالات المختلفة.

جدول (7-3)

أمثلة على قواعد توثيق الكتب في قائمة المراجع

الحالة	مثال
كتاب	Calfee, R. C., & Valencia, R. R. (1991). *APA guide to preparing manuscripts for journal publication.* Washington, Dc: American Psychological Association. أبو علام، رجاء. (1987). قياس وتقويم التحصيل الدراسي. الكويت: دار القلم.
كتـــاب محـــرّر بدون مؤلف	Duncan, G. J., & Brooks-Gunn, J. (Eds.). (1997). *Consequences of growing up poor.* New York: Russell Sage Foundation. الشايب، عبدالحافظ (محرّر). (2004). القياس والتقويم التربوي. عمّان: دار المسيرة.
كتـــاب محـــرّر لمؤلف أو أكثر	Plath, S. (2000). *The unabridged journals* (K. V. Kukil, Ed.). New York: Anchor. الكـيلاني، عبـدالله. (1998). القيـاس والتقـويم في التربيـة وعلـم الـنفس (عبـدالحافظ الشايب، محرّر). عمّان: دار وائل للنشر.

كتاب مترجم	Laplace, P. S. (1951). *A philosophical essay on probabilities.* (F. W. Truscott & F. L. Emory, Trans.). New York: Dover. (Original work published 1814). ثورندايك، روبرت وهيجن، اليزابيث. (1986). القياس والتقويم في علم النفس والتربية (عبدالله زيد الكيلاني وعبدالرحمن عدس، مترجمان). عمّان: شركة ماكملان للنشر. (تاريخ النشر الأصلي 1977).
طبعة غير الطبعة الأولى	Helfer, M. E., Keme, R. S., & Drugman, R. D. (1997). *The battered child* (5th ed.). Chicago: University of Chicago Press. بدر، أحمد. (1975). أصول البحث العلمي ومناهجه (الطبعة الثانية). الكويت: وكالة المطبوعات.
بحث أو فصل في كتاب محرّر	Cronbach, J. (1974). Generlizability theory. In R. Linn & B. Wright (Eds.), *New models for test theory* (pp. 215-260). New York: Springer. العتوم، عدنان. (2004). الذاكرة. في محمد الريماوي (محرّر)، علم النفس العام (ص ص. 124-165). عمّان: دار المسيرة.
مجلّد	Wiener, P. (Ed.). (1974). *Dictionary of the history of ideas* (Vols. 1-4). New York: Scribner's.
مراجعة كتاب	Baumeister, R. F. (1993). Exposing the self-knowledge myth [Review of the book *The self-known: A hero under control*]. *Contemporary Psychology, 38*, 466-467.

(د) **المصادر الأخرى المطبوعة:** لا يختلف أسلوب توثيق المصادر الأخرى المطبوعة كالموسوعات وملخصات أطروحات الدكتوراه والوثائق الحكومية والتقارير الصادرة عن منظمات غير حكومية والأوراق المقدّمة في مؤتمرات عنه بالنسبة للكتب والبحوث المنشورة في الدوريات اختلافاً جوهرياً، إذ يتم تنظيم هذه المصادر في قائمة المراجع بالبدء باسم العائلة أو الاسم الأخير للمؤلف متبوعاً

بالحروف الأولى من الاسم الأول فالأوسط، ثم سنة النشر بين قوسين يليها نقطة، ثم عنوان الموضوع يتبعه اسم المصدر بخط مائل، ورقم المجلد والصفحات، ثم المكان إن وُجد. ومع أن الشكل الأساسي لأسلوب التوثيق هو نفسه بصرف النظر عن نوع المصدر إلا أن هناك اختلافات طفيفة كما تظهر في الجدول (7-4).

جدول (7-4)

أمثلة على قواعد توثيق المصادر الأخرى المطبوعة

(غير الكتب والدوريات) في قائمة المراجع

الحالة	مثال
الموسوعات	Bergmann, P. G. (1993). Relativity. *In The new encyclopedia britannica* (Vol. 26, pp. 501-508). Chicago: Encyclopedia Britannica.
مصدر ثانوي	Clotheart, M., Curtis, B., Atkins, P., & Haller, M. (1993). Models of reading aloud: Dual-route and parallel-distributed-processing approaches. *Psychological Review, 100*, 589-608. لاحظ أن هذا المصدر هو مصدر ثانوي وهو الذي رجع له الباحث بشكل مباشر علماً بأن المصدر الأولي هو مصدر آخر لا يُذكر في قائمة المراجع وإنما يظهر في متن البحث على النحو: In Seidenberg and McClelland's study (as cited in Clotheart, Curtis, Atkins, & Haller, 1993), ... وباللغة العربية يكون أسلوب الكتابة في متن البحث على النحو: وفي دراسة الكيلاني (المشار لها في الشايب، 2006)، تبيّن أن... لاحظ أن الكيلاني هو المصدر الأولي الذي يظهر في المتن ولا يظهر في قائمة المراجع بينما الشايب فهو المصدر الثانوي الذي رجع له الباحث ويُشار له في قائمة المراجع على النحو: الشايب، عبدالحافظ (2006). دلالات صدق وثبات مقياس السلوك التكيفي في البيئة الأردنية. دراسات، الجامعة الأردنية، *3*، *78-90*.

ملخصات رسائل الدكتوراه	Yoshida, Y. (2001). Essays in urban transportation (Doctoral dissertation, Boston College, 2001). *Dissertation Abstracts International, 62,* 7741A. تميمي، فراس (2007). أثر تدريس الرياضيات وفقاً لمستويات "فان هايل" في التحصيل وتنمية التفكير الهندسي. رسالة دكتوراه غير منشورة، جامعة عمّان العربية للدراسات العليا، الأردن.
رسالة ماجستير	Atoum, Adnan. (1982). *Anxiety and marihuana smoking behavior among college students.* Unpublished Master Thesis, University of Southern Texax. الشايب، عبدالحافظ. (1984). تطوير اختبار ذكاء جمعي للأطفال الأردنيين في سن (9- 12) سنة. رسالة ماجستير غير منشورة، الجامعة الأردنية، الأردن.
وثيقة حكومية	National Institute of Mental Health. (1990). *Clinical training in serious mental illness* (DHHS Publication No. ADM 90-1679). Washington, Dc: U.S. Government Printing Office.
تقرير صادر عن منظمة غير حكومية	American Psychiatric Association. (2000). *Practice guidelines for the treatment of patients with eating disorders* (2nd ed.). Washington, D.C.: Author.
أوراق مقدّمة في مؤتمرات	Schnase, J. L., & Cunnius, E. L. (Eds.). (1995). Proceedings from CSCL '95: *The First International Conference on Computer Support for Collaborative Learning.* Mahwah, NJ: Erlbaum. البندري، محمد والعتوم، عدنان. (2001). الضوابط والمعايير الأخلاقية التي تحكم عمل مؤسسات رعاية المعاقين في دول مجلس التعاون الخليجي. ورقة مقدّمة إلى مؤتمر الإعاقة، جامعة البحرين، المنامة، 15-17 كانون الثاني، 2001.

الأعمال المنشورة في المجلات	Henry, W. A. (1990, April 9). Making the grade in today's school. *Time, 135,* 28-31.
الأعمال المنشورة في الصحف	Schultz, S. (2005, December 28). Calls made to strengthen state energy policies. *The Country Today,* pp. 1A, 2A.
رسالة إلى المحرّر	Moller, G. (2002, August). Ripples versus rumbles [Letter to the editor]. *Scientific American, 287*(2), 12.

(هـ) **المصادر الإلكترونية:** يختلف أسلوب توثيق المصدر الإلكتروني عن المصادر الورقية الأخرى التي سبق شرحها. ويختلف الأسلوب أيضاً باختلاف نوع المصدر كالأبحاث المنشورة في الدوريات المباشرة والدوريـات العلمية المحكّمة المباشرة وقواعد البيانات والوثائق أو التقارير غير الدورية المنشورة على الشـبكة الدوليـة والفصول أو أجزاء الفصول المنشورة ضمن تقارير على الشبكة الدولية والبريد الإلكتروني والوثائق والرسـائل والإعلانات الصادرة عن المنتديات المباشرة والبرمجيات المحوسبة. ويوضّح الجـدول (7-5) أمثلـة تطبيقيـة على أسلوب التوثيق ضمن كل حالة من الحالات السابقة.

جدول (7-5)

أمثلة على قواعد توثيق المصادر الإلكترونية في قائمة المراجع

الحالة	مثال
الـدوريات غـــــير المحكّمـــة المباشرة	Bernstein, M. (2002). 10 tips on writing the living Web. *A List Apart: For People Who Make Websites, 149.* Retrieved May 2, 2006, from http://www.alistapart.com /articles.writeliving.

الـــــــدوريات العلمية المحكّمة المباشرة التي لا تظهـــر بصــورة مطبوعة	Kenneth, I. A. (2000). A Buddhist response to the nature of human rights. *Journal of Buddhist Ethics, 8*. Retrieved February 20, 2001, from http://www.cac.psu.edu /jbe/twocont.html.
الـــــدوريات العلمية المحكّمة المبــاشرة التـــي تظهـــر بصــورة مطبوعة	Whitmeyer, J. M. (2000). Power through appointment [Electronic version]. *Social Science Research, 29*, 535-555.
قواعـد البيانـات المحوســـــبة المباشرة	Smith, A. M., Parker, A. L., & Pease, D. L. (2002). A study of enjoyment of peas. *Journal of Abnormal Eating, 8*(3). Retrieved February 20,2003, from PsycARTICLES database.
الوثـــــائق أو التقـــارير غـــير الدورية	Loadman, W. & D'Costa, I. (1994). *Teacher evaluation.* Retrieved September 15, 2006, from http://www.osu.edu.
الفصول أو أجزاء الفصول المنشورة ضمن تقارير	Engelshcall, R. S. (1997). Module mod_rewriter: URL Rewriting Engine. In *Apache HTTP Server Version 1.3 Documentation* (Apache modules.) Retrieved March 10, 2006, from http://httpd.apache.org/ docs/1.3/mod_rewrite.html.
البريـــــد الإلكتروني	لاحظ أن البريد الإلكتروني لا يوثّـق في قائمـة المراجـع، وإنمـا يوثّـق في مـتن البحـث عـلى أنـه اتصـال شخصي- عـلى النحـو (E. Robbins, personal communication, January 4, 2002).
الوثـــائق والرســائل والاعلانات الصـــادرة عــــن المنتـديات المباشرة	Frook, B. D. (1999, July 23). New invitation in the cyber world of toy landia [Msg 25]. Message posted to http://groups.earthlink.com/forum/message/00025.html.
البرمجيات المحوسبة	Loudwing, T. (2002). PsychInquiry [computer software]. New York: Worth.

(و) المصادر الأخرى غير المطبوعة: مثل أفلام الفيديو المتوفرة عالمياً أو تلك المتوفرة على نطاق محدود أو مسلسلات تلفزيونية أو نشرات إخبارية أو حلقة في مسلسل تلفزيوني أو تسجيل موسيقي. ويوضّح الجدول (7-6) أمثلة تطبيقية على أسلوب التوثيق ضمن كل حالة من الحالات السابقة.

جدول (7-6)

أمثلة على قواعد توثيق المصادر الأخرى غير المطبوعة في قائمة المراجع

مثال	الحالة
Smith, J. D. (Producer), & Smithee, A. F. (Director). (2002). *Really big disaster movie* [Motion picture]. United States: Paramount Pictures.	فيلم فيديو متوفر عالمياً
Harris, M. (Producer), & Turley, M. J. (Director). (2002). *Writing labs: A history* [Mption picture]. (Available from Purdue University Pictures, 500 Oval Drive, West Lafayette, IN 47907).	فيلم فيديو متوفر على نطاق محدود
Bellissario, D. L. (Producer). (1992). *Exciting action show* [Television series]. Hollywood: American Broadcasting Company.	مسلسل تلفزيوني
Wendy, S. W. (Writer), & Martian, I. R. (Director). (1986). The rising angle and the falling ape [Television series episode]. In D. Dude (Producer), *Creatures and monsters*. Los Angeles: Belarus Studios.	حلقة ضمن مسلسل تلفزيوني
Important, I. M. (Producer). (1990, November 1). *The nightly news hour* [Television broadcast]. New York: Central Broadcasting Series.	نشرة أخبار تلفزيونية
Taupin, B. (1975). Someone saved my life tonight [Recorded by Elton John]. On *Captain fantastic and the brown dirt cowboy* [CD]. London: Big Pig Music Limited.	تسجيل موسيقي

الوحدة الثامنة
تطبيقات حاسوبية في الإحصاء
Computer Applications in Statistics

لقد تناولنا في الوحدتين الخامسة والسادسة المتعلقتين بمفاهيم الإحصاء الوصفي واختبار الفرضيات مسائل إحصائية بسيطة نسبياً، وعالجناها يدوياً من خلال تطبيق القواعد والقوانين اللازمة. ومع أننا حاولنا عرض القوانين الإحصائية بصورة مرنة قدر الإمكان، إلا أن مجرّد وجود القوانين هو مسألة تثير عند الطالب نوعاً من الرهبة والشعور بعدم الراحة. وبرغم قناعتنا بأن عملية حفظ القوانين هي جزء من عملية التعلّم، إلا أننا نؤمن أيضاً بأنه يمكن تعلّم مادة الإحصاء وتذوّقها واستشعار فوائد استخداماتها بعيداً عن الحفظ الآلي للقوانين الإحصائية، وبخاصة مع توفّر عدد كبير من البرمجيات الإحصائية المحوسبة التي لا تستلزم من الطالب حفظ القوانين آلياً. وبما أنه يمكن تحقيق الهدف من وراء تعليم مادة الإحصاء من خلال استخدام البرمجيات الجاهزة، فقد جاءت هذه الوحدة لتعالج بعض التطبيقات الحاسوبية المتعلقة بمفاهيم الإحصاء الوصفي كمقاييس النزعة المركزية والتشتت والموقع النسبي والعلاقة، بالإضافة إلى بعض المفاهيم الإحصائية المتعلقة باختبار الفرضيات كاختبار "t"، واختبار "F" ، واختبار مربع كاي (χ^2). من جانب آخر، إن استخدام البرمجيات الإحصائية المحوسبة يوفّر على الباحث الجهد والوقت اللازمين لإجراء العمليات الحسابية يدوياً، وبخاصة إذا كان حجم البيانات كبيراً.

هناك عدد كبير من البرمجيات أو الرزم الإحصائية المحوسبة التي تتفاوت في مستوى كفاءتها ودرجة توفّرها وسهولة التعامل معها وكلفتها مثل برمجية نظام التحليل الإحصائي Statistical Analysis System (SAS)، الرزمة الإحصائية للعلوم الاجتماعية Statistical Package for Social Sciences (SPSS)، MINITAB،

SYSTAT، BMDP وغيرها. وتُعدّ الرزمة الإحصائية للعلوم الاجتماعية (SPSS) هي البرمجية الأكثر توفراً والأقل سعراً والأسهل تعاملاً بين هذه البرمجيات. لهذا، فقد اقتصرت هذه الوحدة على إلقاء الضوء على هذه البرمجية وكيفية توظيفها في تحليل البيانات، وقراءة المخرجات.

ولهذا الغرض، فقد قمنا بمحاكاة الواقع من خلال تصوّر مجموعة من البيانات (80 حالة) تضمنت خمسة متغيّرات هي: جنس الطالب (ذكر، أنثى) وأعطيت الرموز (1، 2) على الترتيب، والفرع الأكاديمي في الثانوية العامة (علمي، أدبي، معلوماتية) وأعطيت الرموز (1، 2، 3) على الترتيب أيضاً، وعلامة الطالب في الاختبار الأول والثاني وفي الامتحان النهائي في مادة أسس البحث التربوي كما يوضّحها الجدول (8-1)، ثم قمنا بإدخال البيانات باستخدام محرّر البيانات في برمجية SPSS، واستخدمنا عدداً من أساليب التحليل الإحصائي لمعالجة المفاهيم الإحصائية التي وردت في الوحدتين الخامسة والسادسة من هذا الكتاب بهدف إثراء وتعميق فهم الطالب لهذه المفاهيم، وإكسابه المهارات الأساسية اللازمة لاستخدام الحاسوب في الإحصاء.

جدول (8-1)

علامات (80) طالباً وطالبة في الاختبار الأول والثاني والامتحان النهائي موزعين بحسب الجنس والفرع الأكاديمي في الثانوية العامة

ت	الجنس	الفرع	الأول	الثاني	النهائي	ت	الجنس	الفرع	الأول	الثاني	النهائي
1	1	2	15	16	35	41	2	2	16	18	36
2	1	2	14	15	34	42	1	2	18	14	35
3	2	1	16	20	40	43	2	3	20	22	40
4	2	2	16	16	28	44	2	1	14	16	37
5	2	2	20	21	33	45	2	1	23	22	44
6	1	1	18	19	37	46	2	3	22	21	40
7	2	2	19	17	35	47	2	1	18	17	3

31	15	16	3	1	48	42	23	20	1	2	8
41	20	19	2	2	49	41	21	23	2	2	9
45	23	24	1	2	50	45	20	24	1	1	10
39	21	23	2	1	51	36	18	23	3	2	11
36	19	18	1	2	52	28	19	20	3	1	12
29	18	14	2	2	53	30	15	13	1	2	13
29	17	16	1	2	54	32	18	21	2	2	14
37	16	20	1	2	55	34	17	17	2	2	15
46	22	24	2	2	56	36	15	16	1	1	16
36	13	18	1	2	57	36	16	15	3	2	17
38	17	17	1	1	58	38	20	19	3	1	18
38	15	16	2	1	59	32	14	18	1	2	19
44	21	22	3	2	60	31	15	19	2	2	20
41	18	23	2	2	61	35	19	16	3	2	21
38	16	15	2	2	62	46	20	20	3	2	22
39	14	19	2	1	63	34	17	12	2	2	23
40	21	20	2	1	64	30	14	13	1	1	24
36	16	22	3	1	65	29	17	18	2	2	25
40	22	21	1	2	66	44	20	22	3	2	26
30	17	18	1	2	67	46	22	24	1	1	27
45	22	23	3	1	68	44	20	23	3	1	28
42	21	22	2	1	69	43	19	22	2	2	29
30	17	16	3	2	70	33	18	21	1	2	30
31	19	17	2	2	71	28	17	14	2	2	31
34	16	18	2	2	72	43	20	24	1	2	32
35	15	16	2	1	73	33	12	18	2	2	33
33	17	19	2	2	74	35	14	16	1	1	34
40	21	20	1	2	75	39	17	18	1	2	35
30	16	18	3	1	76	36	19	17	2	2	36
41	22	20	2	1	77	38	16	19	1	2	37
39	17	17	1	2	78	40	22	20	2	2	38
38	20	18	1	2	79	46	23	24	2	2	39
28	13	15	2	2	80	27	16	11	3	2	40

أولاً- إدخال البيانات:

للتعرّف على آلية إدخال البيانات باستخدام برمجية SPSS، لا بد من الإشارة إلى ان هناك ثلاث شاشات رئيسية تتضمنها البرمجية وهي:

1- **شاشة محرّر البيانات Data Editor:** وهي الشاشة التي تظهر مجرد أن يقوم المستخدم بتشغيل البرمجية، وتحتوي على مصفوفة من الصفوف التي تمثّل الأفراد، والأعمدة التي تمثّل المتغيّرات التي يتّم تفعيلها مباشرة بعد أن يقوم المستخدم بإدخال أول قيمة في الخلية الواقعة في الصف الأول والعمود الأول، ويتم إعطائها أسماء على النحو (Var0001,Var0002,...). ولأغراض التسهيل على المستخدم، فإن شاشة محرّر البيانات تشتمل على شاشتين فرعيتين؛ الأولى هي الشاشة الظاهرة أمام المستخدم وهي شاشة البيانات (Data View) (أنظر الشكل (8-1))، والثانية هي شاشة غير ظاهرة وتُسمى شاشة المتغيّرات (Data View) وتتضمن معلومات قاموسية عن المتغيّرات كاسم المتغيّر (Name)، ونوع المتغيّر (Type)، ...الخ. وتمكّن البرمجية المستخدم من التنقّل بين هاتين الشاشتين من خلال النقر على اسم الشاشة الموجود في أقصى- يسار شاشة البيانات الظاهرة أمامه. فإذا أراد المستخدم تسمية المتغيّرات التي يشتمل عليها المثال الحالي من خلال إعطاء المتغيّرات مسميات (الجنس، الفرع، الأول، الثاني، النهائي)، فإنه يستخدم شاشة المتغيّرات، وينقر على المتغيّر المعني في العمود الأول (Name) الخاص بمسميات المتغيّرات ويبدأ بطباعة المسميات واحداً تلو الآخر. كما يمكن أيضاً تسمية مستويات المتغيّرات التصنيفية وهي في هذا المثال (الجنس، الفرع) من خلال إعطاء الرموز الدالة على مستويات المتغيّر المعني مسمى معيّن مثل إعطاء الرموز (1، 2) التي يشتمل عليها متغيّر الجنس مسميات (ذكر، أنثى) على الترتيب، وإعطاء الرموز (1، 2، 3) التي يشتمل عليها متغيّر الفرع الأكاديمي مسميات (علمي، أدبي، معلوماتية) على الترتيب أيضاً. وتجدر الإشارة إلى أن الأرقام فقط هي التي تظهر في شاشة البيانات، بينما تظهر المسميات (ذكر، أنثى) و(علمي، أدبي، معلوماتية)

فيما بعد في شاشـة المخرجـات. كـما تجـدر الإشـارة أيضـاً إلى أن المسـتخدم يمكنـه اسـتخدام مفتـاح (Enter)، أو استخدام لوحة الأسهم للتنقّل من خلية لأخرى أثناء عملية إدخال البيانات.

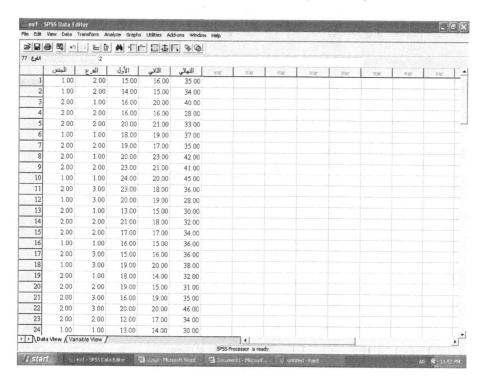

	الجنس	الفرع	الأول	الثاني	النهائي	var	var	var	var	var	var	var	var
1	1.00	2.00	15.00	16.00	35.00								
2	1.00	2.00	14.00	15.00	34.00								
3	2.00	1.00	16.00	20.00	40.00								
4	2.00	2.00	16.00	16.00	28.00								
5	2.00	2.00	20.00	21.00	33.00								
6	1.00	1.00	18.00	19.00	37.00								
7	2.00	2.00	19.00	17.00	35.00								
8	2.00	1.00	20.00	23.00	42.00								
9	2.00	2.00	23.00	21.00	41.00								
10	1.00	1.00	24.00	20.00	45.00								
11	2.00	3.00	23.00	18.00	36.00								
12	1.00	3.00	20.00	19.00	28.00								
13	2.00	1.00	13.00	15.00	30.00								
14	2.00	2.00	21.00	18.00	32.00								
15	2.00	2.00	17.00	17.00	34.00								
16	1.00	1.00	16.00	15.00	36.00								
17	2.00	3.00	15.00	16.00	36.00								
18	1.00	3.00	19.00	20.00	38.00								
19	2.00	1.00	18.00	14.00	32.00								
20	2.00	2.00	19.00	15.00	31.00								
21	2.00	3.00	16.00	19.00	35.00								
22	2.00	3.00	20.00	20.00	46.00								
23	2.00	2.00	12.00	17.00	34.00								
24	1.00	1.00	13.00	14.00	30.00								

شكل (8-1)

شاشة البيانات في برمجية SPSS

2- **شاشة المخرجات Output Viewer:** وهي الشاشة التي تُظهر مخرجات أو نتـائج التحليـل. فعـلى سـبيل المثال، يُظهر الشكل (2-8) التكرارات والنسب المئوية لكـل مسـتوى مـن مسـتويات متغـيّري الجـنس والفرع الأكاديمي من خلال استخدام قائمة Analyze من شريـط القـوائم الـذي يظهـر في أعـلى شاشـة محرّر البيانات ، ثم اختيار أمر Descriptive Statistics من القائمة، واختيار أمر Frequencies من القائمة في الشاشة التالية، والنقر على المتغيّرات المعنية من شاشة قائمة المتغيّرات وهي (الجنس والفـرع)، ثـم النقر على OK.

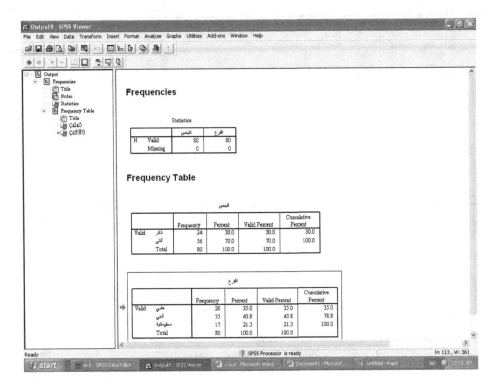

شكل (2-8)

التكرارات والنسب المئوية لمستويات متغيّري الجنس والفرع الأكاديمي

3- **شاشة محرّر التعليمات Syntax Editor:** وهي شاشة ليست ظاهرة أيضاً، وتُستخدم لأغراض كتابة بعض التعليمات أو الأوامر الإضافية والتي قد يحتاجها المُستخدم لبعض الأغراض الخاصة.

ثانياً- تحليل البيانات:

تتم عملية تحليل البيانات من خلال استخدام قائمة Analyze في شريط القوائم والتي تشتمل على مجموعة من القوائم الفرعية. ولأغراض هذا الكتاب، سيقتصر شرحنا على بعض التحليلات التي سبق تعلّمها في الوحدتين الخامسة والسادسة في هذا الكتاب، والمتعلقتين بمفاهيم الإحصاء الوصفي واختبار الفرضيات مثل تمثيل المتغيّرات بيانياً، مقاييس النزعة المركزية، مقاييس التشتت، مقاييس الموقع النسبي، مقاييس العلاقة، اختبار "t"، اختبار "F"، اختبار مربع كاي (χ^2).

1- تمثيل المتغيّرات بيانياً:

في أحيان كثيرة نحتاج إلى تمثيل المتغيّرات باستخدام الأشكال البيانية. ويعتمد اختيارنا للشكل البياني على نوع المتغيّر المعني؛ فنستخدم طريقتي الأعمدة واللوحة الدائرية مثلاً لتمثيل بيانات المتغيّرات النوعية (التصنيفية)، بينما نستخدم طرق المدرّج التكراري والمضلّع التكراري والمنحنى التكراري لتمثيل بيانات المتغيّرات الكميّة. ويمكن استخدام قائمة Analyze أو قائمة Graphs من شريط القوائم لتمثيل المتغيّرات بيانياً. ففي حال استخدام قائمة Analyze، فإننا نختار Descriptive Statistics من القائمة في الشاشة الثانية، ثم نختار Frequencies من القائمة، ومن شاشة Frequencies، نحدّد المتغيّر أو المتغيّرات المقصودة وننقلها إلى مربع الحوار Variable (s) من خلال النقر على المتغيّر المقصود، ثم نختار Charts في أسفل الشاشة من مربع الحوار نفسه، ونختار نوع الشكل البياني المطلوب من بين ثلاثة أنواع (Bar charts، Pie charts، Histograms) وهي الأعمدة، اللوحة

الدائريـة، المـدرّج التكـراري عـلى الترتيـب والموجـودة في شاشـة Frequencies: Charts. ويوضّـح الشكل (3-8) خطوات تنفيذ الإجراءات السابقة لتمثيل متغيّر الفرع الأكاديمي باستخدام الأعمدة.

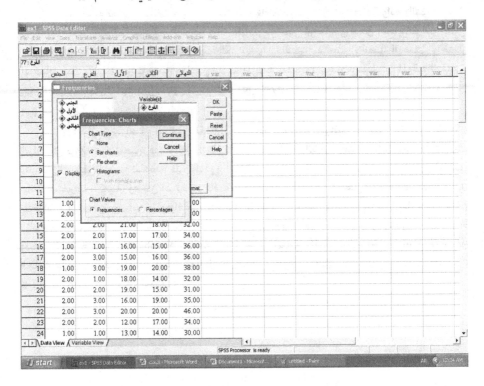

شكل (3-8)
خطوات تمثيل متغيّر الفرع الأكاديمي باستخدام الأعمدة

بعد ذلك ننقـر عـلى Continue في شاشـة Frequencies: Charts، ثـم ننقـر عـلى OK في شاشـة Frequencies لنحصل على النتائج المبيّنة في الشكل (4-8). أما في حال استخدام أسلوب اللوحة الدائرية، فتكـون النتـائج كما هي مبيّنة في الشكل (5-8).

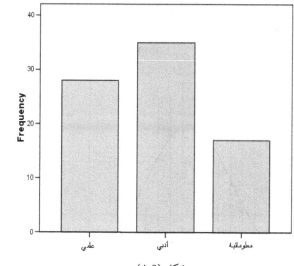

شكل (4-8)
نتائج التمثيل البياني لمتغيّر الفرع الأكاديمي باستخدام الأعمدة

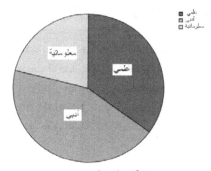

شكل (5-8)
نتائج التمثيل البياني لمتغيّر الفرع الأكاديمي باستخدام اللوحة الدائرية

وفي حال تمثيل متغيّر علامات الامتحان النهائي بيانياً، فإننا نتّبع الخطوات السابقة نفسها باستثناء أننا نختار هنا المدرّج التكراري Histogram لأن المتغيّر كمّي. ويمكننا هنا أن نضيف خطوةً جديدةً من خلال اختيار With normal curve من شاشة Frequencies: Charts (أنظر شـكل 3-8) وذلك لمقارنة شكل التوزيع بالمنحنى الطبيعي كما يظهر في الشكل (6-8).

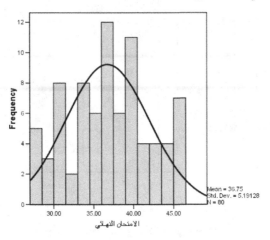

شكل (6-8)
نتائج التمثيل البياني لمتغيّر علامات الامتحان النهائي
باستخدام المدرّج التكراري مع مقارنة الشكل بالمنحنى الطبيعي

وكما أشرنا سابقاً، يمكننا أيضاً استخدام قائمة Graphs من شريط القوائم لتمثيل المتغيّرات بيانياً. فإذا أردنا مثلاً تمثيل توزيع علامات الاختبار الأول باستخدام المضلّع التكراري فإننا نختار قائمة Graphs من شريط القوائم، ثم نختار Line، ونختار Define من شاشة Line Charts وننقر على اسم المتغيّر المعنـي، ثـم ننقله إلى مستطيل Category Axis الموجود في مربع الحـوار، وننقـر عـلى OK في أعـلى الجهـة اليمنى مـن الشاشة نفسها، فتظهر النتائج المبيّنة في الشكل (7-8).

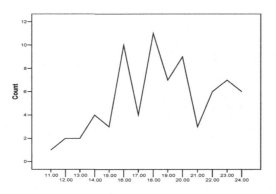

شكل (8-7)
المضلّع التكراري لتوزيع متغيّر علامات الاختبار الأول

2- مقاييس النزعة المركزية والتشتت والمئينات والالتواء والتفلطح:

تُستخدم قائمة Analyze لوصف مقاييس النزعة المركزية والتشتت والمئينات والربيعيات، والالتواء والتقلطح. وفي هذا المثال، سنقوم باستخراج قيم المقاييس السابقة لمتغيّر علامات الامتحان النهائي بصفته متغيّر كميّ من خلال تتبّع الخطوات الآتية: نختار قائمة Analyze مـن شريط القـوائم، ثـم نختار Descriptive Statistics، ومن هذه القائمة نختار قائمة Frequencies التي تشتمل عـلى جميـع المتغيّرات، ثـم نحـدّد المتغيّرات المطلوبـة مـن خلال النقـر عـلى المتغيّر المقصود ونقله إلى مربـع المتغيّرات المطلوبـة Variable(s) باستخدام السهم، ومن الشاشة نفسها ننقـر عـلى خيـار Statistics الموجـود في أسـفل الشاشـة، فتظهر لنا شاشة Frequencies: Statistics التي تتضمن جميع المقاييس السابقة، فنختار ما يناسبنا من هذه المقاييس، ثم ننقر على Continue فتعود شاشة Frequencies، فننقر على OK لتظهر شاشة المخرجات كما في الشكل (8-8). لاحظ أن شاشـة Frequencies تشتمل عـلى خيـار Display frequency tables مـما يمكّن الباحث من عرض جدول التوزيع التكراري لمتغيّر معيّن أو أكثر.

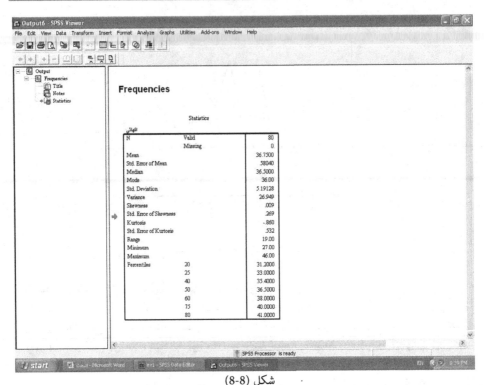

Statistics

النهائي

N	Valid	80
	Missing	0
Mean		36.7500
Std. Error of Mean		.58040
Median		36.5000
Mode		36.00
Std. Deviation		5.19128
Variance		26.949
Skewness		.009
Std. Error of Skewness		.269
Kurtosis		-.860
Std. Error of Kurtosis		.532
Range		19.00
Minimum		27.00
Maximum		46.00
Percentiles	20	31.2000
	25	33.0000
	40	35.4000
	50	36.5000
	60	38.0000
	75	40.0000
	80	41.0000

شكل (8-8)

مقاييس النزعة المركزية والتشتت والربيع الأول
والثالث ومقاييس الالتواء والتفلطح لمتغيّر الامتحان النهائي

ويُلاحظ أن شاشة المخرجات قد تضمنت عدد الحالات N ومقاييس النزعة المركزية الثلاثة (المتوسط الحسابي Mean، الوسيط Median، المنوال Mode) بالإضافة إلى الخطأ المعياري للتقدير Std. Error of Mean ، ومقاييس التشتت (الانحراف المعياري Std. Deviation، التباين Variance، والمدى Range) ومقياس الالتواء Skewness، والخطأ المعياري للالتواء Std. Error of Skewness، ومقياس التفلطح Kurtosis، والخطأ المعياري للتفلطح Std. Error of Kurtosis، وأصغر

مشاهدة في التوزيع Minimum، وأكبر مشاهدة في التوزيع Maximum، والمئينات Percentiles حيث تمّ تحديد أربعة مئينات فقط هي 20، 40، 60، 80، بالإضافة إلى الربيعيات Quartiles 25، 50، 75.

ويمكن أيضاً، استخدام القائمة نفسها Analyze، واختيار Descriptives بدلاً من Frequencies كما في الحالة السابقة، والاستمرار في الاختيار من الشاشات المتتابعة للحصول على جزء من النتائج السابقة كما يُظهر الشكل (8-9)، والذي يتضمن بعض المقاييس السابقة وهي (عدد الحالات N، المدى Range، أصغر مشاهدة Minimum، أكبر مشاهدة Maximum، المتوسط الحسابي Mean، الخطأ المعياري في التقدير .Std Error، الانحراف المعياري .Std، التباين Variance) للمتغيّرات الكميّة الثلاثة (الاختبار الأول، الاختبار الثاني، الامتحان النهائي). لاحظ أن شاشة Descriptives تشتمل على خيار Save standardized values as variables في اسفل الشاشة والذي يمكّن المستخدم من استخراج الدرجات المعيارية الزائية لكل درجة خام في التوزيع، وتخزين هذه الدرجات كمتغيّر من ضمن المتغيّرات الأصلية.

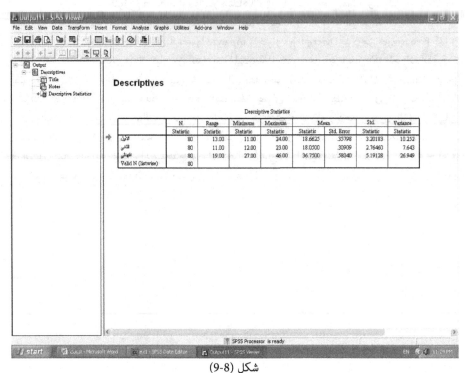

Descriptive Statistics

	N	Range	Minimum	Maximum	Mean		Std.	Variance
	Statistic	Statistic	Statistic	Statistic	Statistic	Std. Error	Statistic	Statistic
الأول	80	13.00	11.00	24.00	18.6625	.35798	3.20183	10.252
الثاني	80	11.00	12.00	23.00	18.0500	.30909	2.76460	7.643
النهائي	80	19.00	27.00	46.00	36.7500	.58040	5.19128	26.949
Valid N (listwise)	80							

شكل (8-9)

بعض مقاييس النزعة المركزية والتشتت لتوزيعات
متغيّرات الاختبار الأول والثاني والامتحان النهائي

3- مقاييس العلاقة بين المتغيّرات:

للتعرّف على العلاقة بين المتغيّرات الكميّة مثل علامات الاختبارين الأول والثاني والامتحان النهائي، فإننا نستخدم قائمة Analyze من شريط القوائم، ثم نختار قائمة الارتباط Correlate الفرعية، ثم نختار الارتباط الثنائي Bivariate، أو الارتباط الجزئي Partial من بين البدائل، ثم نختار معامل الارتباط المناسب من بين معاملات الارتباط (بيرسون Pearson، كاندل-تاو Kendall's tau-b، سبيرمان Spearman) التي تظهر في شاشة Bivariate Correlations وهو هنا بطبيعة الحال

معامل ارتباط بيرسون Pearson لأن المتغيّرات كميّة، وننقر على OK، فتظهر شاشة المخرجات كما يوضّحها الشكل (8-10).

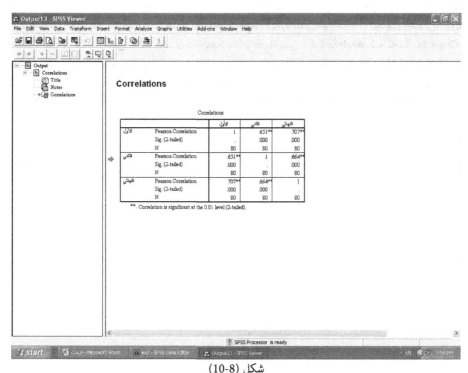

Correlations

		الأول	الثاني	النهائي
الأول	Pearson Correlation	1	.651**	.707**
	Sig. (2-tailed)	.	.000	.000
	N	80	80	80
الثاني	Pearson Correlation	.651**	1	.664**
	Sig. (2-tailed)	.000	.	.000
	N	80	80	80
النهائي	Pearson Correlation	.707**	.664**	1
	Sig. (2-tailed)	.000	.000	.
	N	80	80	80

**. Correlation is significant at the 0.01 level (2-tailed).

شكل (8-10)
مصفوفة معاملات الارتباط (بيرسون) بين
متغيّرات الاختبار الأول والثاني والامتحان النهائي

ويتبيّن من الشكل (8-10) أن شاشة المخرجات تشتمل بالإضافة إلى معاملات الارتباط على مؤشر حول دلالة معامل الارتباط Sig. (2-tailed) عند مستوى دلالة يقل عن 0.05، بالإضافة إلى عدد الحالات N. ويظهر أيضاً في أسفل الجدول ملاحظة تُشير إلى أن معاملات الارتباط ذات الدلالة عند مستوى يقل

عن (0.01) قد تمّ الإشارة لها بـ (**). أما في حال كانت المتغيّرات من النوع الرتبي فإننا نستخدم معامل ارتباط سبيرمان Spearman او معامل ارتباط كاندل-تاو Kendall's tau-b وهو معامل ارتباط بديل لمعامل ارتباط سبيرمان. وبالنسبة لمعاملات الارتباط الأخرى مثل معامل فاي (Φ) الذي نستخدمه في حال كان المتغيّران من النوع المتقطّع كالجنس (ذكر، أنثى) والفرع الأكاديمي (علمي، أدبي، معلوماتية) في مثالنا الحالي، فإننا نختار Descriptive Statistics من قائمة Analyze، ثم نختار Crosstabs، ونختار المتغيّرات المعنيّة وننقلها إلى الجهة اليمنى في مربّعي الحوار Row(S) الذي يمثّل الصفوف، و Column(s) الذي يمثّل الأعمدة، ونحدّد معامل او معاملات الارتباط المطلوبة من خلال النقر على خيار Statistics في أسفل شاشة Crosstabs، مع مراعاة اختيار معامل الارتباط المناسب لطبيعة المتغيّرات إذ يظهر في شاشة Crosstabs: Statistics طائفة من معاملات الارتباط الخاصة بالمتغيّرات النوعية أو التي تقع في المستوي الإسمي (التصنيفي) Nominal ، وطائفة ثانية خاصة بالمتغيّرات الرتبيّة Ordinal، وثالثة خاصة بالعلاقات المنحنية (ايتا). وفي مثالنا الحالي، استخدمنا متغيّري الجنس، والفرع الأكاديمي وكلاهما متغيّران تصنيفيان (أنظر الشكل (8-11).

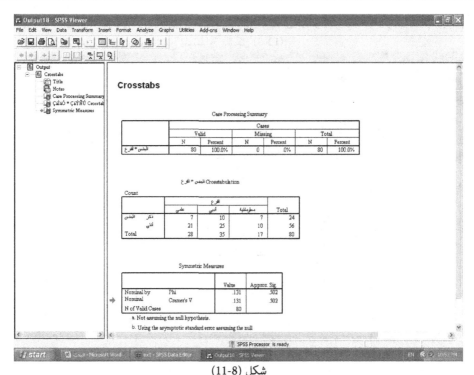

Crosstabs

Case Processing Summary

	Cases					
	Valid		Missing		Total	
	N	Percent	N	Percent	N	Percent
الجنس * الفرع	80	100.0%	0	.0%	80	100.0%

الجنس * الفرع Crosstabulation

Count

		الفرع			Total
		علمي	أدبي	معلوماتية	
الجنس	ذكر	7	10	7	24
	أنثى	21	25	10	56
Total		28	35	17	80

Symmetric Measures

		Value	Approx. Sig.
Nominal by Nominal	Phi	.131	.502
	Cramer's V	.131	.502
N of Valid Cases		80	

a. Not assuming the null hypothesis.

b. Using the asymptotic standard error assuming the null

شكل (8-11)

التوزيع التكراري لمتغيّر الجنس بحسب

متغيّر الفرع الأكاديمي ومعامل الارتباط بينهما

4- اختبار "ت":

لقد سبقت الإشارة في الوحدة السادسة إلى أن اختبار "ت" يُستخدم للكشف عن دلالة الفرق بين متوسطين سواء كان الفرق بين متوسط عيّنة ما مقارنة بمتوسط معلوم في الفرضية، أو الفرق بين متوسطي عينتين مستقلتين، أو الفرق بين متوسطي عيّنتين مترابطتين. وسنتناول فيما يأتي الحالات الثلاث السابقة.

(أ) **دلالة الفرق بين متوسط أداء أفراد العيّنة ومتوسط آخر معلوم**: سنقوم هنا باختبار الفرق بين متوسط أداء أفراد العيّنة في الامتحان النهائي، ومتوسط أداء

معلوم وليكن (34) مثلاً. ولهذا الغرض، فإننا نستخدم قائمة Analyze، ثم نختار قائمة Compare Means الفرعية، وبعدها نختار One-Sample t-test، ومن هذه الشاشة، نحدّد المتغيّر المعني من بين المتغيّرات في أقصى يسار الشاشة، وننقله بالسهم إلى مربع الحوار Test Variable(s) وهو هنا

(النهائي)، ثم نحدّد قيمة المتوسط المعلوم الذي نريد أن نختبر الفرضية حوله وهو هنا (34)، ثم ننقر على OK فتظهر النتائج المبيّنة في الشكل (8-12).

One-Sample Statistics

	N	Mean	Std. Deviation	Std. Error Mean
ÇáäåÇÆí	80	36.7500	5.19128	.58040

One-Sample Test

	Test Value = 34					
	t	df	Sig. (2-tailed)	Mean Difference	95% Confidence Interval of the Difference Lower	Upper
ÇáäåÇÆí	4.738	79	.000	2.75000	1.5947	3.9053

شكل (8-12)

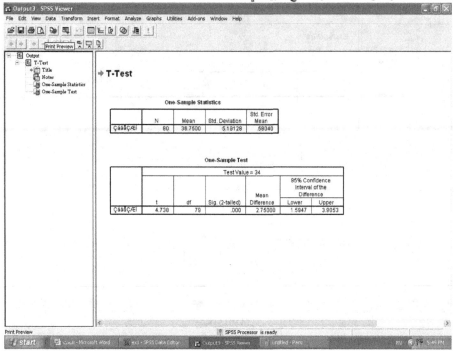

شاشة مخرجات نتائج اختبار "ت" لاختبار الفرضية حول الفرق بين متوسط أداء أفراد العينة في الامتحان النهائي ومتوسط معلوم

(ب) **دلالة الفرق بين متوسطي مجموعتين مستقلتين:** سنختبر في هذا المثال دلالة الفرق بين متوسطي أداء الذكور والإناث في الامتحان النهائي من خلال استخدام قائمة Analyze، ثم نختار القائمة الفرعية Compare Means، وبعدها نختار Independent Samples t-test. ومن هذه الشاشة، نحدّد المتغيّر التابع من بين المتغيّرات وننقله بالسهم إلى مربع الحوار Test Variable(s) وهو هنا (النهائي)، ثم نحدّد المتغيّر المستقل Grouping Variable وننقله إلى مربع الحوار السفلي باستخدام السهم وهو هنا (الجنس)، فيُظهر لنا النظام متغيّر الجنس وقوسين بداخلهما علامتي استفهام، وتتفعّل نافذة Define Groups، فننقر على هذه النافذة، فتظهر لنا شاشة Define Groups والتي تتضمن المجموعتين Group 1، Group 2، وباستخدام الفأرة نطبع رمز المستوى الأول لمتغيّر الجنس وهو (1) في نافذة Group 1، وبالمثل نطبع رمز المستوى الثاني لمتغيّر الجنس وهو (2) في نافذة Group 2، ثم ننقر على Continue في أعلى الشاشة نفسها فتعود الشاشة السابقة Independent Samples t-test، فننقر على OK لتظهر المخرجات المبيّنة في الشكل (8-13).

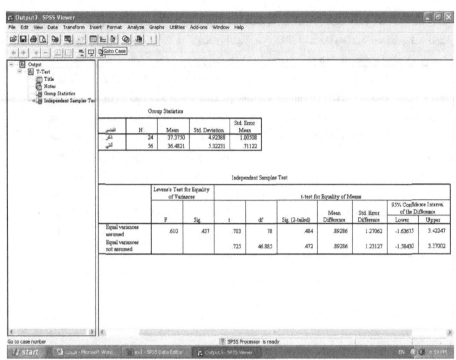

Group Statistics

الجنس	N	Mean	Std. Deviation	Std. Error Mean
ذكر	24	37.3750	4.92388	1.00508
أنثى	56	36.4821	5.32231	.71122

Independent Samples Test

	Levene's Test for Equality of Variances		t-test for Equality of Means						
								95% Confidence Interval of the Difference	
	F	Sig.	t	df	Sig. (2-tailed)	Mean Difference	Std. Error Difference	Lower	Upper
Equal variances assumed	.610	.437	.703	78	.484	.89286	1.27062	-1.63675	3.42247
Equal variances not assumed			.725	46.885	.472	.89286	1.23127	-1.58430	3.37002

شكل (13-8)

شاشة مخرجات نتائج اختبار "ت" لدلالة الفرق بين

متوسطي الذكور والإناث في الامتحان النهائي

وقد جرت العادة أن ننظم النتائج في جدول خاص على النحو المبيّن في الجدول (2-8).

جدول (2-8)

نتائج اختبار "ت" للفرق بين متوسطي أداء الذكور والإناث في الامتحان النهائي

المجموعة	العدد	المتوسط الحسابي	الانحراف المعياري	د.ح	قيمة "ت"	مستوى الدلالة
ذكور	24	37.37	4.92	78	0.703	0.484
إناث	56	36.48	5.32			

(ج) دلالة الفرق بين متوسطي مجموعتين مترابطتين: إذا كـان الغـرض هـو اختبـار الفـرق بـين متوسـطي مجموعتين مترابطتين كاختبار الفـرق بـين متوسـطي أداء أفـراد الدراسـة في الاختبـارين الأول والثـاني، فـإن الأسلوب الإحصائي المناسب هو اختبار "ت" للفرق بين متوسطي مجموعتين مترابطتين. ونستخدم هنا أيضاً قائمة Analyze، ثم نختار القائمة الفرعيـة Compare Means، وبعـدها نختـار Paired-Samples t-test. ومـن هذه الشاشة، نحدّد المتغيّرين المعنيين وهما هنـا (الأول والثـاني) ونـنقلهما بالسـهم إلى النافـذة اليمنـى في الشاشة، وننقر على OK لنحصل على النتائج المبيّنة في الشكل (8-14).

Paired Samples Statistics

		Mean	N	Std. Deviation	Std. Error Mean
Pair 1	الأول	18.6625	80	3.20183	.35798
	الثاني	18.0500	80	2.76460	.30909

Paired Samples Correlations

		N	Correlation	Sig.
Pair 1	الأول & الثاني	80	.651	.000

Paired Samples Test

		Paired Differences					t	df	Sig. (2-tailed)
		Mean	Std. Deviation	Std. Error Mean	95% Confidence Interval of the Difference				
					Lower	Upper			
Pair 1	الأول - الثاني	.61250	2.52328	.28211	.05097	1.17403	2.171	79	.033

الشكل (8-14)

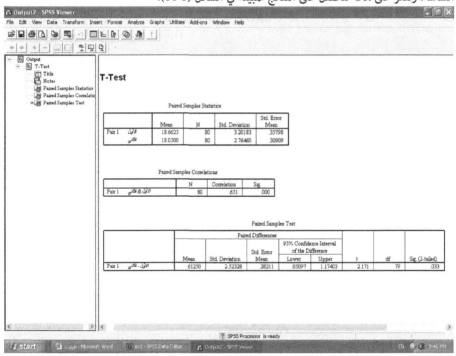

شاشة مخرجات نتائج اختبار "ت" لدلالة الفرق بين
متوسطي أداء أفراد الدراسة في الاختبارين الأول والثاني

5- اختبار "ف":

تعلمت سابقًا أن اختبار "ف" يُستخدم لأغراض اختبار الفرق بين أكثر من متوسطين فيما يسمى بأسلوب تحليل التباين الأحادي عندما يشتمل تصميم البحث على متغيّر مستقل واحد بأكثر من مستويين ومتغيّر تابع واحد. كما تعلّمت أيضاً أن أسلوب التحليل يُسمى بأسلوب تحليل التباين الثنائي إذا اشتمل التصميم على متغيّرين مستقلين اثنين، وهكذا. وسنعرض أولا أسلوب تحليل التباين الأحادي ثم ننتقل إلى أسلوب تحليل التباين الثنائي.

(أ) **أسلوب تحليل التباين الأحادي One-Way ANOVA:** إذا كان الغرض من التحليل هو الكشف عن دلالة الفروق بين متوسطات أداء أفراد الدراسة في الامتحان النهائي (المتغيّر التابع) تبعاً لمتغيّر الفرع الأكاديمي (المتغيّر المستقل) وله ثلاثة مستويات (علمي، أدبي، معلوماتية)، فإننا نستخدم قائمة Analyze، ثم نختار القائمة الفرعية Compare Means، وبعدها نختار One-Way ANOVA (تحليل التباين الأحادي). ومن شاشة One-Way ANOVA نحدّد المتغيّر التابع (النهائي) وننقله بالسهم إلى المربع العلوي في الشاشة، ونحدّد العامل (Factor) أو المتغيّر المستقل المعني (الفرع) وننقله بالسهم إلى المربع السفلي في الشاشة، ثم ننقر على OK فنحصل على النتائج المبيّنة في الشكل (8-15).

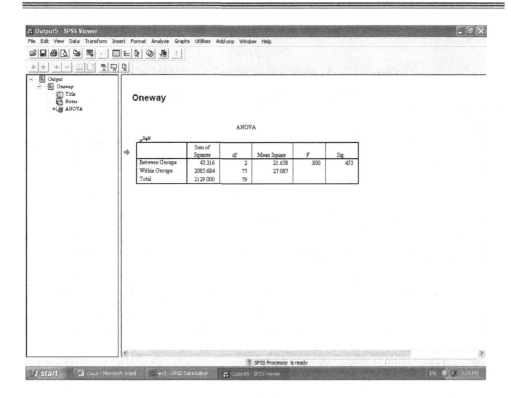

	Sum of Squares	df	Mean Square	F	Sig.
Between Groups	43.316	2	21.658	.800	.453
Within Groups	2085.684	77	27.087		
Total	2129.000	79			

شكل (8-15)

شاشة مخرجات نتائج تحليل التباين الأحادي لدلالة الفرق بين متوسطات

أداء الطلبة في الامتحان النهائي تبعاً لمستويات متغيّر الفرع الأكاديمي (علمي، أدبي، معلوماتية)

وقد جرت العادة أن ننظّم النتائج في جدول خاص يُسمى جدول تحليل التباين على النحو المبيّن في الجدول (8-3).

جدول (8-3)

نتائج تحليل التباين الأحادي للكشف عن الفروق بين متوسطات
أداء الطلبة في الفروع الثلاثة (علمي، أدبي، معلوماتية) في الامتحان النهائي

مصدر التباين	مجموع المربعات	د.ح	متوسط المربعات	قيمة "ف"	مستوى الدلالة
بين المجموعات	43.316	2	21.658	.800	.453
داخل المجموعات	2085.684	77	27.087		
الكلي	2129.000	79			

وإذا تبيّن أن قيمة "ف" ذات دلالة إحصائية، فإننا نعبّر عن ذلك بالقول "هناك فـروق إجماليـة ذات دلالـة إحصائية بين الأوساط الثلاثة، الأمر الذي يستدعي متابعة التحليـل للكشـف عـن المتوسـط أو المتوسـطات التي أحدثت الفرق الجوهري وذلك باستخدام واحداً من الاختبارات البعديـة Post-Hoc tests مثـل اختبـار توكي Tukey أو اختبار Scheffe...الخ. ومع أن نتائج اختبار تحليل التباين في مثالنا هـذا ليسـت ذات دلالـة إحصائية إلا أننا سنقوم بإجراء الاختبارات البعدية بهدف التوضيح فقط. ولإجراء ذلك فإننا نستخدم قائمة Analyze، ثم نختار القائمة الفرعية Compare Means، وبعدها نختـار One-Way ANOVA (تحليـل التبـاين الأحادي). ومن شاشة One-Way ANOVA نحدّد المتغيّر التابع (النهائي) وننقله بالسهم إلى المربـع العلـوي في الشاشة، ونحدّد العامل (Factor) أو المتغيّر المستقل المعني (الفرع) وننقله بالسهم إلى المربع السـفلي في الشاشـة، ثـم ننقـر عـلى خيـار Post Hoc في أسـفل الشاشـة، ونختـار مـن شاشـة Post Hoc Multiple Comparisons، ونحدّد الاختبارات المطلوبة وهي اختبار توكي Tukey واختبار Scheffe، فتظهر شاشة النتـائج المبيّنة في الشكل (8-16).

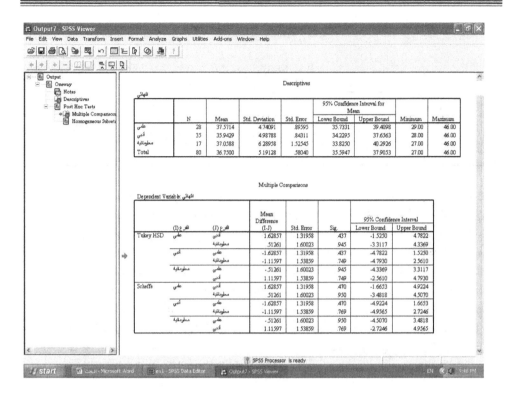

Descriptives

النهائي

	N	Mean	Std. Deviation	Std. Error	95% Confidence Interval for Mean		Minimum	Maximum
					Lower Bound	Upper Bound		
علمي	28	37.5714	4.74091	.89595	35.7331	39.4098	29.00	46.00
أدبي	35	35.9429	4.98788	.84311	34.2295	37.6563	28.00	46.00
معلوماتية	17	37.0588	6.28958	1.52545	33.8250	40.2926	27.00	46.00
Total	80	36.7500	5.19128	.58040	35.5947	37.9053	27.00	46.00

Multiple Comparisons

Dependent Variable: النهائي

	(I) الفرع	(J) الفرع	Mean Difference (I-J)	Std. Error	Sig.	95% Confidence Interval	
						Lower Bound	Upper Bound
Tukey HSD	علمي	أدبي	1.62857	1.31958	.437	-1.5250	4.7822
		معلوماتية	.51261	1.60023	.945	-3.3117	4.3369
	أدبي	علمي	-1.62857	1.31958	.437	-4.7822	1.5250
		معلوماتية	-1.11597	1.53859	.749	-4.7930	2.5610
	معلوماتية	علمي	-.51261	1.60023	.945	-4.3369	3.3117
		أدبي	1.11597	1.53859	.749	-2.5610	4.7930
Scheffe	علمي	أدبي	1.62857	1.31958	.470	-1.6653	4.9224
		معلوماتية	.51261	1.60023	.950	-3.4818	4.5070
	أدبي	علمي	-1.62857	1.31958	.470	-4.9224	1.6653
		معلوماتية	-1.11597	1.53859	.769	-4.9565	2.7246
	معلوماتية	علمي	-.51261	1.60023	.950	-4.5070	3.4818
		أدبي	1.11597	1.53859	.769	-2.7246	4.9565

شكل (8-16)

شاشة نتائج المقارنات البعدية باستخدام اختبارتوكي Tukey واختبار Scheffe

وقد جرت العادة أن تُنظّم النتائج في جـدول خـاص كـما تظهـر في الجـدول (8-4) حيـث يُشـار إلى الفـرق المعنوي بـ "*" إذا كان ذو دلالة إحصائية عند مستوى دلالة يقـلّ عـن (0.05)، أو "**" إذا كـان الفـرق ذو دلالة إحصائية عند مستوى دلالة يقلّ عن (0.01). لاحظ هنا في هـذا المثـال أن الفـروق جميعهـا ليسـت ذات دلالة إحصائية لأن الفرق الإجمالي لم يكن ذو دلالة إحصائية.

جدول (8-4)
نتائج اختبار "شيفي" للفروق بين أوساط المجموعات الثلاث

المتوسط	الفرع	علمي	أدبي	معلوماتية
37.57	علمي	-	1.62	0.51
35.94	أدبي		-	1.11
37.05	معلوماتية			-

(ب) **أسلوب تحليل التباين الثنائي Two-Way ANOVA**: إذا كـان الغـرض مـن التحليـل هـو الكشـف عـن دلالة الفروق بين متوسطات الأفراد في متغيّر تابع معيّن ولنقل هنا "الامتحان النهائي" تبعاً لمتغـيرين مستقلين اثنين ولنقل "الجنس" و "الفرع الأكاديمي" في مثالنا هذا، فإن أسلوب التحليل الملائـم هنـا هو أسلوب تحليل التباين الثنائي. ولإجراء تحليل التباين الثنائي فإننا نسـتخدم قائمـة Analyze، ثـم نختـار القائمـة الفرعيـة General Linear Model، وبعـدها ننقـر عـلى Univariate. ومـن شاشـة Univariate نحدّد المتغيّر التابع (النهائي) وننقله بالسـهم إلى المربـع العلـوي في الشاشـة، ثـم نحـدّد المتغيّر المستقل الأول وهو (الجـنس) الـذي ننقلـه باسـتخدام السـهم إلى مربـع Fixed Factor(s) في الجهة اليمنى من الشاشة، والمتغيّر المستقل الثاني وهو (الفرع) الـذي ننقلـه باسـتخدام السـهم إلى مربع Random Factor(s) في الجهة اليمنى من الشاشـة، ثـم ننقـر عـلى خيـار OK في أقصى يسـار الشاشة، فتظهر النتائج كما تبدو في الشكل (8-17).

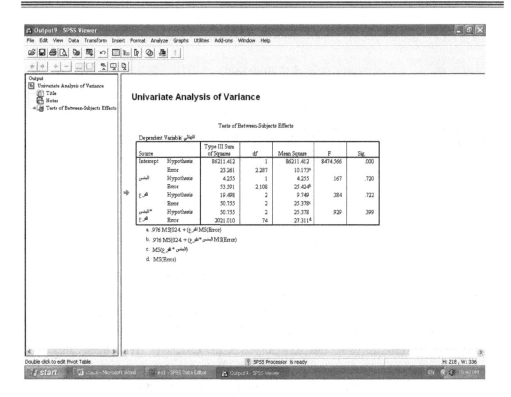

Univariate Analysis of Variance

Tests of Between-Subjects Effects

Dependent Variable: النهائي

Source		Type III Sum of Squares	df	Mean Square	F	Sig.
Intercept	Hypothesis	86211.412	1	86211.412	8474.566	.000
	Error	23.261	2.287	10.173[a]		
الجنس	Hypothesis	4.255	1	4.255	.167	.720
	Error	53.591	2.108	25.424[b]		
الفرع	Hypothesis	19.498	2	9.749	.384	.722
	Error	50.755	2	25.378[c]		
الجنس * الفرع	Hypothesis	50.755	2	25.378	.929	.399
	Error	2021.010	74	27.311[d]		

a. .976 MS(الفرع) + .024 MS(Error)

b. .976 MS(الجنس * الفرع) + .024 MS(Error)

c. MS(الجنس * الفرع)

d. MS(Error)

شكل (8-17)

شاشة مخرجات نتائج تحليل التباين الثنائي لدلالة الفرق بين متوسطات أداء الطلبة في الامتحان النهائي تبعاً لمستويات متغيّري الجنس والفرع الأكاديمي

وقد جرت العادة أن تُنظّم النتائج في جدول خاص يُسمى جدول تحليل التباين الثنائي على النحـو المبـيّن في الجدول (8-5).

جدول (8-5)

نتائج تحليل التباين الثنائي للكشف عن الفروق بين متوسطات

أداء الطلبة في الامتحان النهائي تبعاً لمتغيّري الجنس والفرع الأكاديمي

مصدر التباين	مجموع المربعات	د.ح	متوسط المربعات	قيمة "ف"	مستوى الدلالة
الجنس	4.25	1	4.25	0.167	0.720
الفرع	19.49	2	9.74	0.384	0.722
تفاعل الجنس*الفرع	50.75	2	25.37	0.929	0.399
الخطأ	2021.01	74	27.31		
الكلي	2095.50	79			

6- اختبار مربع كاي (χ^2):

(أ) اختبار مربع كاي (χ^2) لحُسن المطابقة Chi-square Goodness of Fit Test: ويُستخدم إذا كان الغـرض هو اختبار الفرضية حول مطابقة التوزيع المُلاحظ لتوزيع تكراري معيّن بالتوزيع التكـراري النظـري. وهنـا فإننا نختار قائمة Analyze، ومنها نختار قائمة Nonparametric Tests، ثـم نختـار Chi-Square فتظهـر شاشـة حوار Chi-Square Test. ونختار من هذه الشاشة المتغيّر المقصود وهـو هنـا "الفـرع"، وننقلـه بالسـهم إلى مربع Test Variable List. ومن الشاشة نفسها نحدّد القـيم المتوقعـة Expected Values؛ فـإذا كنّـا سـنختبر الفرضية التـي تُشـير إلى أن التكـرارات تتـوزّع بالتسـاوي عـلى فئـات المتغـيّر فإننـا ننقـر عـلى البـديل All categories equal، أما إذا كانت الفرضية موضع الاختبار تُشير إلى أن التكرارات تتوزع بشكل متفـاوت عـلى فئات المتغيّر فإننا ننقر على البديل الثاني وهو Values ونحدّد هذه القيم، وننقر على OK (أنظر الشـكل 8-18).

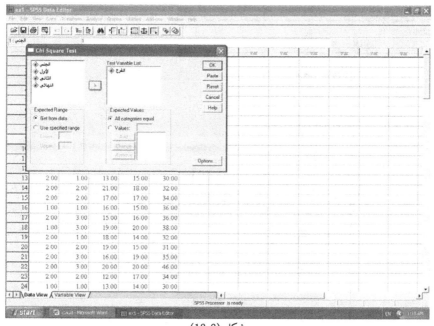

شكل (18-8)

خطوات إجراء اختبار مربع كاي (χ^2) لحُسن المطابقة

وفي مثالنا الحالي، فقد قمنا باختبار الفرضية الصفرية التي تُشير إلى أن أفراد العيّنة يتوزعون على فئات متغيّر الفرع الأكاديمي بالتساوي؛ بمعنى أن التوزيع الملاحظ لا يختلف عن التوزيع النظري الذي يُشير إلى تساوي التكرارات في فئات متغيّر الفرع الأكاديمي الثلاث وهي العلمي والأدبي والمعلوماتية. ويوضّح الشكل (19-8) شاشة مخرجات نتائج اختبار مربع كاي (χ^2) لاختبار حُسن مطابقة متغيّر "الفرع" للتوزيع النظري. وقد أسفرت النتائج عن أن قيمة مربع كاي (χ^2) هي (6.175) وهي ذات دلالة إحصائية عند مستوى (0.046) ودرجات حريّة مقدارها (2). وإذا كنّا معنيين باختبار الفرضية عند ($\alpha = 0.05$)، فإننا نستنتج أن التوزيع المُلاحظ يختلف عن التوزيع النظري اختلافاً جوهرياً ذو دلالة إحصائية بمستوى يقلّ عن (0.05).

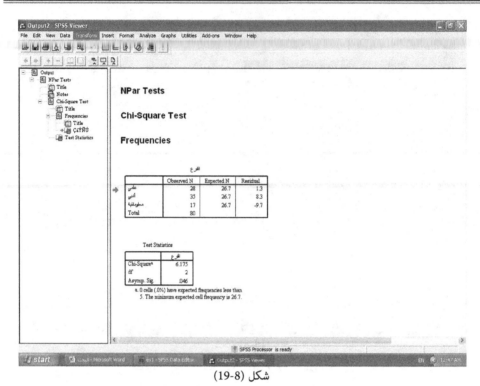

شكل (8-19)

شاشة مخرجات نتائج اختبار مربع كاي (χ^2) لاختبار حُسن المطابقة

(ب) **اختبار مربع كاي (χ^2) للاستقلالية Chi-square Test of Independence**: ويُستخدم لأغراض اختبار العلاقة بين متغيّرين تصنيفيين، أو الكشف عمّا إذا كان توزيع أحدهما مستقل عن توزيع الآخر. فإذا كان الباحث مثلاً معني بالكشف عمّا إذا كان توزيع متغيّر الجنس في مثالنا الحالي مستقل عن توزيع متغيّر الفرع الأكاديمي، فإنه يفترض عدم وجود علاقة بين المتغيّرين، أو أن التوزيع التكراري لمتغيّر الجنس في المجتمع مستقل عن التوزيع التكراري لمتغيّر الفرع الأكاديمي؛ بمعنى أن التكرارات في خلايا التوزيع التكراري الست الناتجة عن تقاطع مستويي متغيّر الجنس (ذكور، إناث) مع مستويات الفرع الأكاديمي (علمي، أدبي،

معلوماتية) لا تختلف عن بعضها بعضاً اختلافاً جوهرياً. ولاختبار هذه الفرضية، فإننا نختار قائمة Analyze، ثم نختار قائمة Descriptive Statistics، ونختار منها Crosstabs، ونحدّد المتغيّرين المعنيين (الجنس، الفرع) وننقلهما باستخدام السهم إلى الجهة اليمنى في شاشة حوار Crosstabs بحيث يمثّل أحدهما الصفوف Row(s) وليكن الجنس، ويمثّل الثاني الأعمدة Column(s) وليكن الفرع، وننقر على خيار Statistics في أسفل الشاشة نفسها، فتظهر شاشة Crosstabs: Statistics. ومن هذه الشاشة نختار الإحصائي المطلوب وهو هنا بطبيعة الحال Chi-square، ثم نتابع بالنقر على Continue فتعود شاشة حوار Crosstabs، فننقر على OK لتظهر شاشة المخرجات المبيّنة في الشكل (8-20).

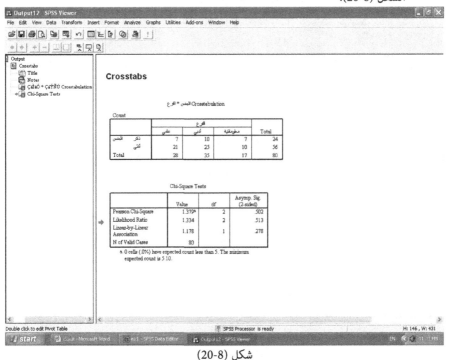

		الفرع			
		علمي	أدبي	معلوماتية	Total
الجنس	ذكر	7	10	7	24
	أنثى	21	25	10	56
Total		28	35	17	80

Chi-Square Tests

	Value	df	Asymp. Sig. (2-sided)
Pearson Chi-Square	1.379[a]	2	.502
Likelihood Ratio	1.334	2	.513
Linear-by-Linear Association	1.178	1	.278
N of Valid Cases	80		

a. 0 cells (.0%) have expected count less than 5. The minimum expected count is 5.10.

شكل (8-20)

شاشة مخرجات اختبار مربع كاي (χ^2) لاختبار العلاقة بين متغيّري الجنس والفرع

ونلاحظ من شاشة المخرجات (8-20) أن قيمة مربع كاي (χ^2) هي (1.379) وهي ليست ذات دلالة إحصائية عند مستوى دلالة مقداره (0.05) ودرجات حريّة (2) (لاحظ أن مستوى الدلالة هنا هو 0.502). وهذا يعني أن التوزيع التكراري المُلاحظ الناتج عن تقاطع متغيّري الجنس والفرع لا يختلف اختلافاً جوهرياً عن التوزيع التكراري المتوقع الناتج عن تقاطع المتغيّرين مع بعضهما بعضاً. وبمعنى آخر، نستنتج عدم وجود علاقة بين متغيّري الجنس والفرع، أو أن المتغيّرين مستقلّين عن بعضهما.

المراجــع

بدر، أحمد. (1984). أصول البحث العلمي ومناهجه (الطبعة السابعة). الكويت: وكالة المطبوعات.

البطش، محمد وأبوزينة، فريد. (2007). مناهج البحث العلمي: تصميم البحث والتحليل الإحصائي (الطبعة الأولى). عمّان: دار المسيرة للنشر والتوزيع والطباعة.

أبو علام، رجاء. (1989). مدخل إلى مناهج البحث التربوي. الكويت: مكتبة الفلاح.

أبو زينة، فريد والشايب، عبدالحافظ، وعبابنة، عماد، والنعيمي، محمد. (2005). مناهج البحث العلمي: الإحصاء في البحث العلمي (الطبعة الأولى). عمّان: دار المسيرة للنشر والتوزيع والطباعة.

ثورندايك، روبرت وهيجن، اليزابيث. (1986). القياس والتقويم في علم النفس والتربية (عبدالله زيد الكيلاني وعبدالرحمن عدس، مترجمان). عمّان: شركة ماكملان للنشر. (تاريخ النشر الأصلي 1977).

فان دالين، ديوبولد. (1985). مناهج البحث في التربية وعلم النفس (الطبعة الثالثة) (محمد نوفل وآخرون، مترجمون). القاهرة: مكتبة الأنجلو المصرية.

عبدالحميد، بدر وكاظم أحمد. (1986). مناهج البحث التربوي. القاهرة: دار النهضة العربية.

الجادري، عدنان. (2003). الإحصاء الوصفي في العلوم التربوية (الطبعة الأولى). عمان: دار المسيرة للنشر والتوزيع والطباعة.

الزعبي، محمد والطلافحة، عباس. (2006). النظام الإحصائي *SPSS*: فهم وتحليل البيانات الإحصائية (الطبعة الثالثة). عمّان: دار وائل للنشر.

عدس، عبدالرحمن. (1997). مبادئ الإحصاء في التربية وعلم النفس (الطبعة الأولى، الجزء الثاني). عمان: دار الفكر.

عدس، عبدالرحمن. (1999). الإحصاء في التربية (الطبعة الأولى). عمان: دار الفكر.

عدس، عبدالرحمن ومنيزل،عبدالله. (2000). مقدمة في الإحصاء التربوي (الطبعة الأولى). عمان: دار الفكر.

عسكر، علي وجامع، حسن والفرا، فاروق وهوانه، وليد. (1992). مقدمة في البحث العلمي (الطبعة الأولى). الكويت: مكتبة الفلاح.

عودة، أحمد والخليلي، خليل. (2000). الإحصاء للباحث في التربية والعلوم الإنسانية (الطبعة الأولى). إربد: دار الأمل.

عودة، أحمد وملكاوي، فتحي. (1987). أساسيات البحث العلمي في التربية والعلوم الإنسانية. الزرقاء: مكتبة المنار.

منيزل، عبد الله. (2000). الإحصاء الاستدلالي. عمان: دار وائل للنشر.

Allen, M. J., & Yen, W. M. (1979). *Introduction to measurement theory.* Monterey, CA.: Brooks/Cole Publishing Company.

Campbell, D. T. & Stanley, J. C. (1963). *Experimental and quasi-experimental designs for research.* New Jersey: Englewood Cliffs.

Gay, L. R. (1992). *Educational research: Competencies for analysis and application* (4th ed.). New York: Macmillan Publishing Company.

Glass, G. V. & Hopkins, K. D. (1984). *Statistical methods in education and psychology* (2nd ed.). New Jersey: Englewood Cliffs.

Gravetter, F. J. & Wallnau, L. B. (1992). *Statistics for the behavioral sciences* (3rd ed.). New York: West Publishing Company

Hays, W. L. (1994). *Statistics* (5th ed.). New York: Harcourt Brace College Publishers.

Isaac, S. & Michael, W. B. (1981). *Handbook in research and evaluation* (2nd ed.). San Diego: Edits Publishers.

Kerlinger, F. N. (1986). *Foundations of behavioral research* (3rd ed.). New York: CBS College Publishing.

Tuckman, B. W. (1994). *Conducting educational research* (4th ed.). New York: Macmillan Publishing Company.

الملاحـــق

APPENDICES

ملحق (1)
جدول الأرقام العشوائية

54463	22662	65905	70639	79365	67382	29085	69831	47058	08186
15389	85205	18850	39226	42249	90669	96325	23248	60933	26927
85941	40756	82414	02015	13858	78030	16269	65978	01385	15345
61149	69440	11268	88218	58925	03638	52862	62733	33451	77455
05219	81619	81619	10651	67079	92511	59888	72095	83463	75577
41417	98326	87719	92294	46614	50948	64886	20002	97365	30976
28357	94070	20652	35774	16249	75019	21154	15217	47286	76305
17783	00015	10806	83091	91530	36466	39981	62481	49177	75779
40950	84820	29881	85966	62800	70326	84740	62660	77379	90279
82995	64157	66164	41180	10089	41757	78258	96488	88629	37231
96754	17676	55659	44105	47361	34833	86676	23930	53249	27083
34357	88040	53364	71726	45690	66334	60332	22554	90600	71113
06318	37403	49927	57715	50423	67372	63116	48888	21505	80182
62111	52820	07243	79931	89292	84767	85693	73947	22278	11551
47534	09243	67879	00544	23410	12740	02540	54440	32949	13491
98614	75993	84460	62846	59844	14922	49730	73443	48167	34770
24856	03648	44898	09351	98795	18644	39765	71058	90368	44104
96887	12479	80621	66223	86085	78285	02432	53342	42846	94771
90801	21472	42815	77408	37390	76766	52615	32141	30268	18106
55165	77312	83666	36028	28420	70219	81369	41943	47366	41067
75884	12952	84318	95108	72305	64620	91318	89872	45375	85436
16777	37116	58550	42958	21460	43910	01175	87894	81378	10620
46230	43877	80207	88877	89380	32992	91380	03164	98656	59337
42902	66892	46134	01432	94710	23474	20503	60137	60609	13119
81007	00333	39693	28039	10154	95425	39220	19774	31782	49037
68089	01122	51111	72373	06902	74373	96199	97017	41273	21546
20411	67081	89950	16944	93054	87687	96693	87236	77054	33848
58212	13160	06468	15718	82627	76999	05999	58680	96739	63700
70577	42866	24969	61210	76046	67699	42054	12696	83758	03283
94522	74358	71659	62038	79643	79169	44741	05437	39038	13163
42626	86819	85651	88678	17401	03252	99547	32404	17918	62880
16051	33763	57194	16752	54450	19031	58580	47629	54132	60631
08244	27647	33851	44705	94211	46716	11738	55784	95374	72655
59497	04392	09419	89964	51211	04894	72882	17805	21896	83864
97155	13428	40293	09985	58434	01412	69124	82171	59058	82859
98409	66162	95763	47420	20792	61527	20441	39435	11859	41567
45476	84882	65109	86597	25930	66790	65706	61203	53634	22557
89300	69700	50741	30329	11658	23166	05400	66669	48708	03887
50051	95137	91631	66315	91428	12275	24816	68091	71710	33258
31753	85178	31310	89642	98364	02306	24617	09609	83942	22716
79152	53829	77250	20190	56535	18760	69942	77448	33278	48805
44560	38750	83653	56540	64900	42912	13953	79149	18710	68618
68328	83378	63369	71381	39564	05615	42451	64559	97501	65747
46939	38689	58625	08342	30459	85863	20781	09284	26333	91777
83544	86141	15707	96256	23068	13782	08467	89469	93842	55349

31081	00001	04300	34214	40177	33309	17832	27491	89415	23488
91896	67126	04151	03795	59077	11848	12630	98375	53068	60142
55751	62515	22108	80830	02263	29303	37204	96926	30506	09808
85156	87689	95493	88842	00664	55017	55539	17771	69448	87630
07521	56898	12236	60277	39102	62315	12239	07105	11844	01117
59391	58030	52098	82718	87024	82848	04190	96574	90464	29065
99567	76364	77204	04615	27062	96621	43918	01896	83991	51141
10363	97518	51400	25670	98342	61891	27101	37855	06235	33316
96859	19558	64432	16706	99612	59798	32803	67708	15297	28612
11258	24591	36863	55368	31721	94335	34936	02566	80972	08188
95068	88628	35911	14530	33020	80428	33936	31855	34334	64865
54463	47237	73800	91017	36239	71824	83671	39892	60518	37092
16874	62677	57412	13215	31389	62233	80827	73917	82802	84420
92494	63157	76593	91316	03505	72389	96363	52887	01087	66091
15669	56689	35682	40844	53256	81872	35213	09840	34471	74441
99116	75486	84989	23476	52967	67104	39495	39100	17217	74073
15696	10703	65178	90637	63110	17622	53988	71087	84148	11670
97720	15369	51269	69620	03388	13699	33423	67453	43269	56720
11666	13841	71681	98000	35979	39719	81899	07449	47985	46967
71628	73130	78783	75691	41632	09847	61547	18707	85489	69944
40501	51089	99943	91843	41995	88931	73631	69361	05375	15417
22518	55576	98215	82068	10798	86211	36584	67466	69373	40054
75112	30485	62173	02132	14878	92879	22281	16783	86352	00077
80327	02671	98191	84342	90813	49268	94551	15496	20168	09271
60251	45548	02146	05597	48228	81366	34598	72856	66762	17002
57430	82270	10421	00540	43648	75888	66049	21511	47676	33444
73528	39559	34434	88586	54086	71693	43132	14414	79949	85193
25991	65959	70769	64721	86413	33475	42740	06175	82758	66248
78388	16638	09134	59980	63806	48472	39318	35434	24057	74739
12477	09965	96657	57994	59439	76330	24596	77515	09577	91871
83266	32883	42451	15579	38155	29793	40914	65990	16255	17777
76970	80876	10237	39515	79152	74798	39357	09054	73579	92358
37074	65198	44785	68624	98336	84481	97610	78735	46703	98265
83712	06514	30101	78295	54656	85417	43189	60048	72781	72606
20287	56862	69727	94443	64936	08366	27227	05158	50326	59566
74261	32592	86538	27041	65172	85532	07571	80609	39285	65340
64081	49863	08478	96001	18888	14810	70545	89755	59064	07210
05617	75818	47750	67814	29575	10526	66192	44464	27058	40467
26793	74951	95466	74307	13330	42664	85515	20632	05497	33625
65988	72850	48737	54719	52056	01596	03845	35067	03134	70322
27366	42271	44300	73399	21105	03280	73457	43093	05192	48657
56760	10909	98147	34736	33863	95256	12731	66598	50771	83665
72880	43338	93643	58904	5943	23943	11231	83268	65938	81581
77888	38100	03062	58103	47961	83841	25878	23746	55903	44115
28440	07819	21580	51459	47971	29882	13900	29226	23608	15873

63525	94441	77033	12147	51054	49955	58312	76923	96071	05813
47606	93410	16359	89033	89696	47231	64498	31776	05383	39902
52669	45030	96279	14709	52372	87832	02735	50803	72744	88208
16738	60159	07425	62369	07515	82721	37875	71153	21315	00132
59348	11695	45751	15865	74739	05572	32688	20271	65128	14551
12900	71775	29845	60774	94924	21810	38636	33717	67598	82521
75086	23537	49939	33595	13484	97588	28617	17979	70749	35234
99495	51534	29181	09993	38190	42553	68922	52125	91077	40197
26075	31671	45386	36583	93459	48599	52022	41330	60651	91321
13636	93596	23377	51133	95126	61496	42474	45141	46660	42338
64249	63664	39652	40646	97306	31741	07294	841149	46797	82487
26538	44249	04050	48174	65570	44072	40192	51153	11397	58212
05845	00512	78630	55328	18116	69296	91705	86224	29503	57071
74897	68373	67359	51014	33510	83048	17056	72506	82949	54600
20872	54570	35017	88132	25730	22626	86723	91691	13191	77212
31432	96156	89177	75541	81355	24480	77243	76690	42507	84362
66890	61505	01240	00660	05873	13568	76082	79172	57913	93448
41894	57790	79970	33106	86904	48119	52503	24130	72824	21627
11303	87118	81471	52936	08555	28420	49416	44448	04269	27029
54374	57325	16947	45356	78371	10563	97191	53798	12693	27928
64852	34421	61046	90849	13966	39810	42699	21753	76192	10508
16309	20384	09491	91588	97720	89846	30376	76970	23063	35894
42587	37065	24526	72602	57589	98131	37292	05967	26002	51945
40177	98590	97161	41682	84533	67588	62036	49967	01990	72308
82309	76128	93965	26743	24141	04838	40254	26065	07938	76236
79788	68243	59732	04257	27084	14743	17520	94501	55811	76099
40538	79000	89559	25026	42274	23489	34502	75508	06059	86682
64016	73598	18609	73150	62463	33102	45205	87440	96767	67042
49767	12691	17903	93871	99721	79109	09425	26904	07419	76013
46974	55108	29795	08404	82684	00497	51126	79935	57450	55671
23854	08480	85983	96025	50117	64610	99425	62291	86943	21541
68973	70551	25098	78033	98573	79848	31778	29555	61446	23037
36444	93600	65350	14971	25325	00427	52073	64280	18847	24768
03003	87800	07391	11594	21196	00781	32550	57158	58887	73041
17540	26188	36647	78386	04558	61463	57842	90382	77019	24210
38916	55809	47982	41968	69760	79422	80154	91486	19180	151100
64288	19843	69122	42502	48508	28820	59933	72998	99942	10515
86809	51564	38040	39418	49915	19000	58050	16899	79952	57849
99800	99566	14742	05028	30033	94889	55381	23656	75787	59223
92345	31890	95712	08279	91794	94068	49337	88674	35355	12267
90363	65162	32245	82279	79256	80834	06088	99462	56705	06118
64437	32242	48431	04835	39070	59702	31508	60935	22390	52246
91714	53662	28373	34333	55791	74758	51144	18827	10704	76803
20902	17646	31391	31459	33315	03444	55743	74701	58851	27427
12217	86007	70371	52281	14510	76094	96579	54853	78339	20839

43177	02003	42307	33371	22332	74921	17733	42201	80540	54721
28325	90814	08804	52746	47913	54577	47525	77705	95330	21866
29019	28776	56116	54791	64604	08815	46049	71186	34650	14994
84979	81353	56219	67062	26146	82567	33122	14124	46240	92973
50371	26347	48513	63915	11158	25563	91915	18431	92978	11591
53422	06825	69711	67950	64716	18003	49581	45378	99878	61130
67453	35651	89316	41620	32048	70225	47597	33137	31443	51445
07294	85353	74819	23445	68237	07202	99515	62282	53809	26685
79544	00302	45338	16015	66613	88968	14595	63836	77716	79596
64144	85442	82060	46471	24162	39500	87351	36637	42833	71875
90919	11883	58318	00042	52402	28210	34075	33272	00840	73268
06670	57353	86275	92276	77591	46924	60839	55437	03183	13191
36634	93976	52062	83678	41256	60948	18685	48992	19462	96062
75101	72891	85745	67106	26010	62107	60885	37503	55461	71213
05112	71222	72654	51583	05228	62056	57390	42746	39272	96659
32847	31282	03345	89593	69214	70381	78285	20054	91018	16742
16916	00041	30236	55023	14253	76582	12092	86533	92426	37655
66176	34037	21005	27137	03193	48970	64625	22394	39622	79085
46299	13335	12180	16861	38043	59292	62675	63631	37020	78195
22847	47839	45385	23289	47526	54098	45683	55849	51575	64689
41851	54160	92320	69936	34803	92479	33399	71160	64777	83378
28444	59497	91586	95917	68553	28639	06455	34174	11130	91994
47520	62378	98855	83174	13088	16561	68559	26679	06238	51254
34978	63271	13142	82681	05271	08822	06490	44984	49307	61617
37404	80416	69035	92980	49486	74378	75610	74976	70056	15478
32400	65482	52099	53676	74648	94148	65095	69597	52771	71551
89262	86332	51718	70663	11623	29834	79820	73002	84886	03591
86866	09127	98021	03871	27789	58444	44832	36505	40672	30180
90814	14833	08759	74645	05046	94056	99094	65091	32663	73040
19192	82756	20553	58446	55376	88914	75096	26119	83898	43816
77585	52593	56612	95766	10019	29531	73064	20953	53523	58136
23757	16364	05096	03192	62386	45389	85332	18877	55710	96459
45989	96257	23850	26216	23309	21526	07425	50254	19455	29315
92970	94243	07316	41467	64837	52406	25225	51553	31220	14032
74346	59596	40088	98176	17896	86900	20249	77753	19099	48885
87646	41309	27636	45153	29988	94770	07255	70908	05340	99751
50099	71038	45146	06146	55211	99429	43169	66259	99786	59180
10127	46900	64984	75348	04115	33624	68774	60013	35515	62556
67995	81977	18984	64091	02785	27762	42529	97144	80407	64524
26304	80217	84934	82657	69291	35397	98714	35104	08187	48109
81994	41070	56642	64091	31229	02595	13513	45148	78722	30144
59337	34662	79631	89403	65212	09975	06118	86197	58208	16162
51228	10937	62396	81460	47331	91403	95007	06047	16846	64809
31089	37995	29577	07828	42272	54016	21950	86192	99046	84864
38207	97938	93459	75174	79460	55436	57206	87644	21296	43393

88666	31142	09474	89712	63153	62333	42212	06140	42594	43671
53365	56134	67582	92557	89520	33452	05134	70628	27612	33738
89807	74530	38004	90102	11693	90257	05500	79920	62700	43325
18682	81038	85662	90915	91631	22223	91588	80774	07716	12548
6357	32579	63942	25371	09234	94592	98475	76884	37635	33608
68927	56492	67799	95398	77642	54913	91583	08421	81450	76229
56401	63186	39389	88798	31356	89235	97036	32341	33292	73757
24333	95603	02359	72942	46287	95382	08452	62862	97869	71775
17025	84202	95199	62272	06366	16175	97577	99304	41587	03686
02804	08253	52133	20224	68034	50865	57868	22343	55111	03607
08298	03879	20995	19850	73090	13191	18963	82244	78479	99121
59883	01785	82403	96062	03785	03488	12970	64896	38336	30030
46982	06682	62864	91837	74021	89094	39952	64158	79614	78235
31121	47266	07661	02051	67599	24471	69843	83696	71402	76287
97867	56641	63416	17577	30161	87320	37752	73276	48969	41915
57364	86746	08415	14621	49430	22311	15836	72492	49372	44103
09559	26263	69511	28064	75999	44540	13337	10918	79846	54809
53873	55571	00608	42661	91332	63956	74087	59008	47493	99581
35531	19162	86406	05299	77511	24311	57257	22826	77555	05941
28229	88629	25695	94932	30721	16197	78742	34974	97528	45447

ملحق (2)
جدول التوزيع الطبيعي

z*	تحت z	فوق z	بين المتوسط و z	z	تحت z	فوق z	بين المتوسط و z	z	تحت z	فوق z	بين المتوسط و z
0.00	0.5000	0.5000	0.000	0.40	0.6554	0.3446	0.1554	0.80	0.7881	0.2119	0.2881
0.01	0.5040	0.4960	0.0040	0.41	0.6591	0.3409	0.1591	0.81	0.7910	0.2090	0.2910
0.02	0.5080	0.4920	0.0080	0.42	0.6628	0.3372	0.1628	0.82	0.7939	0.2061	0.2939
0.03	0.5120	0.4880	0.0120	0.43	0.6664	0.3336	0.1664	0.83	0.7967	0.2033	0.2967
0.04	0.5160	0.4840	0.0160	0.44	0.6700	0.3300	0.1700	0.84	0.7995	0.2005	0.2995
0.05	0.5199	0.4801	0.0199	0.45	0.6736	0.3264	0.1736	0.85	0.8023	0.1977	0.3023
0.06	0.5239	0.4761	0.0239	0.46	0.6772	0.3228	0.1772	0.86	0.8051	0.1949	0.3051
0.07	0.5279	0.4721	0.0279	0.47	0.6808	0.3192	0.1808	0.87	0.8078	0.1922	0.3078
0.08	0.5319	0.4681	0.0319	0.48	0.6844	0.3156	0.1844	0.88	0.8106	0.1894	0.3106
0.09	0.5359	0.4641	0.0359	0.49	0.6879	0.3121	0.1879	0.89	0.8133	0.1867	0.3133
0.10	0.5398	0.4602	0.0398	0.50	0.6915	0.3085	0.1915	0.90	0.8159	0.1841	0.3159
0.11	0.5438	0.4562	0.0438	0.51	0.6950	0.3050	0.1950	0.91	0.8186	0.1814	0.3186
0.12	0.5478	0.4522	0.0478	0.52	0.6985	0.3015	0.1985	0.92	0.8212	0.1788	0.3212
0.13	0.5517	0.4483	0.0517	0.53	0.7019	0.2981	0.2019	0.93	0.8238	0.1762	0.3238
0.14	0.5557	0.4443	0.0557	0.54	0.7054	0.2946	0.2054	0.94	0.8264	0.1736	0.3264
0.15	0.5596	0.4404	0.0596	0.55	0.7088	0.2912	0.2088	0.95	0.8289	0.1711	0.3289
0.16	0.5636	0.4364	0.0636	0.56	0.7123	0.2877	0.2123	0.96	0.8315	0.1685	0.3315
0.17	0.5675	0.4325	0.0675	0.57	0.7157	0.2843	0.2157	0.97	0.8340	0.1660	0.3340
0.18	0.5714	0.4286	0.0714	0.58	0.7190	0.2810	0.2190	0.98	0.8365	0.1635	0.3365
0.19	0.5753	0.4247	0.0753	0.59	0.7224	0.2776	0.2224	0.99	0.8389	0.1611	0.3389
0.20	0.5793	0.4207	0.0793	0.60	0.7257	0.2743	0.2257	1.00	0.8413	0.1587	0.3413
0.21	0.5832	0.4168	0.0832	0.61	0.7291	0.2709	0.2291	1.01	0.8438	0.1562	0.3438
0.22	0.5871	0.4129	0.0871	0.62	0.7324	0.2676	0.2324	1.02	0.8461	0.1539	0.3461
0.23	0.5910	0.4090	0.0910	0.63	0.7357	0.2643	0.2357	1.03	0.8485	0.1515	0.3485
0.24	0.5948	0.4052	0.0948	0.64	0.7389	0.2611	0.2389	1.04	0.8508	0.1492	0.3508
0.25	0.5987	0.4013	0.0987	0.65	0.7422	0.2578	0.2422	1.05	0.8531	0.1469	0.3531
0.26	0.6026	0.3974	0.1026	0.66	0.7454	0.2546	0.2454	1.06	0.8554	0.1446	0.3554
0.27	0.6064	0.3936	0.1064	0.67	0.7486	0.2514	0.2486	1.07	0.8577	0.1423	0.3577
0.28	0.6103	0.3897	0.1103	0.68	0.7517	0.2483	0.2517	1.08	0.8599	0.1401	0.3599
0.29	0.6141	0.3859	0.1141	0.69	0.7549	0.2451	0.2549	1.09	0.8621	0.1379	0.3621
0.30	0.6179	0.3821	0.1179	0.70	0.7580	0.2420	0.2580	1.10	0.8643	0.1357	0.3643
0.31	0.6217	0.3783	0.1217	0.71	0.7611	0.2389	0.2611	1.11	0.8665	0.1335	0.3665
0.32	0.6255	0.3745	0.1255	0.72	0.7642	0.2358	0.2642	1.12	0.8686	0.1314	0.3686
0.33	0.6293	0.3707	0.1293	0.73	0.7673	0.2327	0.2673	1.13	0.8708	0.1292	0.3708
0.34	0.6331	0.3669	0.1331	0.74	0.7704	0.2296	0.2704	1.14	0.8729	0.1271	0.3729
0.35	0.6368	0.3632	0.1369	0.75	0.7734	0.2266	0.2734	1.15	0.8749	0.1251	0.3749
0.36	0.6406	0.3594	0.1406	0.76	0.7764	0.2236	0.2764	1.16	0.8770	0.1230	0.3770
0.37	0.6443	0.3557	0.1443	0.77	0.7794	0.2206	0.2794	1.17	0.8790	0.1210	0.3790
0.38	0.6480	0.3520	0.1480	0.78	0.7823	0.2177	0.2823	1.18	0.8810	0.1190	0.3810
0.39	06517	0.3483	0.1517	0.79	0.7852	0.2148	0.2852	1.19	0.8830	0.1170	0.3830

* إذا كانت z سالبة، نقوم بعكس الأعمدة، فمثلاً لو كانت z = -0.10، فإن 0.4602 من المساحة تكون تحت z، وتكون 0.5398 من المساحة فوق z.

z*	تحت z	فوق z	بين المتوسط و z	z	تحت z	فوق z	بين المتوسط و z	z	تحت z	فوق z	بين المتوسط و z
1.20	0.8849	0.1151	0.3849	1.60	0.9452	0.0548	0.4452	2.00	0.9772	0.0228	0.4772
1.21	0.8869	0.1131	0.3869	1.61	0.9463	0.0537	0.4463	2.01	0.9778	0.0222	0.4778
1.22	0.8888	0.1112	0.3888	1.62	0.9474	0.0526	0.4474	2.02	0.9783	0.0217	0.4783
1.23	0.8907	0.1093	0.3907	1.63	0.9484	0.0516	0.4484	2.03	0.9788	0.0212	0.4788
1.24	0.8925	0.1075	0.3925	1.64	0.9495	0.0505	0.4495	2.04	0.9793	0.0207	0.4793
1.25	0.8944	0.1056	0.3944	1.65	0.9505	0.0495	0.4505	2.05	0.9798	0.0202	0.4798
1.26	0.8962	0.1038	0.3962	1.66	0.9515	0.0485	0.4515	2.06	0.9803	0.0197	0.4803
1.27	0.8980	0.1020	0.3980	1.67	0.9525	0.0475	0.4525	2.07	0.9808	0.0192	0.4808
1.28	0.8997	0.1003	0.3997	1.68	0.9535	0.0465	0.4535	2.08	0.9812	0.0188	0.4812
1.29	0.9015	0.0985	0.4015	1.69	0.9545	0.0455	0.4545	2.09	0.9817	0.0183	0.4817
1.30	0.9032	0.0968	0.4032	1.70	0.9554	0.0446	0.4554	2.10	0.9821	0.0179	0.4821
1.31	0.9049	0.0951	0.4049	1.71	0.9564	0.0436	0.4564	2.11	0.9826	0.0174	0.4826
1.32	0.9066	0.0934	0.4066	1.72	0.9573	0.0427	0.4573	2.12	0.9830	0.0170	0.4830
1.33	0.9082	0.0918	0.4082	1.73	0.9582	0.0418	0.4582	2.13	0.9834	0.0166	0.4834
1.34	0.9099	0.0901	0.4099	1.74	0.9591	0.0409	0.4591	2.14	0.9838	0.0162	0.4838
1.35	0.9115	0.0885	0.4115	1.75	0.9599	0.0401	0.4599	2.15	0.9842	0.0158	0.4842
1.36	0.9131	0.0869	0.4131	1.76	0.9608	0.0392	0.4608	2.16	0.9846	0.0154	0.4846
1.37	0.9147	0.0853	0.4147	1.77	0.9616	0.0384	0.4616	2.17	0.9850	0.0150	0.4850
1.38	0.9162	0.0838	0.4162	1.78	0.9625	0.0375	0.4625	2.18	0.9854	0.0146	0.4854
1.39	0.9177	0.0823	0.4177	1.79	0.9633	0.0367	0.4633	2.19	0.9857	0.0143	0.4857
1.40	0.9192	0.0808	0.4192	1.80	0.9641	0.0359	0.4641	2.20	0.9861	0.0139	0.4861
1.41	0.9207	0.0793	0.4207	1.81	0.9649	0.0351	0.4649	2.21	0.9864	0.0136	0.4864
1.42	0.9222	0.0778	0.4222	1.82	0.9656	0.0344	0.4656	2.22	0.9868	0.0132	0.4868
1.43	0.9236	0.0764	0.4236	1.83	0.9664	0.0338	0.4664	2.23	0.9871	0.0129	0.4871
1.44	0.9251	0.0749	0.4251	1.84	0.9671	0.0329	0.4671	2.24	0.9875	0.0125	0.4875
1.45	0.9265	0.0735	0.4265	1.85	0.9678	0.0322	0.4678	2.25	0.9878	0.0122	0.4878
1.46	0.9279	0.0721	0.4279	1.86	0.9686	0.0314	0.4686	2.26	0.9881	0.0119	0.4881
1.47	0.9292	0.0708	0.4292	1.87	0.9693	0.0307	0.4693	2.27	0.9884	0.0116	0.4884
1.48	0.9306	0.0694	0.4306	1.88	0.9699	0.0301	0.4699	2.28	0.9887	0.0113	0.4887
1.49	0.9319	0.0681	0.4319	1.89	0.9706	0.0294	0.4706	2.29	0.9890	0.0110	0.4890
1.50	0.9332	0.0668	0.4332	1.90	0.9713	0.0287	0.4713	2.30	0.9893	0.0107	0.4893
1.51	0.9345	0.0655	0.4345	1.91	0.9719	0.0281	0.4719	2.31	0.9896	0.0104	0.4896
1.52	0.9357	0.0643	0.4357	1.92	0.9726	0.0274	0.4726	2.32	0.9898	0.0102	0.4898
1.53	0.9370	0.0630	0.4370	1.93	0.9732	0.0268	0.4732	2.33	0.9901	0.0099	0.4901
1.54	0.9382	0.0618	0.4382	1.94	0.9738	0.0262	0.4738	2.34	0.9904	0.0096	0.4904
1.55	0.9394	0.0606	0.4394	1.95	0.9744	0.0256	0.4744	2.35	0.9906	0.0094	0.4906
1.56	0.9406	0.0594	0.4406	1.96	0.9750	0.0250	0.4750	2.36	0.9909	0.0091	0.4909
1.57	0.9418	0.0582	0.4418	1.97	0.9756	0.0244	0.4756	2.37	0.9911	0.0089	0.4911
1.58	0.9429	0.0571	0.4429	1.98	0.9761	0.0239	0.4761	2.38	0.9913	0.0087	0.4913
1.59	0.9441	0.0559	0.4441	1.99	0.9767	0.0233	0.4767	2.39	0.9916	0.0084	0.4916

z*	تحت z	فوق z	بين المتوسط و z	z	تحت z	فوق z	بين المتوسط و z	z	تحت z	فوق z	بين المتوسط و z
2.40	0.9918	0.0082	0.4918	2.80	0.9974	0.0026	0.4974	3.20	0.9993	0.0007	0.4993
2.41	0.9920	0.0080	0.4920	2.81	0.9975	0.0025	0.4975	3.21	0.9993	0.0007	0.4993
2.42	0.9922	0.0078	0.4922	2.82	0.9976	0.0024	0.4976	3.22	0.9994	0.0006	0.4994
2.43	0.9925	0.0075	0.4925	2.83	0.9977	0.0023	0.4977	3.23	0.9994	0.0006	0.4994
2.44	0.9927	0.0073	0.4927	2.84	0.9977	0.0023	0.4977	3.24	0.9994	0.0006	0.4994
2.45	0.9929	0.0071	0.4929	2.85	0.9978	0.0022	0.4978	3.30	0.9995	0.0005	0.4995
2.46	0.9931	0.0069	0.4931	2.86	0.9979	0.0021	0.4979	3.40	0.9997	0.0003	0.4997
2.47	0.9932	0.0068	0.4932	2.87	0.9979	0.0021	0.4979	3.50	0.9998	0.0002	0.4998
2.48	0.9934	0.0066	0.4934	2.88	0.9980	0.0020	0.4980	3.60	0.9998	0.0002	0.4998
2.49	0.9936	0.0064	0.4936	2.89	0.9981	0.0019	0.4981	3.70	0.9999	0.0001	0.4999
2.50	0.9938	0.0062	0.4938	2.90	0.9981	0.0019	0.4981	3.80	0.9999	0.0001	0.4999
2.51	0.9940	0.0060	0.4940	2.91	0.9982	0.0018	0.4982	3.90	0.9999	0.0001	0.4999
2.52	0.9941	0.0059	0.4941	2.92	0.9982	0.0018	0.4982	4.00	1.0000	0.0000	0.5000
2.53	0.9943	0.0057	0.4943	2.93	0.9983	0.0017	0.4983				
2.54	0.9945	0.0055	0.4945	2.94	0.9984	0.0016	0.4984				
2.55	0.9946	0.0054	0.4946	295	0.9984	0.0016	0.4984				
2.56	0.9948	0.0052	0.4948	2.96	0.9985	0.0015	0.4985				
2.57	0.9949	0.0051	0.4949	2.97	0.9985	0.0015	0.4985				
2.58	0.9951	0.0049	0.4951	2.98	0.9986	0.0014	0.4986				
2.59	0.9952	0.0048	0.4952	2.99	0.9986	0.0014	0.4986				
2.60	0.9953	0.0047	0.4953	3.00	0.9986	0.0014	0.4987				
2.61	0.9955	0.0045	0.4955	3.01	0.9987	0.0013	0.4987				
2.62	0.9956	0.0044	0.4956	3.02	0.9987	0.0013	0.4987				
2.63	0.9957	0.0043	0.4957	3.03	0.9988	0.0012	0.4988				
2.64	0.9959	0.0041	0.4959	3.04	0.9988	0.0012	0.4988				
2.65	0.9960	0.0040	0.4960	3.05	0.9989	0.0011	0.4989				
2.66	0.9961	0.0039	0.4961	3.06	0.9989	0.0011	0.4989				
2.67	0.9962	0.0038	0.4962	3.07	0.9989	0.0011	0.4989				
2.68	0.9963	0.0037	0.4963	3.08	0.9990	0.0010	0.4990				
2.69	0.9964	0.0036	0.4964	3.09	0.9990	0.0010	0.4990				
2.70	0.9965	0.0035	0.4965	3.10	0.9990	0.0010	0.4990				
2.71	0.9966	0.0034	0.4966	3.11	0.9991	0.0009	0.4991				
2.72	0.9967	0.0033	0.4967	3.12	0.9991	0.0009	0.4991				
2.73	0.9968	0.0032	0.4968	3.13	0.9991	0.0009	0.4991				
2.74	0.9969	0.0031	0.4969	3.14	0.9992	0.0008	0.4992				
2.75	0.9970	0.0030	0.4970	3.15	0.9992	0.0008	0.4992				
2.76	0.9971	0.0029	0.4971	3.16	0.9992	0.0008	0.4992				
2.77	0.9972	0.0028	0.4972	3.17	0.9992	0.0008	0.4992				
2.78	0.9973	0.0027	0.4973	3.18	0.9993	0.0007	0.4993				
2.79	0.9974	0.0026	0.4974	3.19	0.9993	0.0007	0.4993				

لحق (3)
جدول القيم الحرجة لمعامل ارتباط بيرسون

	اختبار الذيل الواحد			
	0.05	0.025	0.01	0.005
	اختبار الذيلين			
df = n-2	0.10	0.05	0.02	0.01
1	0.988	0.997	0.9995	0.9999
2	0.900	0.950	0.980	0.990
3	0.805	0.878	0.934	0.959
4	0.729	0.811	0.882	0.917
5	0.669	0.754	0.833	0.874
6	0.622	0.707	0.789	0.834
7	0.582	0.666	0.750	0.798
8	0.549	0.632	0.716	0.765
9	0.521	0.602	0.685	0.735
10	0.497	0.576	0.658	0.708
11	0.476	0.553	0.634	0.684
12	0.458	0.532	0.612	0.661
13	0.441	0.514	0.592	0.641
14	0.426	0.497	0.574	0.623
15	0.412	0.482	0.558	0.606
16	0.400	0.468	0.542	0.590
17	0.389	0.456	0.528	0.575
18	0.378	0.444	0.516	0.561
19	0.369	0.433	0.503	0.549
20	0.360	0.423	0.492	0.537
21	0.352	0.413	0.482	0.526
22	0.344	0.404	0.472	0.515
23	0.337	0.396	0.462	0.505
24	0.330	0.388	0.453	0.496
25	0.323	0.381	0.445	0.487
26	0.317	0.374	0.437	0.479
27	0.311	0.367	0.430	0.471
28	0.306	0.361	0.423	0.463
29	0.301	0.355	0.416	0.456
30	0.296	0.349	0.409	0.449
35	0.275	0.325	0.381	0.418
40	0.257	0.304	0.358	0.393
45	0.243	0.288	0.338	0.372
50	0.231	0.273	0.322	0.354
60	0.211	0.250	0.295	0.325
70	0.195	0.232	0.274	0.302
80	0.183	0.217	0.256	0.283
90	0.173	0.205	0.242	0.267
100	0.164	0.195	0.230	0.254

ملحق (4)

جدول توزيع "ت"

	اختبار الذيل الواحد					
	0.25	0.10	0.05	0.025	0.01	0.005
	اختبار الذيلين					
df	0.50	0.20	0.10	0.05	0.02	0.01
1	1.000	3.078	6.314	12.706	31.821	63.657
2	0.816	1.886	2.920	4.303	6.965	9.925
3	0.765	1.638	2.353	3.182	4.541	5.841
4	0.741	1.533	2.132	2.776	3.747	4.604
5	0.727	1.476	2.105	2.571	3.365	4.032
6	0.718	1.440	1.943	2.447	3.143	3.707
7	0.711	1.415	1.895	2.365	2.998	3.499
8	0.706	1.397	1.860	2.306	2.896	3.355
9	0.703	1.383	1.833	2.262	2.821	3.250
10	0.700	1.372	1.812	2.228	2.764	3.169
11	0.697	1.363	1.796	2.201	2.718	3.106
12	0.695	1.356	1.782	2.179	2.681	3.055
13	0.694	1.350	1.771	2.160	2.650	3.012
14	0.692	1.345	1.761	2.145	2.624	2.977
15	0.691	1.341	1.753	2.131	2.602	2.947
16	0.690	1.337	1.746	2.120	2.583	2.921
17	0.689	1.333	1.740	2.110	2.567	2.898
18	0.688	1.330	1.734	2.101	2.552	2.878
19	0.688	1.328	1.729	2.093	2.539	2.861
20	0.687	1.325	1.725	2.086	2.528	2.845
21	0.686	1.323	1.721	2.080	2.518	2.831
22	0.686	1.321	1.717	2.074	2.508	2.819
23	0.685	1.319	1.714	2.069	2.500	2.807
24	0.685	1.318	1.711	2.064	2.492	2.797
25	0.684	1.316	1.708	2.060	2.485	2.787
26	0.684	1.315	1.706	2.056	2.479	2.779
27	0.684	1.314	1.703	2.052	2.473	2.771
28	0.683	1.313	1.701	2.048	2.467	2.763
29	0.683	1.311	1.699	2.045	2.462	2.756
30	0.683	1.310	1.697	2.042	2.457	2.750
40	0.681	1.303	1.684	2.021	2.423	2.704
60	0.679	1.296	1.671	2.000	2.390	2.660
120	0.677	1.289	1.658	1.980	2.358	2.617
∞	0.674	1.282	1.645	1.960	2.326	2.576

ملحق (5)

جدول توزيع "ف"

(لاحظ أن القيم في الصف الأول هي القيم الحرجة عند α = 0.05، وفي الصف الثاني عند α = 0.01)

df للمقام	df للبسط														
	1	2	3	4	5	6	7	8	9	10	11	12	14	16	20
1	161	200	216	225	230	234	237	239	241	242	243	244	245	246	248
	4052	**4999**	**5403**	**5625**	**5764**	**5859**	**5928**	**5981**	**6022**	**6056**	**6082**	**6106**	**6142**	**6169**	**6208**
2	18.51	19.00	19.16	19.25	19.30	19.33	19.36	19.37	19.38	19.39	19.40	19.41	19.42	19.43	19.44
	98.49	**99.00**	**99.17**	**99.25**	**99.30**	**99.33**	**99.34**	**99.36**	**99.38**	**99.40**	**99.41**	**99.42**	**99.43**	**99.44**	**99.45**
3	10.13	9.55	9.28	9.12	9.01	8.94	8.88	8.84	8.81	8.78	8.76	8.74	8.71	8.69	8.66
	34.12	**30.82**	**29.46**	**28.71**	**28.24**	**27.91**	**27.67**	**27.49**	**27.34**	**27.23**	**27.13**	**27.05**	**26.92**	**26.83**	**26.69**
4	7.71	6.94	6.59	6.39	6.26	6.16	6.09	6.04	6.00	5.96	5.93	5.91	5.87	5.84	5.80
	21.20	**18.00**	**16.69**	**15.98**	**15.52**	**15.21**	**14.98**	**14.80**	**14.66**	**14.54**	**14.45**	**14.37**	**14.24**	**14.15**	**14.02**
5	6.61	5.79	5.41	5.19	5.05	4.95	4.88	4.82	4.78	4.74	4.70	4.68	4.64	4.60	4.56
	16.26	**13.27**	**12.06**	**11.39**	**10.97**	**10.67**	**10.45**	**10.27**	**10.15**	**10.05**	**9.96**	**9.89**	**9.77**	**9.68**	**9.55**
6	5.99	5.14	4.76	4.53	4.39	4.28	4.21	4.15	4.10	4.06	4.03	4.00	3.96	3.92	3.87
	13.74	**10.92**	**9.78**	**9.15**	**8.75**	**8.47**	**8.26**	**8.10**	**7.98**	**7.87**	**7.79**	**7.72**	**7.60**	**7.52**	**7.39**
7	5.59	4.47	4.35	4.12	3.97	3.87	3.79	3.73	3.68	3.63	3.60	3.57	3.52	3.49	3.44
	12.25	**9.55**	**8.45**	**7.85**	**7.46**	**7.19**	**7.00**	**6.84**	**6.71**	**6.62**	**6.54**	**6.47**	**6.35**	**6.27**	**6.15**
8	5.32	4.46	4.07	3.84	3.69	3.58	3.50	3.44	3.39	3.34	3.31	3.28	3.23	3.20	3.15
	11.26	**8.65**	**7.59**	**7.01**	**6.63**	**6.37**	**6.19**	**6.03**	**5.91**	**5.82**	**5.74**	**5.67**	**5.56**	**5.48**	**5.36**
9	5.12	4.26	3.86	3.63	3.48	3.37	3.29	3.23	3.18	3.13	3.10	3.07	3.02	2.98	2.93
	10.56	**8.02**	**6.99**	**6.42**	**6.06**	**5.80**	**5.62**	**5.47**	**5.35**	**5.26**	**5.18**	**5.11**	**5.00**	**4.92**	**4.80**
10	4.96	4.10	3.71	3.48	3.33	3.22	3.14	3.07	3.02	2.97	2.94	2.91	2.86	2.82	2.77
	10.04	**7.56**	**6.55**	**5.99**	**5.64**	**5.39**	**5.21**	**5.06**	**4.95**	**4.85**	**4.78**	**4.71**	**4.60**	**4.52**	**4.41**
11	4.84	3.98	3.59	3.36	3.20	3.09	3.01	2.95	2.90	2.86	2.82	2.79	2.74	2.70	2.65
	9.65	**7.20**	**6.22**	**5.67**	**5.32**	**5.07**	**4.88**	**4.74**	**4.63**	**4.54**	**4.46**	**4.40**	**4.29**	**4.21**	**4.10**
12	4.75	3.88	3.49	3.26	3.11	3.00	2.92	2.85	2.80	2.76	2.72	2.69	2.64	2.60	2.54
	9.33	**6.93**	**5.95**	**5.41**	**5.06**	**4.82**	**4.65**	**4.50**	**4.39**	**4.30**	**4.22**	**4.16**	**4.05**	**3.98**	**3.86**
13	4.67	3.80	3.41	3.18	3.02	2.92	2.84	2.77	2.72	2.67	2.63	2.60	2.55	2.51	2.46
	9.07	**6.70**	**5.74**	**5.20**	**4.86**	**4.62**	**4.44**	**4.30**	**4.19**	**4.10**	**4.02**	**3.96**	**3.85**	**3.78**	**3.67**
14	4.60	3.74	3.34	3.11	2.96	2.85	2.77	2.70	2.65	2.60	2.56	2.53	2.48	2.44	2.39
	8.86	**6.51**	**5.56**	**5.03**	**4.69**	**4.46**	**4.28**	**4.14**	**4.03**	**3.94**	**3.86**	**3.80**	**3.70**	**3.62**	**3.51**
15	4.54	3.68	3.29	3.06	2.90	2.79	2.70	2.64	2.59	2.55	2.51	2.48	2.43	2.39	2.33
	8.68	**6.36**	**5.42**	**4.89**	**4.56**	**4.32**	**4.14**	**4.00**	**3.89**	**3.80**	**3.73**	**3.67**	**3.56**	**3.48**	**3.36**
16	4.49	3.63	3.24	3.01	2.85	2.74	2.66	2.59	2.54	2.49	2.45	2.42	2.37	2.33	2.28
	8.53	**6.23**	**5.29**	**4.77**	**4.44**	**4.20**	**4.03**	**3.89**	**3.78**	**3.69**	**3.61**	**3.55**	**3.45**	**3.37**	**3.25**
17	4.45	3.59	3.20	2.96	2.81	2.70	2.62	2.55	2.50	2.45	2.41	2.38	2.33	2.29	2.23
	8.40	**6.11**	**5.18**	**4.67**	**4.34**	**4.10**	**3.93**	**3.79**	**3.68**	**3.59**	**3.52**	**3.45**	**3.35**	**3.27**	**3.16**
18	4.41	3.55	3.16	2.93	2.77	2.66	2.58	2.51	2.46	2.41	2.37	2.34	2.29	2.25	2.19
	8.28	**6.01**	**5.09**	**4.58**	**4.25**	**4.01**	**3.85**	**3.71**	**3.60**	**3.51**	**3.44**	**3.37**	**3.27**	**3.19**	**3.07**
19	4.38	3.52	3.13	2.90	2.74	2.63	2.55	2.48	2.43	2.38	2.34	2.31	2.26	2.21	2.15
	8.18	**5.93**	**5.01**	**4.50**	**4.17**	**3.94**	**3.77**	**3.63**	**3.52**	**3.43**	**3.36**	**3.30**	**3.19**	**3.12**	**3.00**
20	4.35	3.49	3.10	2.87	2.71	2.60	2.52	2.45	2.40	2.35	2.31	2.28	2.23	2.18	2.12
	8.10	**5.85**	**4.94**	**4.43**	**4.10**	**3.87**	**3.71**	**3.56**	**3.45**	**3.37**	**3.30**	**3.23**	**3.13**	**3.05**	**2.94**
21	4.32	3.47	3.07	2.84	2.68	2.57	2.49	2.42	2.37	2.32	2.28	2.25	2.20	2.15	2.09
	8.02	**5.78**	**4.87**	**4.37**	**4.04**	**3.81**	**3.65**	**3.51**	**3.40**	**3.31**	**3.24**	**3.17**	**3.07**	**2.99**	**2.88**
22	4.30	3.44	3.05	2.82	2.66	2.55	2.47	2.40	2.35	2.30	2.26	2.23	2.18	2.13	2.07
	7.94	**5.72**	**4.82**	**4.31**	**3.99**	**3.76**	**3.59**	**3.45**	**3.35**	**3.26**	**3.18**	**3.12**	**3.02**	**2.94**	**2.83**
23	4.28	3.42	3.03	2.80	2.64	2.53	2.45	2.38	2.32	2.28	2.24	2.20	2.14	2.10	2.04
	7.88	**5.66**	**4.76**	**4.26**	**3.94**	**3.71**	**3.54**	**3.41**	**3.30**	**3.21**	**3.14**	**3.07**	**2.97**	**2.89**	**2.78**
24	4.26	3.40	3.01	2.78	2.62	2.51	2.43	2.36	2.30	2.26	2.22	2.18	2.13	2.09	2.02
	7.82	**5.61**	**4.72**	**4.22**	**3.90**	**3.67**	**3.50**	**3.36**	**3.25**	**3.17**	**3.09**	**3.03**	**2.93**	**2.85**	**2.74**
25	4.24	3.38	2.99	2.76	2.60	2.49	2.41	2.34	2.28	2.24	2.20	2.16	2.11	2.06	2.00
	7.77	**5.57**	**4.68**	**4.18**	**3.86**	**3.63**	**3.46**	**3.32**	**3.21**	**3.13**	**3.05**	**2.99**	**2.89**	**2.81**	**2.70**
26	4.22	3.37	2.98	2.74	2.59	2.47	2.39	3.32	2.27	2.22	2.18	2.15	2.10	2.05	1.99
	7.72	**5.53**	**4.64**	**4.14**	**3.82**	**3.59**	**3.42**	**3.29**	**3.17**	**3.09**	**3.02**	**2.96**	**2.86**	**2.77**	**2.66**

df للمقام	1	2	3	4	5	6	7	8	9	10	11	12	14	16	20
27	4.21	3.35	2.96	2.73	2.57	2.46	2.37	2.30	2.25	2.20	2.16	2.13	2.08	2.03	1.97
	7.68	5.49	4.06	4.11	3.79	3.56	3.39	3.26	3.14	3.06	2.98	2.93	2.83	2.74	2.63
28	4.20	3.34	2.95	2.71	2.56	2.44	2.36	2.29	2.24	2.19	2.15	2.12	2.06	2.02	1.96
	7.64	5.45	4.57	4.07	3.76	3.53	3.36	3.23	3.11	3.03	2.95	2.90	2.80	2.71	2.60
29	4.18	3.33	2.93	2.70	2.54	2.43	2.35	2.28	2.22	2.18	2.14	2.10	2.05	2.00	1.94
	7.60	5.42	4.54	4.04	3.73	3.50	3.33	3.20	3.08	3.00	2.92	2.87	2.77	2.68	2.57
30	4.17	3.32	2.92	2.69	2.53	2.42	2.34	2.27	2.21	2.16	2.12	2.09	2.04	1.99	1.93
	7.56	5.39	4.51	4.02	3.70	3.47	3.30	3.17	3.06	2.98	2.90	2.84	2.74	2.66	2.55
32	4.15	3.30	2.90	2.67	2.51	2.40	2.32	2.25	2.19	2.14	2.10	2.07	2.02	1.97	1.91
	7.50	5.34	4.46	3.97	3.66	3.42	3.25	3.12	3.01	2.94	2.86	2.80	2.70	2.62	2.51
34	4.13	3.28	2.88	2.65	2.49	2.38	2.30	2.23	2.17	2.12	2.08	2.05	2.00	1.95	1.89
	7.44	5.29	4.42	3.93	3.61	3.38	3.21	3.08	2.97	2.89	2.82	2.76	2.66	2.58	2.47
36	4.11	3.26	2.86	2.63	2.48	2.36	2.28	2.21	2.15	2.10	2.06	2.03	1.98	1.93	1.87
	7.39	5.25	4.38	3.89	3.58	3.35	3.18	3.04	2.94	2.86	2.78	2.72	2.62	2.54	2.43
38	4.10	3.25	2.85	2.62	2.46	2.35	2.26	2.19	2.14	2.09	2.05	2.02	1.96	1.92	1.85
	7.35	5.21	4.34	3.86	3.54	3.32	3.15	3.02	2.91	2.82	2.75	2.69	2.59	2.51	2.40
40	4.08	3.23	2.84	2.61	2.45	2.34	2.25	2.18	2.12	2.07	2.04	2.00	1.95	1.90	1.84
	7.31	5.18	4.31	3.83	3.51	3.29	3.12	2.99	2.88	2.80	2.73	2.66	2.56	2.49	2.37
42	4.07	3.22	2.83	2.59	2.44	2.32	2.24	2.17	2.11	2.06	2.02	1.99	1.94	1.89	1.82
	7.27	5.15	4.29	3.80	3.49	3.26	3.10	2.96	2.86	2.77	2.70	2.64	2.54	2.46	2.35
44	4.06	3.21	2.82	2.58	2.43	2.31	2.23	2.16	2.10	2.05	2.01	1.98	1.92	1.88	1.81
	7.24	5.12	4.26	3.78	3.46	3.24	3.07	2.94	2.84	2.75	2.68	2.62	2.52	2.44	2.32
46	4.05	3.20	2.81	2.57	2.42	2.30	2.22	2.14	2.09	2.04	2.00	1.97	1.91	1.87	1.80
	7.21	5.10	4.24	3.76	3.44	3.22	3.05	2.92	2.82	2.73	2.66	2.60	2.50	2.42	2.30
48	4.04	3.19	2.80	2.56	2.41	2.30	2.21	2.14	2.08	2.03	1.99	1.96	1.90	1.86	1.79
	7.19	5.08	4.22	3.74	3.42	3.20	3.04	2.90	2.80	2.71	2.64	2.58	2.48	2.40	2.28
50	4.03	3.18	2.79	2.56	2.40	2.29	2.20	2.13	2.07	2.02	1.98	1.95	1.90	1.85	1.78
	7.17	5.06	4.20	3.72	3.41	3.18	3.02	2.88	2.78	2.70	2.62	2.56	2.46	2.39	2.26
55	4.02	3.17	2.78	2.54	2.38	2.27	2.18	2.11	2.05	2.00	1.97	1.93	1.88	1.83	1.76
	7.12	5.01	4.16	3.68	3.37	3.15	2.98	2.85	2.75	2.66	2.59	2.53	2.43	2.35	2.23
60	4.00	3.15	2.76	2.52	2.37	2.25	2.17	2.10	2.04	1.99	1.95	1.92	1.86	1.81	1.75
	7.08	4.98	4.13	3.65	3.34	3.12	2.95	2.82	2.72	2.63	2.56	2.50	2.40	2.32	2.20
65	3.99	3.14	2.75	2.51	2.36	2.24	2.15	2.08	2.02	1.98	1.94	1.90	1.85	1.80	1.73
	7.04	4.95	4.10	3.62	3.31	3.09	2.93	2.79	2.70	2.61	2.54	2.47	2.37	2.30	2.18
70	3.98	3.13	2.74	2.50	2.35	2.23	2.14	2.07	2.01	1.97	1.93	1.89	1.84	1.79	1.72
	7.01	4.92	4.08	3.60	3.29	3.07	2.91	2.77	2.67	2.59	2.51	2.45	2.35	2.28	2.15
80	3.96	3.11	2.72	2.48	2.33	2.21	2.12	2.05	1.99	1.95	1.91	1.88	1.82	1.77	1.70
	6.96	4.88	4.04	3.56	3.25	3.04	2.87	2.74	2.64	2.55	2.48	2.41	2.32	2.24	2.11
100	3.94	3.09	2.70	2.46	2.30	2.19	2.10	2.03	1.97	1.92	1.88	1.85	1.79	1.75	1.68
	6.90	4.82	3.98	3.51	3.20	2.99	2.82	2.69	2.59	2.51	2.43	2.36	2.26	2.19	2.06
125	3.92	3.07	2.68	2.44	2.29	2.17	2.08	2.01	1.95	1.90	1.86	1.83	1.77	1.72	1.65
	6.84	4.78	3.94	3.47	3.17	2.95	2.79	2.65	2.56	2.47	2.40	2.33	2.23	2.15	2.03
150	3.91	3.06	2.67	2.43	2.27	2.16	2.07	2.00	1.94	1.89	1.85	1.82	1.76	1.71	1.64
	6.81	4.75	3.91	3.44	3.14	2.92	2.76	2.62	2.53	2.44	2.37	2.30	2.20	2.12	2.00
200	3.89	3.04	2.65	2.41	2.26	2.14	2.05	1.98	1.92	1.87	1.83	1.80	1.74	1.69	1.62
	6.76	4.71	3.88	3.41	3.11	2.90	2.73	2.60	2.50	2.41	2.34	2.28	2.17	2.09	1.97
400	3.86	3.02	2.62	2.39	2.23	2.12	2.03	1.96	1.90	1.85	1.81	1.78	1.72	1.67	1.60
	6.70	4.66	3.83	3.36	3.06	2.85	2.69	2.55	2.46	2.37	2.29	2.23	2.12	2.04	1.92
1000	3.85	3.00	2.61	2.38	2.22	2.10	2.02	1.95	1.89	1.84	1.80	1.76	1.70	1.65	1.58
	6.66	4.62	3.80	3.34	3.04	2.82	2.66	2.53	2.43	2.34	2.26	2.20	2.09	2.01	1.89
∞	3.84	2.99	2.60	2.37	2.21	2.09	2.01	1.94	1.88	1.83	1.79	1.75	1.69	1.64	1.57
	6.64	4.60	3.78	3.32	3.02	2.80	2.64	2.51	2.41	2.32	2.24	2.18	2.07	1.99	1.87

ملحق (6)

جدول قيم توكي الحرجة

(القيم في الصف الأول هي القيم الحرجة عند $\alpha = 0.05$، وفي الصف الثاني عند $\alpha = 0.01$)

د.ح للخطأ	عدد المعالجات (k)										
	2	3	4	5	6	7	8	9	10	11	12
5	3.64	4.60	5.22	5.67	6.03	6.33	6.58	6.80	6.99	7.17	7.32
	5.70	**6.98**	**7.80**	**8.42**	**8.91**	**9.32**	**9.67**	**9.97**	**10.24**	**10.48**	**10.70**
6	3.46	4.34	4.90	5.30	5.63	5.90	6.12	6.32	6.94	6.65	6.79
	5.24	**6.33**	**7.03**	**7.56**	**7.97**	**8.32**	**8.61**	**8.87**	**9.10**	**9.30**	**9.48**
7	3.34	4.16	4.68	5.06	5.36	5.61	5.82	6.00	6.16	6.30	6.43
	4.95	**5.92**	**6.54**	**7.01**	**7.37**	**7.68**	**7.94**	**8.17**	**8.73**	**8.55**	**8.71**
8	3.26	4.04	4.53	4.89	5.17	5.40	5.60	5.77	5.92	6.05	6.18
	4.75	**5.64**	**6.20**	**6.62**	**6.96**	**7.24**	**7.47**	**7.68**	**7.86**	**8.03**	**8.18**
9	3.20	3.95	4.41	4.76	5.02	5.24	5.43	5.59	5.74	5.87	5.98
	4.60	**5.43**	**5.96**	**6.35**	**6.66**	**6.91**	**7.13**	**7.33**	**7.49**	**7.65**	**7.78**
10	3.15	3.88	4.33	4.65	4.91	5.12	5.30	5.46	5.60	5.72	5.83
	4.48	**5.27**	**5.77**	**6.14**	**6.43**	**6.67**	**6.87**	**7.05**	**7.21**	**7.36**	**7.49**
11	3.11	3.82	4.26	4.57	4.82	5.03	5.20	5.35	5.49	5.61	5.71
	4.39	**5.15**	**5.62**	**5.97**	**6.25**	**6.48**	**6.67**	**6.84**	**6.99**	**7.13**	**7.25**
12	3.08	3.77	4.20	4.51	4.75	4.95	5.12	5.27	5.39	5.51	5.61
	4.32	**5.05**	**5.50**	**5.84**	**6.10**	**6.32**	**6.51**	**6.67**	**6.81**	**6.94**	**7.06**
13	3.06	3.73	4.15	4.45	4.69	4.88	5.05	5.19	5.32	5.43	5.53
	4.26	**4.96**	**5.40**	**5.73**	**5.98**	**6.19**	**6.37**	**6.53**	**6.67**	**6.79**	**6.90**
14	3.03	3.70	4.11	4.41	4.64	4.83	4.99	5.13	5.25	5.36	5.46
	4.21	**4.89**	**5.32**	**5.63**	**5.88**	**6.08**	**6.26**	**6.41**	**6.54**	**6.66**	**6.77**
15	3.01	3.67	4.08	4.37	4.59	4.78	4.94	5.08	5.20	5.31	5.40
	4.17	**4.84**	**5.25**	**5.56**	**5.80**	**5.99**	**6.16**	**6.31**	**6.44**	**6.55**	**6.66**
16	3.00	3.65	4.05	4.33	4.56	4.74	4.90	5.03	5.15	5.26	5.35
	4.13	**4.79**	**5.19**	**5.49**	**5.72**	**5.92**	**6.08**	**6.22**	**6.35**	**6.46**	**6.56**
17	2.98	3.63	4.02	4.30	4.52	4.70	4.86	4.99	5.11	5.21	5.31
	4.10	**4.74**	**5.14**	**5.43**	**5.66**	**5.85**	**6.01**	**6.15**	**6.27**	**6.38**	**6.48**
18	2.97	3.61	4.00	4.28	4.49	4.67	4.82	4.96	5.07	5.17	5.27
	4.07	**3.70**	**5.09**	**5.38**	**5.60**	**5.79**	**5.94**	**6.08**	**6.20**	**6.31**	**6.41**
19	2.96	3.59	3.98	4.25	4.47	4.65	4.79	4.92	5.04	5.14	5.23
	4.05	**4.67**	**5.05**	**5.33**	**5.55**	**5.73**	**5.89**	**6.02**	**6.14**	**6.25**	**6.34**
20	2.95	3.58	3.96	4.23	4.45	4.62	4.77	4.90	5.01	5.11	5.20
	4.02	**4.64**	**5.02**	**5.29**	**5.51**	**5.69**	**5.84**	**5.97**	**6.09**	**6.19**	**6.28**
24	2.92	3.53	3.90	4.17	4.37	4.54	4.68	4.81	4.92	5.01	5.10
	3.96	**4.55**	**4.91**	**5.17**	**5.37**	**5.54**	**5.69**	**5.81**	**5.92**	**6.02**	**6.11**
30	2.89	3.49	3.85	4.10	4.30	4.46	4.60	4.72	4.82	4.92	5.00
	3.89	**4.45**	**4.80**	**5.05**	**5.24**	**5.40**	**5.54**	**5.65**	**5.76**	**5.85**	**5.93**
40	2.86	3.44	3.79	4.04	4.23	4.39	4.52	4.63	4.73	4.82	4.90
	3.82	**4.37**	**4.70**	**4.93**	**5.11**	**5.26**	**5.39**	**5.50**	**5.60**	**5.69**	**5.76**
60	2.83	3.40	3.74	3.98	4.16	4.31	4.44	4.55	4.65	4.73	4.81
	3.76	**4.28**	**4.59**	**4.82**	**4.99**	**5.13**	**5.25**	**5.36**	**5.45**	**5.53**	**5.60**
120	2.80	3.36	3.68	3.92	4.10	4.24	4.36	4.47	4.56	4.64	4.71
	3.70	**4.20**	**4.50**	**4.71**	**4.87**	**5.01**	**5.12**	**5.21**	**5.30**	**5.37**	**5.44**
∞	2.77	3.31	3.63	3.86	4.03	4.17	4.29	4.39	4.47	4.55	4.62
	3.64	**4.12**	**4.40**	**4.60**	**4.76**	**4.88**	**4.99**	**5.08**	**5.16**	**5.23**	**5.29**

ملحق (7)

جدول توزيع (٢χ)

df	0.10	0.05	النسبة في المنطقة الحرجة 0.025	0.01	0.005
1	2.71	3.84	5.02	6.63	7.88
2	4.61	5.99	7.38	9.21	10.60
3	6.25	7.81	9.35	11.34	12.84
4	7.78	9.49	11.14	13.28	14.86
5	9.24	11.07	12.83	15.09	16.75
6	10.64	12.59	14.45	16.81	18.55
7	12.02	14.07	16.01	18.48	20.28
8	13.36	15.51	17.53	20.09	21.96
9	14.68	16.92	19.02	21.67	23.59
10	15.99	18.31	20.48	23.21	25.19
11	17.28	19.68	21.92	24.72	26.76
12	18.55	21.03	23.34	26.22	28.30
13	19.81	22.36	24.74	27.69	29.82
14	21.06	23.68	26.12	29.14	31.32
15	22.31	25.00	27.49	30.58	32.80
16	23.54	26.30	28.85	32.00	34.27
17	24.77	27.59	30.19	33.41	35.72
18	25.99	28.87	31.53	34.81	37.16
19	27.20	30.14	32.85	36.19	38.58
20	28.41	31.41	34.17	37.57	40.00
21	29.62	32.67	35.48	38.93	41.40
22	30.81	33.92	36.78	40.29	42.80
23	32.01	35.17	38.08	41.64	44.18
24	33.20	36.42	39.36	42.98	45.56
25	34.38	37.65	40.65	44.31	46.93
26	35.56	38.89	41.92	45.64	48.29
27	36.74	40.11	43.19	46.96	49.64
28	37.92	41.34	44.46	48.28	50.99
29	39.09	42.56	45.72	49.59	52.34
30	40.26	43.77	46.98	50.89	53.67
40	51.81	55.76	59.34	63.69	66.77
50	63.17	67.50	71.42	76.15	79.49
60	74.40	79.08	83.30	88.38	91.95
70	85.53	90.53	95.02	100.42	104.22
80	96.58	101.88	106.63	112.33	116.32
90	107.56	113.14	118.14	124.12	128.30
100	118.50	124.34	129.56	135.81	140.17

Printed in the United States
By Bookmasters